El libro de las religiones

LAS TRES EDADES

Y DIJO LA ESFINGE:
SE MUEVE A CUATRO PATAS POR LA MAÑANA,
CAMINA ERGUIDO AL MEDIODÍA
Y UTILIZA TRES PIES AL ATARDECER.
¿QUÉ COSA ES?
Y EDIPO RESPONDIÓ: EL HOMBRE.

Título original: *Religionsboka. Verdens religioner.*
Kristendommen. Livssyn og etikk
Diseño gráfico: Gloria Gauger
En cubierta: ilustración de Cienpies Design © 123RF.com
© Gyldendal Norsk Forlag AS, 1989. [All rights reserved.]
© De la traducción, Kirsti Baggethun y Asunción Lorenzo
© Ediciones Siruela, S. A., 2024
c/ Almagro 25, ppal. dcha.
28010 Madrid. Tel.: + 34 91 355 57 20
www.siruela.com
ISBN: 978-84-10183-14-8
Depósito legal: M-3.771-2024
Impreso en Cofás
Printed and made in Spain

Papel 100% procedente de bosques gestionados
de acuerdo con criterios de sostenibilidad

Jostein Gaarder
Victor Hellern
Henry Notaker

El libro de las religiones

Traducción del noruego de
Kirsti Baggethun y Asunción Lorenzo

iruela

Las Tres Edades / Nos Gusta Saber

Índice

Introducción

Imagina que llegas volando a nuestra galaxia, la Vía Láctea. Durante milenios has estado vagando entre estrellas y sistemas solares, dando vueltas y vueltas alrededor de un planeta sin ver ninguna señal de vida. Justo cuando estás a punto de abandonar la Vía Láctea descubres que eres un planeta vivito y coleando dentro de una de las numerosas espirales de la misma. Y entonces te despiertas. Todo ese viaje ha sido un sueño. Pero sabes que ese planeta al que te acercas en el sueño es donde vives...

¿Hace falta tener una visión de la vida?

Tal vez aún seas joven y tengas una larga vida por delante. Pero sabes que la vida no es eterna. ¿Cómo quieres que sea la existencia en tu único viaje por el planeta Tierra? ¿Qué preguntas optas hacer y qué respuestas recibes?

Mientras desayunas tienes aún ese extraño sueño en la cabeza. Caes en la cuenta de que disfrutas de una oportunidad única por el hecho de vivir en esta tierra. Entonces, abres el periódico. En medio de la alegría de vivir tal vez te lleguen pensamientos sombríos. Piensas en lo que pone sobre la extinción de los bosques, la contaminación y la frágil capa de ozono, las armas nucleares, los residuos atómicos y el sida. ¿Hasta qué punto te consideras responsable del futuro de este raro planeta?

Asimismo muchos de los problemas cotidianos sobre los que vas pensando camino del instituto o del trabajo salen de lo más profundo de ti. Amor y sexo, relaciones con la familia y los amigos, notas y carreras universitarias con un cupo de admisión determinado. Todo eso tiene que ver con tu visión de la vida o tu orientación en ella.

Camino de casa tal vez vayas hablando de un partido de fútbol, del viaje en interrail del verano o de la fiesta de fin de curso. También eso tiene que ver con tu visión de la vida. ¿Cómo quieres emplear tu tiempo libre? ¿Vas a asistir a reuniones de alguna asociación religiosa? ¿Vas a afiliarte a algún partido político? ¿Vas a trabajar en tu tiempo libre para conseguir algo de dinero para tus gastos?

Primero tienes que hacer un montón de deberes. Pero ¿por qué? ¿Qué vas a hacer cuando acabes el instituto?

Por la noche quedas con unos amigos. A uno de ellos acaban de hacerle la carta astral. Tu amigo cree firmemente en la astrología. ¿Cómo puede estar tan seguro? Otra chica te cuenta que estaba pensando en una amiga suya justo en el instante en que esta la llamó. ¿Fue telepatía? ¿Los sucesos llamados sobrenaturales son hechos o bulos? Luego, la conversación gira en torno a la vida y la muerte. ¿Hay vida después de la muerte?

Entonces tú cuentas tu sueño, que estabas viajando por el espacio. Harto de hielo, piedra y un calor abrasador te ibas alejando de la Vía Láctea. Pero justo en ese instante divisaste a lo lejos un planeta azul y blanco. En ese planeta te despertaste.

«¿Y qué significa ese sueño?», te preguntas. ¿Pueden los sueños decirnos algo de nosotros mismos?

¿Quién soy? ¿De dónde vengo? ¿Adónde voy?

El ser humano empieza pronto a preguntar. Un niño de tres años es capaz de hacer preguntas a las que los adultos no saben contestar. Un niño de cinco años puede meditar sobre los mismos enigmas que un anciano.

El deseo de enterarse de lo que es la vida es un impulso básico en el ser humano. No solo necesitamos bebida y comida, calor, comprensión y cercanía física. Necesitamos encontrar una respuesta a por qué vivimos.

Preguntamos: ¿quién soy? ¿Cómo surgió el mundo? ¿Qué fuerzas dirigen la marcha de la historia? ¿Existe Dios? ¿Qué nos ocurre al morir? Estas son las denominadas preguntas existenciales, porque tienen que ver con toda nuestra existencia.

Muchas de las preguntas existenciales son tan generales que se repiten en todas las culturas. Aunque no siempre han sido formuladas con la misma claridad, constituyen la base de todas las religiones. No conocemos ningún pueblo o tribu que no haya tenido alguna forma de religión.

De vez en cuando en el transcurso de la historia ha habido personas que se han hecho estas preguntas existenciales sobre una base puramente humana, o no religiosa. Pero hasta nuestros días no hemos encontrado pueblos relativamente grandes que hayan vivido sin pertenecer a una determinada religión. Ahora bien, eso no significa necesariamente que rechacen las grandes preguntas existenciales.

Se ha dicho que vivir es elegir. Muchas personas harán sus elecciones en la vida sin pensar demasiado en la relación entre dichas elecciones o en si su actitud ante la vida es consecuente. Otras sienten la necesidad de convertir su actitud ante la vida en algo más unificado y constante.

Podemos constatar que cualquier ser humano tiene una visión de la vida. La cuestión es si se trata de algo elegido por nosotros y si somos conscientes de lo que hemos elegido.

Cara a cara con la muerte

Dos destinos humanos en concreto sirven de ejemplo de cómo pueden estar entretejidas la realidad cotidiana y las profundas cuestiones existenciales. Uno de los ejemplos procede de la Segunda Guerra Mundial, el otro de la realidad reciente de Centroamérica.

Kim Malthe-Bruun (1923-1945) tenía diecisiete años cuando estalló la guerra, y pudo comprobar con sus propios ojos cómo la ocupación de un país por una potencia extranjera destrozaba importantes valores humanos. Al año siguiente, en 1941, se enroló en un barco, pero en 1944 desembarcó en Dinamarca y se unió a la resistencia ilegal. Unos meses más tarde fue arrestado por los alemanes, y en el mes de abril de 1945 fue condenado a muerte y fusilado.

No era raro que los jóvenes se uniesen a la lucha contra la dictadura de los nazis. Si hubiera ocurrido hoy, tal vez tú y tus amigos os habríais implicado. ¿Cómo crees que hubieras reaccionado ante el anuncio de tu condena a muerte? ¿Qué habrías escrito al darte los carceleros papel y lápiz para que enviaras una última carta a tus allegados?

Sabemos lo que escribió Kim. En la carta de despedida a su madre dice entre otras cosas:

Hoy he sido sometido a un consejo de guerra junto con Jörgen, Niels y Ludvig. Nos han condenado a muerte. Sé que eres una mujer fuerte y vas a sobrellevarlo, pero quiero que lo entiendas. Yo soy insignificante y mi persona pronto habrá caído en el olvido, pero la idea, la vida, la inspiración que me llenaron seguirán vivas. Te las encontrarás por todas partes... en los árboles en primavera, en personas que conocerás, en una sonrisa amable...

El 14 de marzo de 1983 Marianella García Villas (1948-1983) fue asesinada por las fuerzas militares de la república centroamericana de El Salvador. Desde hacía ya varios años se estaba librando una guerra civil entre las fuerzas del gobierno y la guerrilla rebelde. Durante ese tiempo, grupos del ejército y movimientos extremistas secuestraron y mataron a miles de personas. La joven abogada Marianella creó un comité de derechos humanos con el fin de investigar casos de desapariciones y tortura. Por esa razón fue incluida en 1980 en las «listas de la muerte» de los grupos terroristas. Ella sabía que su vida corría peligro.

¿Cómo responderías tú a una amenaza como esa? Marianella respondió siguiendo con su lucha. A principios de 1983 fue a un territorio conflictivo donde debía realizar una misión para el comité de derechos humanos. Marianella no volvió nunca. Pero en una carta de 1980 podemos leer lo que la impulsó:

Yo lucho por la vida, por lo real y por lo útil. No deseo morir, pero he vivido tan de cerca la muerte y sus efectos que la considero ya algo natural. Todos vamos a morir algún día, pero siempre será demasiado pronto para el que desee intensamente vivir. Cada minuto que transcurre tiene sentido, mayor profundidad que ninguna otra cosa, aunque pueda parecer cotidiano y rutinario. Cada soplo de aire, cada canto de cigarra y cada vuelo de paloma son como un poema.

Sé que los que luchan por la justicia siempre estarán en posesión de la verdad, con la ayuda de Dios la harán resplandecer y progresarán.

Es mejor ser mucho que tener mucho.

La alegría de vivir

Marianella y Kim lucharon por las ideas y los valores en los que creían. Incluso sacrificaron sus vidas por lo que ellos consideraban verdadero. Pero una visión de la vida no solo se manifiesta en relación con guerras y sucesos dramáticos. No solo tiene que ver con hazañas heroicas e ideas grandiosas. Nuestra visión de la vida también tiene que ver con la misma alegría de vivir. El vuelo de una paloma es como un poema, escribe Marianella en su carta. Y Kim, en la celda de una cárcel, esperando la muerte, escribe sobre los árboles en primavera y una sonrisa amable.

Si algo tuvieron en común estos dos luchadores por la libertad es precisamente la sensación de que la vida es algo infinitamente valioso. En las cartas de Kim y Marianella arde una pasión por esos valores de la vida que corremos el riesgo de ignorar como algo obvio.

¿Tenemos que encontrarnos cara a cara con la muerte para sentir la vida?

«El que no vive el ahora, no vive nunca: ¿tú qué haces?», escribe el poeta danés Piet Hein (1905-1996) en uno de sus poemas. El pintor y escritor finlandés Henrik Tikkanen (1924-1984) expresa una reflexión parecida en este sugerente aforismo: «La vida empieza cuando descubrimos que vivimos».

¿Por qué leer sobre religiones?

Una rápida mirada al mundo que nos rodea muestra que las religiones desempeñan un importante papel en la vida social y política de todos los continentes. En la década de los ochenta esto se pudo comprobar claramente con el islam en Oriente Próximo e Irán, la Iglesia católica en Polonia y América Latina, el hinduismo en la India y el judaísmo en Israel. Pero también en Europa Occidental y en Estados Unidos vemos ejemplos de cómo las cuestiones religiosas y morales pueden intervenir directamente en la vida política.

Los conocimientos sobre religión resultan útiles en un mundo en el que conviven distintas culturas. Somos muchos los que viajamos al extranjero, y muchos son los inmigrantes y exiliados que llegan a nuestro país. Al mismo tiempo, el estudio de las religiones puede ser importante para el desarrollo personal del individuo. Las religiones del mundo ofrecen respuestas a las preguntas que se han venido haciendo los seres humanos en todas las épocas. La historia de las grandes religiones del mundo constituye una parte importante de la historia y del desarrollo de la humanidad.

La primera parte de este libro intenta presentar las principales ideas de cada religión, a la vez que contar cómo expresan su fe religiosa los seres humanos. También vamos a ver qué lugar ocupa la religión en la vida cotidiana y en la sociedad.

En el estudio de las religiones la palabra «tolerancia» es clave, y significa respetar a las personas con una visión de la vida distinta a la tuya. Tolerancia no tiene por qué significar que se borren las diferencias y contrastes, que dé igual cuál sea tu fe, o que creas o no en algo. Una postura tolerante puede perfectamente combinarse con una fuerte convicción y un intento de convencer a otros. Pero no es compatible con el ridiculizar las creencias de otros, utilizar la fuerza o las amenazas.

La historia nos proporciona numerosos ejemplos de fanatismo e intolerancia. Las religiones han luchado entre ellas, y muchas guerras se han librado en nombre de la religión. Muchos seres humanos han sido perseguidos por culpa de sus convicciones, algo que también vemos hoy en día.

A menudo, la intolerancia es una consecuencia de que las personas no tengan el suficiente conocimiento de lo que están hablando. El que es ajeno a una religión solo ve sus formas de expresión y no lo que estas significan para cada uno. Para los cristianos, la comunión tiene un significado especial. Una descripción objetiva de lo que ocurre durante la comunión no puede explicar realmente lo que esta representa para ellos.

El respeto por las opiniones, percepciones y vida religiosa de los demás es una condición necesaria para la convivencia humana. No significa que debamos aceptar todo como igual de verdadero, sino que todos tienen derecho a ser respetados por sus opiniones, si estas no van en contra de los derechos humanos básicos.

Conceptos religiosos

Se han hecho muchos intentos de encontrar una definición de religión, pero ninguna de las que se han dado abarca todo.

Es habitual describir la religión como «la fe en uno o varios dioses», pero esta definición podría ser demasiado limitada. El budismo, por ejemplo, quedaría excluido, porque en un principio no se basaba en la fe en un dios.

Tampoco basta con decir que la religión es «la fe en algo sagrado, divino o sobrenatural por encima del ser humano y por lo que este se siente dependiente». Esta sería, por el contrario, una definición demasiado amplia. No todas las manifestaciones de fe en fuerzas sobrenaturales, magia o hechicería pueden llamarse religión.

En lugar de establecer una definición inalterable y general podríamos estudiar la religión desde cuatro puntos de vista: creencias (fe), ceremonias y ritos, comunidad (organización religiosa) y experiencia.

Creencias (fe)

La religión tiene siempre un lado racional. El creyente alberga determinadas ideas sobre el origen del mundo y de los seres humanos, sobre lo divino y el sentido de la vida. Todo esto forma el contenido de la religión, que se expresa a través de ritos religiosos y del arte, y, sobre todo, del lenguaje. Las expresiones lingüísticas pueden comprender escrituras sagradas, credos, dogmas y mitos.

El Mito

El mito es un cuento que suele aparecer acompañado de un rito. El rito suele repetir el acto relatado en el mito.

Por tanto, el mito religioso tiene un sentido más profundo que, por ejemplo, las leyendas y cuentos populares. El mito pretende explicar algo. Es una explicación ilustrativa de las preguntas básicas: ¿de dónde venimos y adónde vamos? ¿Por qué vivimos y por qué morimos? ¿Cuál es el origen del ser humano y del mundo? ¿Cuáles son las fuerzas que dirigen la evolución del mundo?

El mito nos habla de algo que sucedió en tiempos remotos, en los comienzos del mundo. En la mayoría de las religiones hay mitos sobre la creación que cuentan cómo surgió el mundo. No se trata de informar sobre hechos históricos. Lo esencial del mito es proporcionar a los seres humanos una explicación unitaria sobre la existencia.

Los conceptos religiosos que se expresan en el mito pueden dividirse en tres clases: el concepto *divinidad* (ya sea una o varias), *mundo* y *ser humano*.

El concepto «divinidad»

Monoteísmo. La fe religiosa, en la mayor parte de las grandes religiones, es monoteísta, es decir: fe en la existencia de un solo dios. Tenemos ejemplos de que el monoteísmo de algunas religiones surgió como una reacción de las personas al culto de varios dioses (politeísmo). El islam surgió como renovación o reforma de la religión nómada árabe de aquella época, que era una religión con muchos dioses tribales.

Monolatría. La monolatría es una fe religiosa que podría situarse a medio camino entre el monoteísmo y el politeísmo. Implica que se rinde culto a un solo dios, sin negar que existen otros. Se elige a un dios entre varios. Los antiguos nórdicos, por ejemplo, eligieron a Thor o a Odín como receptor de toda su confianza, ejemplo de que lo teórico no era lo más importante. Lo más importante no es saber si existe un determinado dios, sino si se le rinde culto o no. Hoy en día encontramos ejemplos de monolatría en el hinduismo.

Politeísmo. En las religiones que creen en varios dioses es habitual que estos tengan diferentes funciones y responsabilidades. Pueden ser dioses de la agricultura y la pesca, la artesanía y el comercio, la guerra y el amor. El mundo de los dioses suele estar organizado de la misma manera que el de los humanos: en familias o por jerarquías. Algunos estudiosos de las religiones opinan que el mundo divino indoeuropeo (por ejemplo el indio, el griego, el romano y el nórdico) está construido según el modelo de sociedad de su época, con tres clases:

1. El rey (que a menudo también es sacerdote).
2. La nobleza (los guerreros).
3. Los artesanos, los campesinos y los comerciantes.

Los hombres solían rendir culto al dios que correspondía al lugar que ellos mismos ocupaban en la sociedad. El dios que desempeña la función de soberano es en muchas ocasiones el dios del cielo. Eso no quiere decir necesariamente que viva en el cielo, sino que *se* manifiesta en el cielo, la bóveda celeste o los fenómenos relacionados con ella. En muchas religiones el dios del cielo está colocado junto a una diosa, formando una pareja divina. Esta imagen del Cielo y la Madre Tierra resulta fácil de entender en un contexto agrícola. La tierra es fértil y da de comer a los humanos, pero no sin haber recibido sol y lluvia del cielo.

Aparte de esas «cortes divinas» que conocemos de la mitología clásica y nórdica, hay una serie de dioses y espíritus menores en el vecindario, responsables de determinadas enfermedades, o protectores de determinadas profesiones.

Panteísmo. Un concepto de lo divino, distinto del monoteísmo y del politeísmo, es el panteísmo. En este caso la creencia principal es que Dios o la fuerza divina está presente en todo, que impregna todo lo que hay en el mundo. Lo divino también puede percibirse como algo impersonal, un alma o un orden universales. El panteísmo suele asociarse con la *mística*, en la que el objetivo del ser humano es lograr la unidad con lo divino.

Animismo y espiritualismo. En muchas culturas existe una extendida fe en que la naturaleza está poblada de espíritus, esto se llama animismo. En una época, los estudiosos de las religiones pensaron que el animismo era el principio de toda religión y que, más tarde, tuvo lugar una evolución desde el politeísmo hasta el monoteísmo. Pero esto es solo una teoría.

Lo cierto es que encontramos el animismo en muchas sociedades. En nuestra propia cultura conocemos muchos espíritus que habitan en la naturaleza: el genio acuático, el elfo, el fantasma, la sirena. También las almas de los difuntos han desempeñado un importante papel, y siguen desempeñándolo en el continente africano, China y Japón.

Lo normal es que las divinidades sean más personales y estén mejor definidas que los espíritus, y que tengan nombres propios. Pero en muchos casos resulta difícil distinguir claramente entre dioses, antepasados y espíritus. Todos son expresiones de la fuerza sobrenatural con la que nos encontramos por todas partes en la naturaleza. Esta idea de una fuerza o un poder que regule todas las relaciones de la vida y de la naturaleza existe sobre todo en las religiones tribales. Los historiadores de la religión emplean a menudo la palabra *mana* (originaria de las islas del océano Pacífico) para designar a esa fuerza a la que hay que controlar o de la que hay que hacerse amigo.

El concepto «mundo»

Una extendida concepción del mundo es que este fue creado o formado por un ser o una sustancia originaria. De la mitología nórdica conocemos el relato de los dioses que mataron al *jotun* [gigante] Yme, con cuyo cuerpo construyeron el mundo.

En la filosofía griega hay una masa informe (caos) que es ordenada por una fuerza divina, dando lugar al nacimiento de nuestro mundo actual (cosmos).

La creación también puede pensarse como una especie de parto (nacimiento), un paralelismo de lo que conocemos de la vida humana y animal. En el antiguo Egipto existía la creencia de que el mundo había salido de un huevo; la religión sinto (o sintoísmo), por otra parte, sostiene que las islas japonesas son los hijos de la pareja divina que creó el mundo.

El relato de la creación judío (y cristiano) del Antiguo Testamento no habla de ninguna sustancia o ser primigenio, sino de una creación a partir de la nada. La creación ocurre a través de la palabra. Dios dijo: «Hágase la luz, y la luz se hizo».

También existe en muchas religiones la idea de la destrucción del mundo. En la mitología nórdica se llama *ragnarok*. Ese mundo creado o formado está constantemente amenazado por las fuerzas del mal, que quieren acabar con el orden mundial, y que un día vencerán. Para el cristianismo y el islam el fin del mundo está estrechamente relacionado con la idea del juicio de Dios.

También en la religión hinduista existe la idea de que el mundo nace y sucumbe, pero como un proceso que ocurre una y otra vez en un eterno circuito sin principio ni fin, de la misma manera que el día se transforma en noche y la noche de nuevo en día.

El concepto «ser humano»

La creación del ser humano. En la mayoría de las religiones se piensa que el ser humano ha sido creado por Dios, es decir, que tiene un origen divino. En este contexto se habla a menudo de alma, aunque este concepto varía según las culturas. A menudo el alma se concibe como la antítesis del cuerpo, y en muchas religiones encontramos un dualismo (la idea de que algo está dividido en dos partes), que enseña que el cuerpo es lo terrenal y el alma lo divino. Una versión dice que el alma procede de un mundo superior y se establece en un cuerpo en el que se siente prisionera, encerrada en la materia, siempre anhelando el retorno a su origen celestial.

Cuando el Antiguo Testamento cuenta que Dios creó al hombre con tierra y sopló dentro de él su espíritu, nos encontramos ante otra idea. La antigua concepción judía considera al ser humano un todo en el que alma y cuerpo están estrechamente relacionados, y que ambos son obra de Dios.

La muerte. De la misma manera que el origen del ser humano requiere una explicación, también existe la necesidad de obtener respuesta a lo que sucede cuando uno muere.

Las tumbas vikingas, donde los difuntos aparecen equipados con armas, comida y joyas, muestran que la idea de una vida después de la muerte no es nueva. De la antigua Grecia conocemos la idea del Hades, en el que los difuntos llevaban una triste existencia de sombras. El ideal guerrero de los vikingos se refleja en la idea de la morada Valhala, según la cual los héroes luchaban y eran matados por el día, pero volvían a despertarse por la noche. En algunas tribus indias de Norteamérica perdura la idea de las «praderas de la muerte», ricas en toda clase de caza.

En muchas sociedades los difuntos siguen vivos como espíritus paternos en la cercanía de los vivos, proporcionándoles seguridad y protección, exigiéndoles a cambio sacrificios en sus tumbas.

Se han dado muchas respuestas a qué es lo que perdura y sigue vivo. Aunque se le llama a menudo «alma», en muchas religiones tribales africanas no existe esta división del ser humano en cuerpo y alma. Tampoco en el cristianismo «la vida eterna» se asocia a la idea de un «alma inmortal». Se habla de la resurrección del cuerpo, es decir, de la recreación del ser humano entero. Ciertamente los cristianos hablan de un «cuerpo espiritual», pero en este caso es para subrayar que el ser humano después de la resurrección no es un indefinido ser espiritual.

En la mayor parte de las religiones encontramos diversas ideas sobre la salvación. Algunas hacen hincapié en que el ser humano tiene que ser salvado por una fuerza divina, otras señalan que el ser humano ha de salvarse por sí mismo, indicando distintos caminos.

Un lugar especial ocupan las transmigraciones de las almas. Los hindúes se imaginan que el alma está atada a este mundo a través de los pensamientos, las palabras y los actos del ser humano, y que cuando uno muere, el alma pasa a otro cuerpo (de un ser humano o de un animal). De esta forma el alma está atada en un eterno circuito hasta que es salvada.

La relación del ser humano con lo divino. En el islam y en el judaísmo el hombre cumple con sus obligaciones religiosas sometiéndose a la ley de Dios. En algunas religiones africanas e indias cumple con las reglas tribales impuestas por los antepasados. Y en la religión china, cuando se entra en armonía con las fuerzas fundamentales de la existencia: yin y yang.

En algunas religiones, sobre todo en el hinduismo, el objetivo del ser humano es lograr la unidad con la divinidad. Para un antiguo griego esto sería una blasfemia. El pretender romper la frontera entre lo humano y lo divino se llamaba *hybris*. Una idea semejante aparece en el relato sobre el pecado original del Antiguo Testamento. La armonía original del hombre con Dios se rompe porque el hombre intenta parecerse a Dios.

Ceremonias y ritos

En todas las religiones las ceremonias religiosas desempeñan un importante papel. Cuando se invoca, agradece o elogia a Dios o a los dioses, se hace según unas reglas establecidas. Las ceremonias religiosas, o ritos, suelen seguir determinados modelos: los rituales.

Dentro de una religión, la suma de estas ceremonias se llama culto. En el culto tiene lugar el contacto con lo sagrado, razón por la cual los ritos suelen realizarse en lugares sagrados (templo, mezquita, iglesia), donde hay objetos sagrados (fetiches, árboles sagrados, altares). Las personas que dirigen el culto religioso también pueden ser sagradas, o al menos especialmente consagradas a su tarea.

Las palabras sagradas que se emplean desempeñan un importante papel: oraciones, invocaciones, extractos de libros sagrados y, en especial, el mito que a menudo está relacionado con los distintos ritos.

Antes de profundizar algo más en los distintos ritos, diremos unas palabras sobre la magia.

Magia

La magia es un intento de *controlar* las fuerzas y poderes de la existencia. La magia suele aparecer en contextos religiosos, y puede resultar difícil trazar un límite claro entre *oración* y *fórmula mágica*. Si a pesar de ello señaláramos una diferencia, esta tendría que ser la siguiente: en la religión, el ser humano se siente completamente dependiente de las fuerzas divinas, a las que puede orar u ofrecer sacrificios. En última instancia, siempre habrá que doblegarse ante la voluntad del poder. Sin embargo, con los rituales mágicos el hombre intenta obligar a las fuerzas a someterse a su voluntad, casi siempre con el fin de conseguir objetivos muy concretos. El mago cree que si realiza correctamente los rituales mágicos conseguirá el resultado deseado. Si no lo logra, echará la culpa a algún error en el procedimiento mágico o a que ha sido víctima de una contramagia más eficaz.

Algunos han considerado la magia como una fase preliminar de la ciencia. El mago intenta, igual que el científico, encontrar una relación entre causa y efecto. En cierto modo está obligado a observar la naturaleza y a pensar basándose en la experiencia. Tampoco cabe duda de que muchas veces los magos han realizado observaciones precisas de ciertos fenómenos de la naturaleza, y se ha comprobado que gran parte de las hierbas utilizadas por hechiceros y chamanes en su magia, en realidad son hierbas que también pueden emplearse en la ciencia médica moderna.

Oración

La oración ha sido descrita como la «fuente de calor de toda devoción» y es el más sencillo de todos los ritos. Puede ser una conversación espontánea del individuo con Dios, y en ese caso no suele tener una forma determinada, sino que se expresa a través de las palabras usadas por la persona en cuestión.

La oración colectiva sí suele seguir, en cambio, unas reglas fijas. Puede leerse o cantarse a coro o como una antífona entre el que dirige la oración y los fieles.

A menudo la oración va unida a determinados actos y gestos. En muchas comunidades cristianas hay reclinatorios en los que el creyente se arrodilla, algunos entrelazan las manos; y los musulmanes, por ejemplo, se prosternan mirando a La Meca. La oración también puede estar relacionada con la danza. El objetivo de la danza puede ser invocar la lluvia o mejorar la caza o la guerra (danza guerrera). Como para las danzas se emplean máscaras y disfraces, podría parecer una pantomima o una función de teatro.

La palabra y la ceremonia están estrechamente relacionadas. Vemos en este caso cómo el mito, el relato sagrado, se relaciona con determinados ritos. Pueden estar tan estrechamente relacionados que producen un todo, un *drama*, una representación.

Sacrificio

El sacrificio constituye una parte central del culto de muchas religiones. Un sacrificio suele consistir en una ofrenda a los dioses de algo que los seres humanos consideran valioso. Puede ser fruta, cereales, un animal, y en algunas culturas existen ejemplos de sacrificios humanos. La intención del sacrificio puede variar, y distinguimos entre diferentes clases de sacrificio según lo que se pretende conseguir. El sentimiento de contacto y comunidad se repite en todas las variantes.

Ofrenda. Es la forma más habitual de sacrificio y tal vez la más antigua. Se ofrece un regalo a los dioses con la expectativa de que ellos devuelvan algo a cambio. La intención del sacrificio se expresa en la fórmula latina *do ut des* [doy para que me devuelvas]. También hay que incluir en este tipo la llamada *ofrenda de agradecimiento*, una contraprestación de algo que se había pedido a los dioses y que estos han concedido.

Resulta fácil asociar esta manera de pensar con el canje, pero hay que entenderlo en su contexto. El dar y recibir regalos revela una especie de comunidad. El donante y el receptor se unen, y el propósito de la ofrenda corresponde en parte al deseo de establecer una comunidad con los dioses.

Una ofrenda muy común es la entrega de las primeras cosechas. Se ofrece una parte de la presa cazada o de la cosecha del año. Es a la vez un agradecimiento a los dioses y un deseo de que su protección se mantenga.

Así resulta que el sacrificio es necesario tanto para los dioses como para los hombres. Los dioses se refuerzan mediante el sacrificio. Si falta el sacrificio, los dioses se debilitan, lo que tendrá efectos negativos para el mundo y para los hombres, por ejemplo en forma de enfermedades o de malas cosechas.

Esto lo vemos claramente en los sacrificios de los antiguos nórdicos. El propósito de dichos sacrificios era reforzar a los dioses buenos y vitalistas (los Ases y los Vanes) para que pudiesen resistir las fuerzas del mal (los Gigantes), que querían destrozar el orden universal.

Sacrificio de alimentos. El motivo principal del sacrificio de alimentos es la comunidad con los dioses. Suele tratarse del sacrificio de algún animal que es comido por los sacrificantes. Lo habitual es que el sacrificio se comparta con los dioses, pero también encontramos ejemplos en los que el sacrificio representa al propio dios. En este caso se consigue tomar parte en la fuerza del dios, comiéndose el sacrificio.

Sacrificio de expiación. Cuando alguien ha violado las leyes de los dioses, causando su ira, merece ser castigado. Con el fin de apaciguar a los dioses y librarse del castigo, la persona en cuestión puede ofrecer un sacrificio de expiación. La ofrenda —por ejemplo un animal sacrificado— sustituye así al que ha cometido la infracción y expía la culpa en su lugar.

Ritos de transición

Los ritos de transición, de paso o de iniciación, están relacionados con cambios fundamentales en la situación del individuo. Las principales transiciones son el nacimiento, la transición de niño a adulto, el casamiento y la muerte. Los ritos de transición representan a menudo una iniciación. El nacimiento es la iniciación a la vida, y la muerte es la iniciación a un nuevo estado en el reino de los muertos, o a una vida eterna.

Los ritos de transición existen de una u otra forma en todas las sociedades, incluso en las que la religión no desempeña ningún papel en la vida pública. Donde desempeñan su papel más importante es en las culturas que carecen de escritura, en las religiones tribales, en las que los ritos de transición están estrechamente relacionados con la idea de tabú. La palabra «tabú» procede del archipiélago de Tonga, en Polinesia, y ha sido adoptada por los historiadores de la religión para designar las fuerzas místicas que obran en determinados individuos en determinadas situaciones, y significa «prohibido».

De nacimiento y muerte. Un niño recién nacido está vivo en el sentido físico de la palabra. Pero en muchas culturas el niño no es reconocido ni por la familia ni por la sociedad hasta que ha pasado por determinadas ceremonias. Estas pueden ser actos únicos, tales como el bautismo, la circuncisión o la imposición de nombre. En los pueblos primitivos puede tratarse de un largo proceso que empieza con el embarazo de la madre y acaba después del parto, con la admisión del niño en la tribu. También la madre, que queda impura tras el parto, tiene que pasar por una serie de ritos de purificación antes de ser readmitida en la comunidad.

De la misma manera que los individuos no están realmente vivos hasta después de los ritos del nacimiento, en algunas sociedades el muerto no está realmente muerto hasta después del entierro. Los ritos funerarios son necesarios para que el muerto pueda ser reconocido y admitido en la sociedad de los muertos. Un individuo que no ha sido enterrado conforme a los usos y costumbres corre el riesgo de vagar sin descanso por el mundo de los vivos y de los muertos.

Muchos ritos de transición son especialmente importantes en las sociedades en las que el culto a los antepasados desempeña un papel fundamental. Un nacimiento significa que la estirpe continúa, y que el culto a los antepasados puede seguir. Al contraer matrimonio se juntan un hombre y una mujer de dos familias diferentes, y hay que procurar que los antepasados de ambas partes acepten el matrimonio y la unión de las dos familias.

Cuando una persona muere, la tribu pierde uno de sus miembros y se crea una situación de crisis. La vida y la tribu están siendo amenazadas por fuerzas hostiles, y se ha de asegurar —mediante ceremonias— que la vida siga su curso, a la vez que los ritos funerarios ayudan al difunto a llegar sano y salvo al mundo de los muertos, donde continuará viviendo con los antepasados.

De pubertad. Los ritos de pubertad indican la transición de la infancia a la edad adulta, es decir, de niño a hombre y de niña a mujer. Pero la madurez sexual no siempre basta para que un individuo sea miembro de pleno derecho del mundo de los adultos. Entre los protestantes, la confirmación —que tiene un origen religioso— es a menudo considerada la iniciación en el círculo de los adultos. Por esa razón, muchos no cristianos, por ejemplo en Noruega, han establecido como alternativa la confirmación civil.

Los ritos de pubertad están más extendidos en las sociedades tribales. A continuación destacamos cuatro aspectos importantes de estos ritos:

1. Es común la circuncisión en los órganos sexuales tanto de hombres como de mujeres. No se conoce con seguridad el origen

de este rito, pero en algunos casos puede estar relacionado con la creencia de que el ser humano en principio era hermafrodita. En este caso, el rito constataría la diferencia de los sexos señalando a mujeres y hombres el lugar que deben ocupar en la sociedad. La circuncisión en los varones puede tener un efecto preventivo de ciertas enfermedades, y en las mujeres puede disminuir su disfrute de la vida sexual. Hoy en día se protesta contra esta circuncisión femenina.

2. Iniciación significa enseñanza y aprendizaje de las tradiciones, de las obligaciones religiosas, de la ley y del derecho, de la caza y la pesca, y destreza en el combate y tareas prácticas de la tribu. El joven tiene que aprenderse los relatos sagrados y los ritos tradicionales. A menudo, hombres y mujeres tienen secretos diferentes en lo que se refiere a la religión, secretos que no deben revelarse los unos a los otros.

3. En muchas tribus los jóvenes han de sufrir duras pruebas de resistencia para mostrar su valor y su fuerza física. Se les golpea, atormenta y atemoriza. En Latinoamérica, por ejemplo, existe la dolorosa «prueba de la hormiga», en la que el chico es mordido por cientos de hormigas. Otras veces se practican verdaderas mutilaciones, cortando dedos o extrayendo dientes.

4. La iniciación se considera a veces un nuevo nacimiento. El simbolismo de los ritos puede incluso ir más lejos: convertir la iniciación en muerte y renacimiento. Ha terminado la infancia, el niño ha de morir para poder renacer como adulto. En algunas tribus, a los jóvenes se les coloca en tumbas especiales o se les pinta de blanco para que parezcan muertos. Los tormentos por los que tienen que pasar también pueden ser símbolos de la muerte, y en algunos casos la circuncisión es considerada una muerte. También el renacer se simboliza de diversos modos. El joven puede recibir un nombre nuevo como señal de que ya es un individuo nuevo. También puede aprender una nueva lengua, es decir, palabras secretas que solo conocen los iniciados. O se le puede alimentar y tratar como si fuera un recién nacido.

Este simbolismo de nacimiento y muerte puede enmarcarse en un contexto más amplio, como una repetición de la creación del mundo. La muerte representa el caos y el desorden, y el nuevo nacimiento o creación significa la recuperación del orden, el equilibrio y la armonía. Se ha vencido esa fase crítica que siempre representa la transición de un estado a otro.

Relación ser humano-ética

Las religiones no siempre distinguen entre lo ético y lo religioso. Las costumbres de la tribu, las reglas o prescripciones morales de la casta son tan religiosas como los sacrificios y la oración. Entre los diez mandamientos que Moisés expuso a los judíos, estaba tanto el religioso «no tendrás más dioses que yo», como el ético «no matarás». Entre los cinco pilares de los musulmanes se encuentran tanto la oración a Dios como la limosna a los pobres. No se distingue entre ética y religión. La idea del ser humano como una criatura divina significa que es responsable ante Dios de todo lo que hace, ritual, moral, social y políticamente.

A veces los predicadores religiosos han iniciado un debate precisamente sobre temas éticos. Los profetas religiosos del antiguo Israel atacaron a los ricos y poderosos que cumplían obedientemente los sacrificios, pero que oprimían a los pobres. No obstante, su actitud moral también tenía un fundamento religioso.

En las sociedades en las que conviven distintas religiones y concepciones de la vida, resulta más difícil relacionar la ética exclusivamente con la religión. La sociedad necesita unas líneas éticas comunes, y algunas de ellas se confirman en forma de leyes. Los romanos fueron los primeros que intentaron elaborar un código de leyes que pudiera emplearse por todos los pueblos, independientemente de sus religiones. Este código se convirtió en el fundamento de todas las legislaciones en los estados modernos no religiosos. En algunos países musulmanes existen dos sistemas legales paralelos, uno basado en el Corán, y otro en el Derecho romano. En muchos países, la Declaración de los Derechos Humanos de las Naciones Unidas está reconocida como una especie de ética común, sin tener en cuenta diferentes religiones o concepciones de la vida.

Comunidad (organización religiosa)

Un aspecto importante de todas las religiones es la comunidad entre los creyentes. Surgen formas determinadas y reguladas de comunidad, y se nombran representantes para dirigir las actividades religiosas.

En los pueblos primitivos apenas existe una división de funciones especialmente religiosas. Aquí la tribu constituye un marco a la vez social, político y religioso, y el jefe es muchas veces también el sacerdote, el guía espiritual. Por otro lado existen sociedades secretas en las que solo se admite a personas elegidas, generalmente hombres.

En el antiguo Egipto, la antigua Grecia o la antigua Noruega la situación era simple: la religión formaba parte de una cultura común. Una situación parecida se daba en la Europa de la Edad Media, cuando el poder de la Iglesia era absoluto, o en nuestra propia época en algunos países musulmanes, donde el poder religioso y político está en manos del gobernante del país (como por ejemplo el rey de Marruecos).

Cuando han de convivir varias confesiones religiosas, la cuestión organizativa se vuelve más complicada. Cuando se funda una nueva religión que difiere de la práctica religiosa del lugar, se crea una nueva comunidad que, al menos al principio, es minoritaria. Esto ocurrió en el caso de los que siguieron a Buda, Mahoma y Jesús. También ha ocurrido con todos los grupos que en el transcurso de la historia han roto con las grandes religiones, formando sus propias comunidades o sectas. En dichos grupos la solidaridad entre sus miembros es a menudo más fuerte que en una religión estatal o nacional.

En todas las religiones estatales los individuos se convierten en miembros a través de una ceremonia poco después de nacer. También hay religiones nacionales de las que se es miembro sin tener que pasar por ninguna ceremonia. En otras comunidades religiosas hay que inscribirse o ser admitido.

En muchas religiones existen órdenes especiales con severas reglas para ser admitido. Las más comunes son las órdenes de monjes y monjas, en las que los nuevos miembros tienen que prometer celibato y pobreza personal.

Excepto en algunas religiones tribales, todas las religiones tienen sus propios «funcionarios», con una responsabilidad especial sobre el culto y otras tareas religiosas. Los sacerdotes, los que dirigen las oraciones y los magos pueden tener diferentes tareas, pero todos disfrutan de un estatus especial. Los sacerdotes también son a menudo dirigentes de organización de su comunidad y a su vez pueden formar parte de una colectividad más amplia. Algunas organizaciones (como la Iglesia católica) están construidas muy rígidamente a nivel internacional, con un único líder. En otras Iglesias la dirección puede estar a nivel nacional (como por ejemplo en la Iglesia Estatal Noruega) o en la comunidad local (el movimiento de Pentecostés).

Experiencia

La religión nunca es exclusivamente racional. También tiene que ver con las emociones. Las emociones constituyen una parte del ser humano tan importante como el intelecto y la razón. La música, el canto y la danza apelan a la vida emocional. En casi todas las religiones los seres humanos expresan su pena y su alegría con la música y el canto, en algunas también mediante la danza, que es un antiquísimo medio de expresión religioso. En la misa cristiana el canto de himnos en coro y la música de órgano forman una parte importante de la vivencia total. Además, en muchas iglesias y templos hay arte: pinturas, esculturas y retablos, que nutren la imaginación y la vida emocional.

Lo sagrado. En la casa de culto (mezquita, sinagoga, iglesia) el creyente vive un ambiente especial, una sensación de encontrarse con una fuerza superior. En ese encuentro, el ser humano vive lo sagrado. Este encuentro con lo sagrado ha sido descrito como un *mysterium tremendum et fascinosum*, algo que es a la vez temible y atractivo. Eso es lo que expresa Lutero cuando en su catecismo habla de «temer y amar a Dios».

La experiencia religiosa personal varía de una religión a otra, lo mismo que dentro de cada una de ellas. Esta oración de la noche es de los indios quechua:

> Ahora me echaré a dormir bajo tus pies, bajo tus manos, tú, señor de las montañas y los valles, tú, señor de los árboles. Mañana habrá un nuevo día, mañana volverá a brillar el sol. No sé dónde estaré yo para entonces.
>
> ¿Quién es mi madre? ¿Quién es mi padre? Tú, solo tú, Dios. Tú me ves, tú me proteges por todos los caminos.

Misticismo

La experiencia mística puede caracterizarse escuetamente como una sensación inmediata de unión con Dios o el alma universal. En tanto que la oración y el sacrificio presuponen un abismo entre Dios y el ser humano —o entre Dios y el mundo—, el místico intenta construir un puente por encima de ese abismo. O dicho de otra manera: para el místico no existe tal abismo. Él es «absorbido» por Dios, o «desaparece» en Él. Porque lo que a diario llamamos «yo» no es nuestro verdadero yo. El místico ha experimentado, al menos por unos instantes, la sensación de ser idéntico a un yo superior, llámese Dios, el alma universal, él mismo, el vacío, el universo, etc. (Un místico de la India dice: «Cuando yo fui, Dios no fue; ahora Dios es, y yo ya no soy». El místico «se ha perdido a sí mismo» en Dios).

Ahora bien, una experiencia de esa clase no tiene lugar así sin más. El místico ha de elegir «el camino de la purificación y la iluminación» para encontrarse con Dios. Y ese camino, que generalmente pasa por diferentes etapas o fases, suele constar de ascetismo, ejercicios de respiración y complicadas técnicas de meditación. Entonces de repente el místico ha alcanzado su meta y puede exclamar: «¡Yo soy Dios!» o «¡Gloria a mí! ¡Qué grande es mi majestad!».

La fuerza motriz de la vida religiosa del místico es a menudo su ardiente amor por Dios. Igual que el amante desea unirse con su amada, el místico busca la unión con Dios. Un anhelo recorre el mundo. Las radiaciones divinas —que existen en el ser humano— anhelan ser despojadas de su existencia individual. Porque el que anhela a Dios, solo anhela lo que también anhela Dios. En el éxtasis (o *unio mystica*) tiene lugar el encuentro entre Dios y el ser humano. «Yo soy Él a quien amo», dice triunfante el místico persa Al-Hallaj (aprox. 858-922), «¡y Él a quien amo soy yo!».

Tendencias místicas. Encontramos tendencias místicas en todas las grandes religiones. Y las descripciones que ofrece el místico de la experiencia mística guardan un asombroso parecido a pesar de las grandes distancias en el tiempo y en el espacio. Por esta razón podemos hablar de una dimensión mística en todas las religiones. El filósofo alemán Leibniz describió por tanto la mística como *philosophia perennis*, o sea «la filosofía eterna».

Características del estado místico. A la luz de los relatos de místicos de diferentes culturas y épocas históricas, lo habitual es enumerar las siguientes características del estado místico.

1. El místico siente una unidad en todas las cosas. Existe una sola conciencia, o un Dios, que lo impregna todo.

2. Aunque el místico lleva mucho tiempo preparándose para el encuentro con Dios —o el alma universal—, se siente pasivo cuando ocurre. Es como si fuera prendido por una fuerza externa.

3. Su estado se caracteriza por su atemporalidad. El místico se siente arrancado de la realidad cuatridimensional.

4. El propio éxtasis es, no obstante, transitorio; dura solo unos minutos.

5. Pero ha proporcionado al místico una nueva comprensión, que lleva consigo después de la experiencia.

6. Y sin embargo, esta nueva comprensión la vive como algo *inefable*, que no puede ser transmitido, por tanto, a otros seres humanos.

7. Ya que la experiencia es una paradoja, el místico recurre también a paradojas cuando a pesar de todo intenta describir lo que ha experimentado. Por tanto puede describir su vivencia como «vacío y plenitud», «una oscuridad deslumbradora», o expresiones parecidas.

Hasta que el místico no proporciona una interpretación religiosa o filosófica de su experiencia mística no aparecen sus antecedentes culturales. Sobre todo en el misticismo occidental (judaísmo, islam, cristianismo), el místico destacará que su encuentro ha sido con un Dios personal. Aunque haya sido «absorbido en Dios», suele señalar cierta distancia entre Dios y el mundo. Se mantiene algo de la relación yo/tú entre Dios y los seres humanos. Esta forma de misticismo suele llamarse misticismo teísta o misticismo personalizado. En el misticismo oriental (hinduismo, budismo y taoísmo) es más corriente proclamar una identidad total entre Dios —o el alma universal— y el ser humano. Podemos decir que el místico vive el encuentro con la divinidad como una relación yo/yo. Porque Dios no solo está presente como una chispa en el alma del ser humano. No solo está *en* el mundo, tampoco está en otro lugar. Esta forma de misticismo suele llamarse misticismo panteísta o misticismo infinito.

La dimensión mística también puede desempeñar un papel decisivo para el ser humano moderno. Muchas personas dicen haber tenido experiencias místicas sin relacionarlas con una determinada religión. Normalmente estos «místicos modernos» no hacen nada activo para entrar en un estado místico. De repente —en medio del trajín cotidiano— han experimentado lo que llaman «consciencia cósmica», «sensación oceánica» u «ósmosis mental».

Tipos de religión

Religiones y formas de sociedad

En la ciencia de las religiones se ha intentado dividir las religiones en tres clases, que en cierto modo se corresponden con tres formas diferentes de sociedad:

Religiones tribales. Son las que los científicos llamaban antes «religiones primitivas» y que aparecen, o aparecían, en las culturas carentes de escritura de los pueblos primitivos de África, Asia, América y la Polinesia. Lo que caracteriza esas religiones es la creencia en muchas fuerzas, dioses y espíritus, que regulan la vida cotidiana. El culto a los antepasados y los ritos de transición desempeñan un importante papel. La comunidad religiosa forma parte de la vida social, y los sacerdotes suelen ser los dirigentes de la tribu.

Religiones nacionales. Se denomina así a una serie de religiones históricas que ya no se practican: la antigua nórdica, la griega, la romana, la asirio-babilónica, la egipcia. Pero encontramos restos de ellas hoy en día, por ejemplo en el sintoísmo japonés.

Lo que caracteriza a las religiones nacionales es el politeísmo, es decir, una serie de dioses dentro de un sistema habitualmente bien ordenado, con jerarquías y funciones especiales. Además hay un clero que se responsabiliza de las obligaciones rituales en los correspondientes templos. También hay una mitología muy desarrollada, el rito sacrificial desempeña un papel central y el líder nacional ha sido nombrado por los dioses (monarquía sacra).

Religiones universales. Las religiones universales reivindican validez en todo el mundo, es decir, para todas las personas.

Su característica fundamental es el monoteísmo, lo que significa que tienen solo un dios. Lo que prima en estas religiones es la relación del individuo con Dios, y su salvación. Los sacrificios tienen una importancia mucho menor que en las religiones nacionales, más centradas en la oración y la meditación. Las religiones universales suelen remitir a fundadores concretos.

Por último habría que añadir que las fronteras entre las tres clases de religiones son difusas. La religión nacional es a menudo una variante de la tribal, que tiene relación con el desarrollo general de la sociedad (de comunidad tribal a estado nacional). De la misma manera las religiones universales derivan a menudo de religiones nacionales como una forma de protesta contra aspectos del culto y de sus ideas religiosas.

Religiones orientales y occidentales

También se han hecho intentos de dividir las grandes religiones universales en orientales y occidentales. Occidentales se consideran el judaísmo, el islam y el cristianismo, y orientales sobre todo el hinduismo, el budismo y el taoísmo.

La siguiente tabla reproduce algunos puntos principales de la mencionada división.

	OCCIDENTAL	**ORIENTAL**
Visión histórica	Visión histórica lineal, es decir, la historia tiene un principio y un fin: el mundo fue creado y un día terminará.	Visión histórica cíclica, es decir, la historia se repite en un ciclo eterno, y el mundo perdura de eternidad a eternidad.
Concepto «divino»	Dios es el creador, es omnipotente y uno. Monoteísmo riguroso.	Lo divino está presente en todo. Se manifiesta en muchas divinidades (politeísmo) o como una fuerza que impregna todo (panteísmo).

	OCCIDENTAL	ORIENTAL
Concepto «ser humano»	Existe un abismo entre Dios y el ser humano, entre el creador y lo creado. El pecado religioso consiste en que el ser humano pretenda convertirse en Dios en lugar de someterse a Su voluntad.	El ser humano puede alcanzar la unión con Dios o la divinidad mediante la percepción y el conocimiento religioso.
Salvación	Dios salva al hombre del pecado. Y Dios juzga y castiga. Se tiene la idea de una vida después de la muerte, de un cielo y un infierno.	La salvación equivale a la liberación del eterno ciclo de reencarnación y se consigue mediante sacrificios o conocimiento místico.
Ética	Los dirigentes religiosos tienen una relación activa con la sociedad. Las cosas externas deben dominarse.	Pasividad y retiro como ideales, lo externo no es más que un engaño.
Culto	Oración, sermones, glorificación.	Meditación, sacrificio.

Primera parte

Religiones de África

En la actualidad hay en África tres religiones principales: el *cristianismo* (presente sobre todo en el sur y en las costas del este y oeste africanas), el *islam* (que tiene su centro de gravedad en el norte de África pero que, desde hace siglos, tiene una marcada presencia también al sur del Sahara) y por último las antiguas *religiones tribales*, que estuvieron muy extendidas antes de la penetración de las culturas occidental y árabe. En la África moderna se está disolviendo la estructura tradicional de pueblos, desapareciendo con ello el fundamento de las religiones tribales o primitivas.

De los 550 millones de personas que aproximadamente habitaban África a comienzos de 1990, resulta difícil decir cuántas siguen practicando las religiones tribales, aunque se estima que sean unos 50 millones.

Religiones tribales

La tribu y la estirpe en el centro

Al emplear la expresión «religiones tribales» para las religiones africanas, ya hemos proporcionado una clave para entender algo de su esencia. La tribu (clan, estirpe, familia) constituye el marco de la vida cotidiana del africano. Esta comunidad prevalece por encima del individuo. Lo especial del concepto africano de *estirpe* es que no solo incluye a las personas vivas, sino también a las difuntas. Los antepasados siguen cerca de la tribu, se han convertido en una especie de espíritus que habitan el reino subterráneo o vuelan invisibles alrededor de la casa para asegurar que los descendientes sigan las tradiciones.

Las costumbres y hábitos, los rangos de la sociedad, la «constitución» (por usar una palabra moderna), fueron establecidos al comienzo de los «tiempos primitivos» de los que hablan los mitos. La misión de los vivos es procurar que este orden perdure, y eso se hace cumpliendo minuciosamente todas las reglas y normas, empezando por los sacrificios a los espíritus de los antepasados.

No solo forman parte de la estirpe los vivos y los muertos, sino también los no nacidos, los descendientes. Es obligación del individuo procurar que la estirpe continúe. Una de las peores desgracias que puede ocurrirle a una persona es morir sin descendencia. La extinción de una estirpe significa que a los espíritus de los padres se les impide visitar la tierra, porque ya no queda nadie que pueda mantener la relación con ellos. Por eso, cuando un hombre tiene más de una esposa y muchos hijos, su alma está en paz. Sabe que, después de muerto, esta no estará condenada a volar por lugares desiertos y perder el contacto con la tierra, porque siempre habrá alguien con el que estar relacionado.

Uno de los cometidos más importantes de un ser humano es por lo tanto cuidar del territorio que le ha sido entregado a la tribu por los antepasados. Este territorio tendrá que entregarlo en su momento a los descendientes. En otras palabras, no existe el derecho a la propiedad privada cuando se trata de la tierra, por lo que tampoco se puede vender por trozos.

El jefe de la tribu

La tribu es dirigida por un jefe o rey. El papel y el poder del rey varían de una tribu a otra, y también con el transcurso de los años, en especial tras el encuentro con los poderes colonizadores.

El rey no es solo el jefe político, sino también el guardián de la ley y el derecho, y el juez en los procesos. En muchos casos también es el sacerdote que dirige los sacrificios. La razón por la que el rey asume todas estas funciones es que no existen fronteras claras entre política, religión, ley y ética. Todo forma parte del sistema, costumbres y hábitos sobre los que descansa la sociedad tribal.

El rey es el permanente guardián del sistema, representa el nexo con los antepasados, con la tradición. También es el representante de los dioses ante los seres humanos, a la vez que el portavoz de los humanos ante los dioses.

Creencia religiosa

Tomando como punto de partida los mitos, que no están escritos sino que se han ido narrando de generación en generación, los investigadores han intentado encontrar las características de la creencia religiosa de los africanos.

Aunque los dioses tienen muchos nombres, en la mayor parte de las tribus existe la fe en un dios supremo, a menudo llamado así por los estudiosos de la religión. El dios supremo se asocia en muchos casos con la bóveda celeste. Él es quien concede la fertilidad, y en algunos mitos es representado con una diosa de la tierra a su lado.

El dios supremo no ha creado ni la tierra ni el cielo, pero sí todos los seres vivos, animales y humanos. También es quien ha instituido los usos y costumbres que regulan la sociedad y que la tribu está obligada a obedecer. Asimismo, suele ser el dios del destino, el que decide sobre las vidas de los seres humanos y sobre su dicha y desdicha. En relación con este dios supremo se ha utilizado la expresión «el dios en reposo», por encontrarse muy alejado de la vida cotidiana. Algunos mitos relatan que al principio de los tiempos, cuando reinaba la armonía, había un estrecho contacto entre el dios y los seres humanos, pero que una disputa hizo que el dios se alejara.

La gente solo se dirige al dios supremo en casos excepcionales, cuando se encuentra en una situación de gran necesidad de ayuda. En la vida diaria no hay que molestar al dios supremo, sino dirigirse a dioses y espíritus menores, sobre todo a los espíritus de los antepasados.

Culto a los antepasados

Los antepasados son invisibles, pero puede ser que tengan el mismo aspecto que cuando estaban vivos, tal vez en una versión reducida.

Los africanos no manejan ideas sobre la separación entre el alma y el cuerpo, y tampoco existe entre ellos la creencia en que el alma sea lo que siga vivo. Los espíritus se comparan con sombras o con los «dobles» de los difuntos, que pueden estar en muchos lugares a la vez: en la tumba, en el reino de los muertos o en fenómenos que acontecen cerca del individuo.

Una idea bastante generalizada es que los difuntos viven en el reino de los muertos de la misma manera que vivieron en este mundo. Tienen incluso el mismo rango social que cuando estaban vivos. Aparecen ante los vivos sobre todo en los sueños, pero también en animales y otros fenómenos de la naturaleza.

Cualquier hombre adulto que muere se convierte en un espíritu o dios ancestral, pero no todos desempeñan el mismo papel, ni son objeto del mismo culto. Los más importantes son los espíritus de los padres de familia, patriarcas y jefes de tribu. Quien es considerado padre fundador de un linaje de jefes es visto a menudo como un dios por encima de cualquier otro, una divinidad nacional.

El culto a los antepasados es la expresión de una interacción entre vivos y muertos. Los vivos reciben fuerza y ayuda de sus antepasados, y los muertos dependen a la vez de los sacrificios de sus descendientes: A través de los sacrificios adquieren poder y fuerza. Si no reciben sacrificios «morirán», es decir, dejarán de existir por completo.

El sacrificio a los antepasados puede ser algo muy sencillo. Por ejemplo, un miembro de la tribu se acerca a la tumba de su padre, sacrifica algo de comida y bebida, y pide ayuda en una situación difícil. Ahora bien, lo más corriente es el sacrificio conjunto de toda la familia, oficiado por el padre y dirigido a los padres de familia muertos, los espíritus más significativos. La jerarquía es importante, el padre de familia es el único que sustenta este derecho, pero durante el sacrificio representa a toda la familia.

El sacrificio más extenso es el realizado por el jefe de la tribu. De parte de la tribu se dirige a los espíritus de anteriores jefes para pedir buena caza o buena cosecha. Cuando empieza la cosecha se ofrece a los espíritus de los jefes la primera recolección. Se presenta una selección de frutos en honor al espíritu, y mediante cánticos, oraciones, y muchas veces también danzas con máscaras y otros objetos, la gente da las gracias y suplica al espíritu que siga protegiéndolos.

Otros espíritus

Por todas partes de África encontramos también creencias en espíritus que nada tienen que ver con el culto a los antepasados.

Cuando una persona sufre una enfermedad, sobre todo una enfermedad mental, se cree que está poseída por un espíritu de la enfermedad.

La naturaleza está poblada de espíritus. Se encuentran en el bosque, en las llanuras, en las montañas, y en los ríos y lagos. Están relacionados en particular con hechos extraordinarios, tales como truenos y rayos, una enorme cascada, un manantial de agua caliente, un gran árbol, una piedra de aspecto especial. La creencia en espíritus de la naturaleza se llama *animismo* (del latín *anima* = espíritu).

Los simples espíritus suelen ser percibidos como fuerzas más vagas que los dioses y los espíritus de los antepasados, y son más peligrosos para las personas, entre otras cosas porque sus malas acciones pueden deberse a un mero capricho. Si los dioses y los antepasados hacen daño a las personas, tiene una causa concreta, es el castigo por haber infringido las leyes y costumbres sobre las que descansa la vida de la tribu.

Las personas se dirigen a los antepasados y a los dioses para suplicarles que intervengan con ayuda y apoyo activos. Se hacen sacrificios a los espíritus con el fin de desenojarlos para que no intervengan con malas acciones.

El soplo de los ancestros

Escucha más a menudo
a las cosas que a los seres:
se oye la voz del fuego,
escucha la del agua,
escucha en el viento
el sollozo del zarzal:
es el soplo de los ancestros.

Los que han muerto nunca se han ido,
están en la sombra de lo que desaparece,
están en la sombra de lo que se espesa,
los muertos no están bajo la tierra,

están en los árboles temblorosos,
están en el bosque que se lamenta,
están en el agua que mana,
están en el agua que duerme,
están en las cuevas, están en la multitud,
los muertos no están muertos.

Birago Diop (1906-1989),
poeta senegalés

Magia

La magia existe en todas las religiones tribales africanas. La magia ha sido definida como «la capacidad de influir en la marcha de los acontecimientos, obteniendo a la fuerza la ayuda de seres espirituales, o mediante la activación de determinadas fuerzas ocultas de la naturaleza».

En muchas sociedades tribales de África hay, por ejemplo, hechiceros de la lluvia, que emplean algo denominado *magia imitativa* u *homeopática* cuando quieren que llueva, o cuando quieren que deje de llover. Si quieren lluvia, imitan a la lluvia echando agua por un colador, o saltan en cuclillas imitando el croar de una rana cuando llueve. También pueden taparse la cabeza con hojas de palmera, simulando así un día de lluvia. Si en cambio quieren que deje de llover, pueden hacer fuego con el fin de imitar al sol. La magia homeopática se basa en la ley de semejanza (o imitativa), esto es que «lo semejante produce lo semejante» o que «los efectos equivalen a sus causas». Es decir, se cree que hay una relación entre dos fenómenos que se parecen entre sí: si se ha creado una situación de lluvia, la consecuencia es necesariamente que empiece a llover. La magia homeopática también puede usarse cuando se desea hacer daño a un enemigo (magia negra): se puede, por ejemplo, fabricar una muñeca que se parezca a la persona a la que se desea hacer daño y clavarle cuchillos o agujas.

Otra forma es la *magia por contagio*, que se basa en la convicción de que existe una relación entre la parte y la totalidad. Si, por ejemplo, alguien tiene algo que pertenece al enemigo, tiene en su poder a la persona entera. Puede ser algún objeto suyo, una prenda de vestir, un mechón de su cabello o un trozo de uña. Si se causa daño a alguno de estos objetos, se daña a la vez a su propietario. También el nombre suele considerarse parte de la persona. En muchas partes, las personas pueden resistirse a decir su nombre por miedo a que se abuse del mismo.

Religiones originarias de la India

El hinduismo es sobre todo la religión de las gentes de la India, pero también en Nepal, Bangladesh y Sri Lanka hay muchos hindúes. Tras una larga época de gobierno colonial británico, la India consiguió su independencia en 1947. El país se presentaba como un Estado secular con una Constitución que establecía el mismo derecho para todas las religiones y que prohibía cualquier discriminación basada en religión, raza, casta o sexo. Aproximadamente hoy un 80 por ciento de la población es hindú, un 10 por ciento musulmán y un 4 por ciento cristiano.

Aunque el budismo surgió en la India, y en ese sentido podría considerarse una religión de este país, queda muy poco de budismo en la India actual. Donde más fuerza tiene esta religión es en Sri Lanka y en el sureste asiático. También en China, Corea y Japón el budismo desempeña desde la antigüedad un importante papel. Se calcula que unos doscientos millones de personas fuera de China se confiesan budistas hoy en día.

En relación con la independencia de la India en 1947, la tensión entre hindúes y musulmanes dio lugar a que Pakistán fuera considerado como un Estado musulmán independiente, que a su vez estaba dividido en dos partes: Pakistán Occidental y Pakistán Oriental. Pero tras la guerra entre la India y Pakistán en 1971, Pakistán Oriental se convirtió a su vez en un Estado independiente con el nombre de Bangladés.

Otros países asiáticos dominados por el islam son Malasia e Indonesia. En las islas Filipinas, que fue colonia española hasta finales del siglo XIX, la Iglesia católica es la más fuerte (con aproximadamente un 80 por ciento de la población).

Hinduismo

¿Qué es el hinduismo?

El hinduismo no tiene ningún fundador, como ocurre con las otras religiones universales (el budismo, el cristianismo o el islam), ningún credo, ninguna organización establecida. El hinduismo se proyecta como «la religión eterna» y se caracteriza por su gran diversidad y su excepcional capacidad de recoger nuevas ideas y formas de expresión religiosas a través de los tiempos.

La mejor definición de hinduismo tal vez sea que es el nombre de las diferentes formas de religión desarrolladas en la India tras la penetración de un pueblo de guerreros nómadas indoeuropeos, los arios, en el norte del país hace tres o cuatro mil años. Aunque el cristianismo y el judaísmo tienen también una historia milenaria, en cambio la principal característica del hinduismo es que todas las capas históricas parecen estar presentes a la vez en él. En medio de la diversidad, percibimos sin embargo el hinduismo como una unidad. De hecho, el hinduismo ha sido comparado con una selva tropical en la que las especies más distintas de flora y fauna conviven en un único gran entorno.

La religión védica

Las raíces del hinduismo pueden remontarse al período comprendido entre los años 1500 y 1200 a. C., cuando los llamados arios («los nobles») penetraron en el valle del Indo. La religión de este pueblo está emparentada con otras religiones indoeuropeas, tales como la griega, la romana y la antigua nórdica. La conocemos por los himnos védicos (de «veda» = conocimiento) que eran recitados por el sacerdote durante los sacrificios a los numerosos dioses. Los *Vedas* («el saber») están compuestos por cuatro grandes libros de sabiduría y pensamiento de la India escritos en sánscrito (la lengua hablada por los pueblos de la rama oriental del antiguo indoario) que recogen mitos y cuentos de tradición oral, con partes que datan aproximadamente de 1500 a. C.

El sacrificio formaba una parte muy importante del culto de los arios. Sacrificaban a los dioses para ganar sus favores y refrenar a las fuerzas del caos.

Hallazgos arqueológicos llevados a cabo en el valle del Indo testimonian la existencia de una civilización avanzada en la India ya antes de la inmigración indoeuropea, y que indudablemente haría sus aportaciones al hinduismo tal y como lo conocemos hoy.

La época llamada védica tardía, que va aproximadamente de 1000 a 500 a. C., marcó un punto de inflexión en el desarrollo religioso de las gentes de la India. Muy importantes fueron los *Upanishads*, que hoy en día constituyen los textos más leídos del hinduismo. Están formulados como diálogos entre un maestro y un discípulo, e introducen la idea de *Brahman* (la fuerza espiritual de los orígenes, del que emana todo el universo). Brahman es aquello de lo que nacen todos los seres vivos, en lo que viven y a lo que van cuando mueren.

La casta, la vaca y el karma

Hoy en día el hinduismo constituye una gran cantidad de ideas y formas de culto. ¿Hay entonces algo que una a todos los hindúes? Hasta cierto punto podríamos decir que la casta, la vaca y el karma (la ley de la acción, de la causa-efecto).

El sistema de castas

En todas las sociedades existen distintas formas establecidas de clase y estratificación social, pero seguramente en ningún sitio esta es tan amplia y sistemática como en la India. Desde tiempos antiguos existen cuatro castas principales:

1. Casta de los sacerdotes, maestros e intelectuales (*brahmán*).
2. Casta de los guerreros y administradores (*kshatriya*).
3. Casta de los comerciantes y hombres de negocios (*vaishya*).
4. Casta de los campesinos, artesanos, trabajadores (*shudra*).

Ahora bien, conforme la sociedad de la India iba evolucionando, las castas se dividían en nuevos subgrupos. A principios del siglo XX había unas 3.000 castas diferentes.

Cada casta tiene sus reglas para la conducta y el ejercicio de la religión, reglas que establecen con quién se puede uno casar, lo que se puede comer, con quién se puede tratar y qué profesiones se pueden elegir. La base religiosa de este sistema la conforman ideas sobre la pureza y la impureza. Las divergencias entre lo que es «puro» e «impuro» impregnan todo el hinduismo. Para un brahmán todo lo que tiene que ver con lo corporal y lo material es impuro. Si ha quedado impuro en relación con nacimiento, muerte o sexualidad —o mediante contacto con un sin casta o algún miembro de una casta inferior— existen no obstante diversas formas de purificación. El método tradicional más conocido es mediante el agua de alguno de los muchos ríos sagrados de la India, como por ejemplo el Ganges.

Las reglas de pureza constituyen la base del reparto de trabajo en la sociedad. Ciertas profesiones y quehaceres son tan impuros que solo algunas castas los pueden realizar. Estas castas tienen como obligación ayudar a otros grupos a conservar su pureza. Por otro lado, solo las castas que cumplen con los criterios de pureza pueden rendir culto a los dioses más altos. Para que esto sea posible, otras personas tienen que ser impuras. Pero a todos les favorece la pureza de los puros, porque a todos los hindúes les conviene que se respeten y se cumplan los ritos.

El sistema de castas ha constituido el marco de la vida de cada hindú, de la misma manera que la tribu lo ha sido para el africano. El ser expulsado de la casta es el peor castigo imaginable, que solo se aplica para delitos excepcionalmente graves. Los que están más abajo en el sistema de castas son los llamados «intocables» o «sin casta» (conocidos como *parias* o *dalits*): los basureros, los delincuentes, etc. Fuera del sistema de castas quedan los cristianos y los musulmanes.

Las complejas reglas para las relaciones entre las castas eran antaño muy severas. Sin embargo, en la Constitución de la India, que entró en vigor en 1947, se introdujo la prohibición de discriminación por razones de casta. Pero la legislación no basta para acabar con las viejas separaciones sociales y religiosas, y el sistema de castas sigue desempeñando un importante papel, sobre todo en el campo.

La vaca como animal sagrado

En la India la vaca es un animal sagrado y es adorada en ciertas fiestas religiosas. Esto probablemente tiene que ver con un viejo culto a la fertilidad, y en las escrituras védicas hay himnos a la vaca porque proporciona a los seres humanos todo lo que necesitan para vivir. La vaca se ha convertido en un símbolo de la vida y no se la puede matar. En Occidente muchos consideran este hecho exclusivamente negativo. Opinan que habría que matar a esos animales con el fin de poder dar de comer a las muchas personas que pasan hambre en la India. Pero si contemplamos más de cerca el lugar ocupado por la vaca en la agricultura india, veremos también aspectos positivos. El 70 por ciento de la población vive de la agricultura, y hay una gran falta de animales de tiro en un país en el que no todo el mundo posee un tractor. Además, los excrementos de vaca son aprovechables no solo como abono, sino también como combustible.

En un contexto de culto, la vaca es «más pura» que el brahmán. Por tanto, cuando se toca una vaca, uno se vuelve ritualmente puro. Y todos los productos de la vaca —como la leche y la mantequilla— se emplean en una serie de ceremonias de purificación. Incluso los excrementos y la orina de la vaca son tan sagrados que pueden usarse como medios purificantes.

Los hindúes tienen otros animales sagrados además de la vaca, por ejemplo el mono, el cocodrilo y la serpiente. En un sentido más amplio, existe un rechazo religioso a quitar la vida. Por esta razón hay muchos hindúes vegetarianos, y además este rechazo ha inspirado el ideal de la no violencia, que en Occidente se conoce sobre todo por la lucha de liberación de Gandhi contra el colonialismo británico.

El karma y la reencarnación

En la filosofía de los *Upanishads* ocupa un lugar muy destacado la doctrina sobre el alma inmortal del ser humano. «No envejece cuando tú mismo envejeces, no se muere cuando a ti te matan». Un hindú cree que después de la muerte, el alma del ser humano se reencarna en otro ser vivo. Puede reencarnarse en una casta superior o en una inferior, pero también puede entrar a habitar en un animal.

Hay en este ciclo de existencia en existencia una regularidad inexorable, cuya fuerza motriz es el karma del ser humano. *Karma* es una palabra sánscrita que significa «acción, acto». Con «acto» no se refiere solo a actos concretos, sino también a pensamientos, palabras y sentimientos. La idea de que todos los actos (todo lo que uno hace) tengan consecuencias incluso después de la muerte, no es algo específico del hinduismo. Lo específico es que todo lo que haces en una vida por fuerza propia constituye la base de tu próxima existencia. No se trata, pues, de un castigo por las malas acciones y una recompensa por las buenas. La ley del karma es impersonal, como una ley de la naturaleza.

El hinduismo no conoce un «destino ciego», ni una providencia divina. La responsabilidad tanto de tu vida presente, como de la próxima, es siempre tuya. El ser humano cosecha lo que siembra, porque el resultado de sus actos —o el fruto de su vida— es la consecuencia automática de los mismos. Podemos decir que la trasmigración de las almas está sometida a la ley de causa-efecto.

Lo que tienes en esta vida de riqueza y pobreza, alegrías y penas, buena o mala salud, es, en otras palabras, el resultado de tu actos en una vida anterior. De esta manera los hindúes explican las diferencias entre las personas. La doctrina del karma contribuye por tanto a mantener estructuras sociales como el sistema de castas. Aunque una persona tiene que doblegarse ante el karma que lleva de una vida anterior, tiene libre albedrío dentro del marco en el que ha nacido. Por tanto, una persona puede siempre mejorar su karma y con ello fijar las bases para una vida mejor en la próxima reencarnación.

Tres caminos para la salvación

En tiempos de los *Vedas*, la ley del karma y la reencarnación eran consideradas como algo positivo. Mediante sacrificios y buenas acciones, el ser humano podía contar con vivir varias vidas. En el hinduismo posterior el ciclo es considerado como algo negativo, un círculo vicioso del que hay que procurar librarse.

No existe en el hinduismo una clara e inequívoca doctrina de la salvación que enseñe al ser humano cómo escapar al ciclo de la reencarnación. Las innumerables tendencias y sectas tienen opiniones distintas al respecto. No obstante, es posible destacar tres caminos diferentes hacia la salvación. Los tres han desempeñado un importante papel en la historia de la India, y todos son relevantes en el hinduismo de hoy. Estos caminos son el del sacrificio, el del conocimiento y el de la devoción.

Estos caminos no se deben entender como comunidades religiosas organizadas. Se trata más bien de tres tendencias principales dentro del hinduismo. El camino a seguir puede depender de cada uno. Pero el hindú también puede buscar inspiración en cada una de las tres tendencias.

El camino del sacrificio

Como ya hemos visto, la palabra india *karma* significa «acción, acto». Hoy esta palabra se emplea para todos los actos humanos —o para el resultado final de estos actos. En tiempos védicos la palabra se empleaba sobre todo para actos religiosos o rituales, en particular para los actos de sacrificio, necesarios para reforzar la fertilidad y mantener el orden universal. Esta antigua práctica de sacrificio, minuciosamente descrita en los *Vedas*, desempeña también hoy un importante papel en el hinduismo. Mediante los sacrificios y las buenas acciones muchos hindúes intentan conseguir la felicidad terrenal, como salud, riqueza y muchos descendientes. En última instancia la meta es, no obstante, la misma que en el hinduismo en general, es decir, ser liberado del círculo vicioso de la trasmigración de las almas.

El camino de la comprensión
y del conocimiento

Una idea esencial en los *Upanishads* es que la ignorancia de la persona la ata al ciclo de la reencarnación. La comprensión de la verdadera naturaleza de la existencia —es decir, lo contrario de la ignorancia— se convierte, pues, en un camino hacia la salvación. Cuando el ser humano alcanza la comprensión queda libre del círculo vicioso de la trasmigración.

La comprensión que lleva a la salvación es que el alma humana (*atman*) y el alma universal (*Brahman*) sean una sola cosa. El atman no solo forma parte del hombre, también se encuentra en plantas y animales. Una visión de esta clase se denomina panteísmo.

Brahman es el elemento sustentador del universo, una fuerza que lo impregna todo, una divinidad impersonal. Y todas las almas individuales son reflejos de esa única alma universal. Es como cuando la luna se refleja en muchos lagos. Puede haber un número infinito de reflejos, pero una sola luna.

El ser humano se salva de la trasmigración cuando llega a la comprensión total de la unión entre atman y Brahman. El objetivo es disolverse en el Brahman como una gota de agua que vuelve al mar. Porque hay una chispa divina en el ser humano. Y aunque el ser humano es borrado como individuo, esa chispa de origen divino se mantiene al ser reunida con el alma universal.

El camino de la devoción

Un tercer camino hacia la salvación, enseñanza que empezó a difundirse en el sur de la India alrededor del año 600 d. C. para extenderse por todo el país, es el *camino de la devoción*. Ya en el siglo III a. C., este camino hacia la salvación tuvo su expresión clásica en el texto sagrado *Bhagavad Gita*. Esta tercera tendencia del hinduismo es la que predomina en la India de hoy, y *Bhagavad Gita* es el texto sagrado que ocupa el lugar más destacado en la conciencia de la gente.

Los tres caminos hacia la salvación toman como punto de partida la doctrina del karma. El camino del sacrificio subraya que el ser humano puede alcanzar la salvación realizando los actos rituales correctos. Las tendencias filosóficas representan a menudo el otro extremo. Mediante el ascetismo, o mediante el no actuar, se procura ahogar todo karma, para que este salga de una vez por todas del ciclo. Sin rechazar estos caminos tradicionales hacia la salvación, la *Bhagavad Gita* señala un camino mejor y más fácil. Si el ser humano se entrega a Dios y actúa desinteresadamente, es decir, sin pensar en beneficios, será liberado de la trasmigración por la gracia de Dios.

La *Bhagavad Gita* ofrece la posibilidad de una relación más personal con Dios que la que encontramos en los *Vedas* y en los *Upanishads*, una relación de yo/tú, caracterizada por el amor y la devoción (*bhakti*) del hombre a Dios. Ahora bien, esto no significa que la *Bhagavad Gita* rechace los sacrificios o la comprensión religiosa. Al contrario, tanto el «sacrificio material» como el «sacrificio de la comprensión» se consideran positivos. Porque el que recibe el sacrifico es el único Dios, y él es el brahmán de los filósofos. Pero ni los sacrificios ni los ejercicios de yoga han de realizarse pensando en el beneficio. Porque ninguno de esos sacrificios puede conseguir algo por sí solo. En última instancia es la gracia de Dios la que salva a un ser del ciclo de la trasmigración, no los esfuerzos del individuo. Por ello el camino más seguro hacia la salvación es el bhakti, la devoción a Dios y la fe en él. También es importante que todos los seres humanos, independientemente de sexo o casta, puedan alcanzar la salvación entregándose a Dios.

Fe religiosa

La diversidad del hinduismo se manifiesta claramente en sus conceptos de lo divino. En su forma más filosófica encontramos una concepción divino panteísta. La divinidad no es un ser personal, sino una fuerza que impregna todo (tanto los objetos inanimados como las plantas, los animales y las personas). En el lado opuesto encontramos una concepción politeísta, con la creencia en muchos dioses. Casi cada pueblo tiene una divinidad local.

El culto divino se concentra en particular en dos dioses, ambos con raíces védicas. Uno es Vishnu, un dios complaciente y amigable que en muchos casos es representado como un hermoso joven. En el hinduismo moderno ha adquirido una mayor importancia mediante sus llamados «descensos» o revelaciones, tales como Rama y Krishna. Especialmente popular es Krishna, a quien se adora como el omnipresente señor del mundo. A menudo es descrito como un pastor, y la aventura erótica de Krishna con las pastoras se interpreta simbólicamente como el amor de Dios a los seres humanos. Una interpretación parecida se aplica a la relación de Krishna con su amada Radha. Su amor, separación y reunificación simbolizan la búsqueda de Dios que hace el alma y su reunificación definitiva con Él.

Shiva, otro dios cuyo culto es de gran importancia, es el dios de la meditación y del yoga, representado a menudo como un asceta. También es un dios salvaje y extático. Es a la vez el creador y el destructor, lo cual le hace aterrador y atractivo al mismo tiempo. Él es quien trae la enfermedad y la muerte, pero también es el que vence a ambas. En la devoción bhakti, no obstante, se concibe como un dios clemente que salva al ser humano de la trasmigración.

La filosofía de las religiones de la India se sustenta en gran parte en la fe en un Dios eterno. Pero no se dice si este Dios es Vishnu, Shiva u otro. Se deja a la voluntad de cada uno elegir la figura a la que desee rendir culto como su Dios. En el campo de la especulación erudita, el dios Brahma aparece ligado a Vishnu y Shiva formando una trinidad. Brahma es el creador del mundo. Vishnu es el que lo sustenta, el que conserva las leyes de la naturaleza y el orden universal. Y Shiva es el destructor, que al fin de cada era baila hasta dejar el mundo hecho pedazos. Cuando esto ha ocurrido, Brahma tiene que crear el mundo de nuevo. Estas tres figuras —o «las máscaras»— representan así los aspectos creador, sustentador y destructor de Dios. Ahora bien, esta doctrina tiene poca importancia en la religiosidad popular.

Vida religiosa

El culto en la casa y en el templo

La mayoría de los hindúes creyentes tiene en su casa un rincón o una habitación especial consagrada a imágenes o esculturas de uno o más dioses. Delante de las imágenes suele haber un pequeño altar, donde los miembros de la familia celebran sus servicios religiosos, en algunos hogares varias veces al día, y en otros una vez a la semana (por regla general el viernes).

El contenido del culto puede variar de un hogar a otro, pero es frecuente que incluya sacrificio, oración, recitación de textos sagrados y meditación. Antes de empezar, es muy importante estar ritualmente limpio. Se suele comenzar, por tanto, con un baño purificador. Luego, conforme a unas reglas fijas, se prepara lo que se va a sacrificar. Puede ser arroz, fruta o flores, que se ponen en el altar. A continuación el creyente se inclina con las manos juntas ante las imágenes divinas. Es corriente repetir el nombre del dios y recitar algún fragmento de las escrituras sagradas. Pero también se practica la oración libre y personal. Cuando lo que se sacrifica es fruta, esta es comida por los miembros de la familia, o se ofrece a los invitados que acuden a la casa.

No es necesario para un hindú acudir al templo, pero existen muchos servicios en los templos que son muy populares, y en todos los pueblos de la India hay un templo. El día del templo empieza despertando a los dioses con música, luego se lava la imagen divina, y varias veces al día se le da de comer. La gente que llega al templo recita oraciones al dios, se ofrendan flores y otros regalos o se escuchan las explicaciones del sacerdote de las escrituras.

La buena práctica

Para el hindú es más importante lo que haces que lo que crees. La buena práctica es más importante que la ortodoxia. El rito religioso es más importante que el contenido de la fe.

Aunque la vida religiosa en la India es variada y polifacética, la gran mayoría de los hindúes pueden unirse en torno a un *dharma* (una ley de vida o ética, que supone que no todas las personas son iguales). Por dharma se entiende que todos tienen responsabilidades ante su familia, su casta y la sociedad en general, y estas responsabilidades son desde el nacimiento distintas para cada hindú. Lo mismo en un contexto religioso como social, el hinduismo constituye una unidad basada en el reparto del trabajo. De la misma manera que el pájaro obedece a unas leyes distintas a las del pez, el miembro de una casta obedece a unas leyes que difieren de las de otras castas. Lo que puede ser bueno para uno, no lo es necesariamente para otro. La buena moral es cumplir con las reglas y obligaciones propias de tu casta.

Las cuatro fases de la vida

La *Bhagavad Gita* recalca el valor de los tres caminos hacia la salvación, a la vez que se subraya que todo el mundo ha de cumplir con sus obligaciones con la familia y la sociedad. Pero ¿cómo se pueden conciliar estas dos obligaciones? Desde tiempos inmemoriales la vida humana está dividida en cuatro fases diferentes, que tienen en cuenta la comprensión, el conocimiento, el culto divino y las obligaciones para con la casta. Esta división rige ante todo para los brahmanes masculinos. Pero también los hombres de las castas de los guerreros y los campesinos pueden seguirla parcial o completamente. Ahora bien, «las cuatro fases de la vida» representan un ideal que no es compartido por todo el mundo.

Alrededor de los ocho años de edad, el niño brahmán tiene que pasar por un rito de transición en el que recibe «el hilo sagrado», en señal de que «ha nacido por segunda vez». El niño se convierte en *alumno*, y se le vincula a un maestro (gurú), que le da clases de las escrituras sagradas.

Cuando el joven ha vivido su primera fase como alumno, se convierte en *padre de familia*. Se casa y tiene hijos, cumple con sus ceremonias de sacrificio, realiza sus obligaciones de casta y disfruta de las alegrías de la vida. Esta fase dura hasta que sus nietos empiezan a crecer.

Entonces el hombre entra en la fase contemplativa de su vida. Solo o en compañía de su mujer se retira a un lugar tranquilo. En los viejos tiempos solía irse al bosque, hoy en día se va a un convento o a un centro religioso (*ashram*).

Unos cuantos pasan luego a la cuarta fase y se convierten en ascetas sin hogar. El viejo vaga ya sin pertenencias y sin domicilio fijo. Se sustenta con lo poco que recibe mendigando, y se consagra por completo a la búsqueda del autoconocimiento. Todas las obligaciones de casta y todos los lazos externos se han roto, y lo divino se ha alojado en él.

El lugar de las mujeres

También en lo que respecta al papel religioso y social de las mujeres, la India es el continente de las grandes contradicciones. En los *Vedas* se dice que la mujer y el hombre son de igual valía, «como las dos ruedas de un carro». Sin embargo esta es una idea que ha resultado difícil de implantar en la práctica. En un libro de leyes de la India de hace dos mil años se dice del papel de la mujer: «Lo que es para el chico el estudio y el servicio en casa del maestro, ha de ser para la chica el vivir con su marido, ayudarlo en sus obligaciones y ser enseñada por él. Vigilar el fuego divino como su marido le enseña, se corresponde con el servicio del chico junto al fuego de sacrificio del maestro».

En la India, las mujeres son a menudo consideradas «propiedad» del marido. Una mujer soltera suele tener un estatus bajo, y una mujer casada que no ha dado a luz se encuentra en una situación insegura. Por otra parte, la India fue uno de los primeros Estados del mundo en el que una mujer se convirtió en jefe de Gobierno. Muchas mujeres tienen una gran influencia pública, y en ningún país del Tercer Mundo hay tantas mujeres que trabajan fuera del hogar como en la India. En ese contexto la pertenencia a una casta puede ser decisiva para la situación de la mujer. También el culto de las muchas divinidades femeninas puede contribuir a la autoestima de las mujeres.

Budismo

La vida de Buda

El fundador del budismo Siddharta Gautama (aprox. 560-489 a. C.), también conocido como Sakyamuni, era hijo de un rajá y se crio en la parte noreste de la India. Existe una serie de historias más o menos legendarias sobre su vida, como que el príncipe Siddhartha creció en la abundancia y el lujo y que a su padre le habían profetizado que su hijo se convertiría en soberano del mundo o en lo contrario, es decir, en un hombre que daría la espalda al mundo. Esto último ocurriría si experimentaba la pobreza y el sufrimiento. Con el fin de evitar que esto sucediera, su padre intentó protegerlo del mundo exterior con los muros del palacio, a la vez que lo rodeó de placeres y divertimentos. Siddhartha se casó muy joven con su prima, y tuvo además un harén de hermosas bailarinas.

El punto de inflexión

A los 29 años, Siddharta tuvo una vivencia que supondría un punto de inflexión en su vida. A pesar de la prohibición de su padre, salió del palacio y vio a un anciano, a un hombre enfermo y un cadáver en descomposición. Tras estas deprimentes impresiones observó, no obstante, a un asceta con una expresión transfigurada y feliz. Entendió que una vida en la riqueza y el disfrute era una vida vacía y sin sentido. Y se preguntó a sí mismo: ¿hay algo libre de vejez, enfermedad y muerte? También se llenó de compasión por los seres humanos y se sintió llamado a salvarlos del sufrimiento. Sumido en una profunda meditación volvió al palacio, y esa misma noche se liberó de su vida placentera de príncipe. Sin despedirse, abandonó a su esposa y a su hijo y empezó su existencia «sin hogar».

El despertar

La historia cuenta que Siddhartha, tras haber vivido en la abundancia, se entregó al otro extremo: los ejercicios ascéticos. Se forzó a comer cada vez menos, y al final —según la leyenda— le bastaba con comer un grano de arroz al día. De esta manera esperaba vencer el sufrimiento. Pero tampoco en el ascetismo y los ejercicios de yoga encontró lo que buscaba. Entonces eligió «el justo medio» y buscó la salvación en la meditación. Tras seis años de existencia ascética alcanzó, a los treinta y cinco años, la iluminación o despertar (bodhi) meditando sentado bajo una higuera en Bodh-Gaya, en la playa de un afluente del Ganges. Se convirtió en un «buda», lo que significa «el que ha despertado». Buda despertó a la comprensión de que todo el sufrimiento del mundo se debe a la sed de vivir. Solo con ahogar esta sed conseguimos liberarnos de más renacimientos.

Durante siete días y siete noches estuvo Buda sentado debajo del árbol del despertar. Había conseguido llegar al conocimiento supremo de que existe una realidad no perecedera, una realidad absoluta elevada por encima del tiempo y el espacio. En el budismo esto se llama *nirvana*. Habiendo superado esa sed de vida que le ataba a la existencia, Buda ya no producía constantemente nuevo karma, y con ello ya no estaba apresado por la ley de la reencarnación. Se había salvado a sí mismo, y el camino estaba ya abierto para poder abandonar este mundo y entrar en el eterno nirvana. Pero el dios Brahma le instó a divulgar la doctrina. De nuevo Buda sintió compasión por sus semejantes, mejor dicho, por todo lo vivo. «Contempló el mundo con la mirada de un buda» y decidió «abrir la puerta de la eternidad» a los que quisieran escuchar. Y Buda determinó convertirse en el guía de los seres humanos.

Buda y sus discípulos

Buda se dirigió entonces a Benarés, una ciudad que en aquella época ya era un importante centro religioso. Allí pronunció su primer discurso, el famoso discurso de Benarés, que contiene los puntos fundamentales de su enseñanza. Con ello se habían puesto en marcha «las ruedas de la doctrina».

Varios monjes mendigos se unieron a Buda, y durante más de cuarenta años recorrió con sus discípulos la parte noreste de la India.

Ya desde el principio los seguidores de Buda estaban divididos en dos grupos, cada uno de ellos cumpliendo con su tarea, legos por un lado y monjes y monjas por otro.

Cuando Buda tenía unos ochenta años, enfermó de repente y tuvo que despedirse de sus discípulos. Antes de morir, se dirigió al grupo de afligidos en torno a él y dijo: «Acaso alguno de vosotros piense: "Las palabras del maestro pertenecen al pasado, y ya no tenemos ningún maestro". Pero no es así. La enseñanza que os he dado (dharma), será vuestro maestro cuando yo haya desaparecido».

La doctrina de Buda

La ley del karma

El budismo se desarrolló dentro del hinduismo como una vía de salvación, y las dos religiones tienen muchos conceptos en común, sobre todo en lo que se refiere a la doctrina de la reencarnación, el karma y la salvación.

Un punto de partida evidente para Buda fue que el ser humano está atado a un ciclo eterno de renacimientos o reencarnaciones. El principio propulsor del ciclo nacimiento-muerte-renacimiento son los pensamientos, palabras y actos (karma) del ser humano. Todos nuestros actos tienen sus consecuencias. Nosotros también podemos experimentar que algo que pensamos o hacemos en un momento determinado tiene consecuencias para situaciones venideras en la vida. Podemos tener la sensación de haber sido alcanzados por nuestro propio pasado. Es esa misma idea la que recorre el hinduismo y el budismo. La diferencia es que en Oriente se vive esta relación como algo directamente derivado de las leyes de la naturaleza, y que pasa de una vida a otra. La vida a la que va a renacer un individuo depende de sus actos en la vida anterior. El ser humano cosecha lo que siembra. No existe ningún «destino ciego», ni una providencia divina. El resultado de los actos sigue automáticamente a estos. Por eso resulta tan imposible intentar escapar de tu karma como de tu propia sombra. Mientras el individuo carga con su karma, está atado a nuevos renacimientos.

Aunque en cierto modo se puede decir que la ley del karma es justa, tanto en el hinduismo como en el budismo se percibe como algo negativo, algo de lo que hay que escapar. Por tanto la salvación equivale a ser liberado del círculo vicioso de la reencarnación. Este ciclo eterno es a menudo comparado con un río que separa al ser humano del nirvana. Como en los demás caminos hindúes hacia la salvación, la meta del budismo es encontrar «el vado» hacia la otra orilla.

La visión del ser humano

No obstante, la doctrina de Buda se distingue de esta plataforma común de la India en un punto importante. El hinduismo supone que el ser humano tiene una eterna alma individual (atman) que sigue viva de existencia en existencia. De la misma manera que una persona cambia su ropa vieja y gastada, el alma se viste constantemente de nuevos cuerpos. Porque lo que está atado a la reencarnación es el alma —o el yo más íntimo—. También existe la idea de que el alma humana es parcial o enteramente idéntica al alma universal (Brahman).

Buda rompe radicalmente con esta doctrina negando que el ser humano tenga un alma, y rechazando la existencia de un alma universal. Según el budismo, el alma es tan perecedera como todo lo demás de este mundo. Si uno piensa que es un yo o que tiene un alma, se debe a su ignorancia. Esta ignorancia es fatal, porque es la que despierta el deseo de la vida, y es ese deseo de la vida el que crea el karma de las personas.

El budismo considera la vida humana como una serie continuada de procesos mentales y físicos que cambian al hombre de momento en momento. El bebé no es la misma persona que el adulto, y yo no soy hoy el mismo que ayer. Ocurre como con las imágenes de una pantalla: el hecho de que cambien tan deprisa hace que no nos demos cuenta de que la película es algo compuesto, algo no «vivo». En realidad la película es la suma de imágenes individuales, o la suma de momentos.

No puedo decir de nada que «esto es mío», enseñaba Buda, ni que «esto soy yo». Ambas cosas son una ilusión. Porque no existe ningún núcleo inalterable de la personalidad, ningún yo, ningún ego. Como todo está compuesto por factores impersonales de la existencia que forman parte de combinaciones condenadas a disolverse, todo es efímero.

La verdad sobre el sufrimiento

Después de haber alcanzado la comprensión debajo de la higuera, Buda pronuncia su discurso de Benarés, en el que presenta las cuatro nobles verdades sobre el sufrimiento. Estas señalan que todo es sufrimiento, que la causa del sufrimiento es el deseo, que el sufrimiento cesa cuando cesa el deseo y que esto se consigue escogiendo el Óctuple Sendero. O dicho de otra manera: Buda emite primero un diagnóstico, señalando que la existencia humana está enferma (primera verdad). Luego apunta la causa de la enfermedad (segunda verdad). No obstante afirma que existe una posibilidad de curación (tercera verdad). Y al final ofrece una explicación detallada de cómo tratar la enfermedad, prescribiendo una cura de ocho puntos (la cuarta verdad). Como vemos, Buda procede como un médico. De hecho, algunos textos budistas se refieren a él como «el gran médico».

La primera verdad establece que todo en el mundo es sufrimiento. «Nacer es sufrimiento, envejecer es sufrimiento, estar unido con lo que no nos gusta es sufrimiento, estar separado de lo que nos gusta es sufrimiento, no conseguir lo que nos apetece es sufrimiento». Con la palabra «sufrimiento» el budismo se refiere a algo más que a un malestar físico y psíquico. Se podría decir que toda la existencia está caracterizada por el sufrimiento porque todo es perecedero. El que no reconoce que el mundo es insatisfactorio desde el punto de vista del individuo, está ciego. Esto no significa, no obstante, que el budismo reniegue de toda felicidad material y mental. Acepta que existen placeres tanto para la familia como para el monje. Pero todo lo que deseamos y a lo que nos aferramos, no dura.

En *la segunda verdad* Buda señala que el sufrimiento se debe al deseo humano. Con deseo se refiere ante todo al deseo sensual, o a la sed de placeres sensuales. Como este deseo nunca se satisface del todo, siempre traerá consigo malestar. Pero también el deseo de existir contribuye a mantener el sufrimiento. Mientras el ser humano se aferre a la vida —y a la creencia de tener un alma— concebirá el mundo como sufrimiento. Ahora bien, el budismo también rechaza la posibilidad contraria. También el deseo de aniquilación —el deseo de morir— ata al ser humano a la vida. En primer lugar un deseo de este tipo supone que se tiene un alma que puede ser aniquilada, y en segundo lugar no tiene en cuenta que el karma del ser humano supone nuevos nacimientos. Quitarse la vida no es por eso una solución en el budismo, pues no es esa la manera de librarse de la reencarnación.

La tercera verdad es que se puede conseguir terminar con el sufrimiento. Esto ocurre cuando cesa el deseo. Y cuando cesa el deseo llega el nirvana. Ahora bien, una condición sine qua non de que cese el deseo es que cese la ignorancia humana, porque como ya hemos visto, la ignorancia es la que ocasiona el deseo. Esto quiere decir que solo la persona ciega siente el deseo. La ignorancia trae consigo el deseo, el deseo conduce a la actividad, la actividad conduce a la reencarnación, y la reencarnación a nueva ignorancia. Estamos ante un círculo vicioso, y para que este círculo vicioso —o cadena causal— se pueda romper, el ser humano ha de empezar por la raíz del mal, que a su vez es la ignorancia.

La cuarta verdad nos dice que el ser humano es liberado del sufrimiento —y de la reencarnación— si sigue el Óctuple Sendero.

El Óctuple Sendero

Buda opinaba, basándose en sus propias experiencias, que el ser humano ha de evitar los extremos de la vida. No debe vivir ni en un exagerado goce, ni en una exagerada autoflagelación. Ambos extremos atan a la persona al mundo, y con ello a «la rueda de la reencarnación». El camino al final del sufrimiento es «el justo medio», que Buda describe en ocho puntos:

1. Comprensión correcta.
2. Decisión correcta.
3. Discurso correcto.
4. Acción correcta.
5. Modo de vida correcto.
6. Aspiraciones correctas.
7. Atención correcta.
8. Meditación correcta.

Comprensión correcta y decisión correcta. Es la ignorancia del ser humano la que pone en marcha la rueda de la vida. En consecuencia, el ser humano debe adquirir comprensión del mundo, lo que, entre otras cosas, significa entender la verdad sobre el sufrimiento y la doctrina de Buda, que dice que el ser humano no tiene alma. Luego tendrá que decidirse por apagar el deseo, que, como ya hemos visto, es la causa del sufrimiento. También hay que prescindir del odio y de la lujuria, pues ambos se deben a la idea equivocada de ser un «yo» separado del entorno. Y, por último, hay que creer en Buda y tenerlo como ideal.

Discurso correcto, acción correcta y modo de vida correcto. Estos puntos fijan la ética, o la moral, del budismo. Con discurso correcto quiere decirse que el individuo debe evitar la mentira, el cotilleo y el parloteo vacío, pero también que debe decir la verdad y hablar con amabilidad y cariño al prójimo. El callar también pertenece al «discurso correcto» del budismo. Acción correcta significa seguir los cinco mandamientos aplicables a todos los budistas: no matarás a ningún ser vivo, no robarás, no tendrás relaciones promiscuas, no mentirás y no tomarás estimulantes. A los que después se han ido añadiendo mandamientos más positivos. Varias escrituras budistas resaltan lo beneficioso de ofrecer regalos y prestaciones a otros. El estudiar la doctrina y difundirla a otras personas también es considerado una acción correcta. Modo de vida correcto significa, entre otras cosas, que se debe elegir una profesión en la cual no se tengan que infringir los cinco mandamientos. Un carnicero, un comerciante de licores, un fabricante de armas o un oficial militar, por ejemplo, deben buscarse otra profesión si quieren ser budistas.

Esfuerzo correcto, atención correcta y meditación correcta. Estos últimos tres puntos tratan de cómo el ser humano puede educarse a sí mismo y purificar su mente. Con esfuerzo correcto quiere decirse que el budista no debe permitirse tener pensamientos o estados de ánimo destructivos, y si ya los tiene, deberá intentar combatirlos antes de que tengan consecuencias concretas. Atención correcta es una fase previa al último punto. Mediante la autocontemplación el budista busca el control total sobre cuerpo y mente. Cuando lo consiga, estará listo para iniciar la verdadera meditación.

El budismo ofrece una extensa doctrina sobre las distintas fases y niveles de la meditación. Cuando uno va a meditar —y adopta una determinada postura sentado—, los músculos se relajan. Luego se procura dirigir toda la atención hacia un solo punto. Este punto puede ser un objeto, una palabra o la respiración de uno mismo. La psicología budista considera que la mente humana consta de dos partes: una superficie, obstaculizada por los sentidos, y un fondo, callado y quieto. El objetivo de la meditación es en consecuencia conseguir que la superficie alterada quede tranquila. Cuando esto ocurre, el budista pierde la noción del tiempo y del espacio, y desaparecen todas las ilusiones sobre «yo» y «lo mío». Es entonces cuando puede aspirar a alcanzar el despertar (*bodhi*) total, en el que va a conseguir la comprensión perfecta de las «cuatro verdades nobles». Con ello habrá desenmascarado la existencia y se habrá liberado de la ley del karma. El budista se ha convertido en un *arhat* («un venerable»), es decir, ya no le quedan más reencarnaciones. Y cuando muere, entra en el nirvana eterno.

Nirvana

¿A qué comprensión despertó Buda debajo de la higuera? Como ya hemos visto, su punto de partida era sumamente pesimista. Todo lo que hay en el mundo (a) carece de esencia propia, (b) es efímero y (c) lleno, por tanto, de sufrimiento. Así, Buda no visualizaba ninguna esperanza para el ser humano mientras estuviera atado al ciclo de la reencarnación. Y sin embargo, hay algo que es eterno, que no es sufrimiento. El budismo lo llama nirvana. La palabra significa en realidad «apagado» y alude a que el deseo del mundo se «apaga» cuando se alcanza el nirvana. La imagen que se emplea es la de la llama que se apaga cuando se acaba el combustible. Y el combustible es el deseo del ser humano, su codicia, odio y ceguera.

Cuando los textos budistas se refieren al nirvana, suelen hacerlo con términos negativos. Como el nirvana es justo lo contrario al ciclo de la reencarnación, y no es comparable con nada de nuestra vida cotidiana, solo se puede decir lo que el nirvana no es. Tal vez podríamos decir que el nirvana es como una quinta dimensión, separada de nuestra existencia cuatridimensional. Sin embargo, en algunos textos budistas el nirvana se describe con palabras claramente positivas.

Una condición para lograr el nirvana es que el budista haya alcanzado el despertar como lo alcanzó Buda debajo de la higuera. Las buenas acciones no conducen en sí al nirvana. Pero una buena conducta puede dar lugar a buenas reencarnaciones, que a su vez podrán facilitar el alcance del despertar. De Buda se cuenta que necesitó 547 reencarnaciones antes de llegar a la meta.

El nirvana describe el estado al que se llega cuando todo el karma se ha consumido y la ley de la reencarnación ha cesado. Por tanto, el nirvana es un estado que se puede vivir aquí y ahora, y puede ser tan intenso que el budista tiene la sensación de que todo se quema. Cuando vuelve al mundo, solo se encuentra con las cenizas frías.

El nirvana definitivo, que llega con la muerte, y del que ya no se puede regresar, se describe a veces con una palabra específica, *parinirvana*, es decir, «el apagado absoluto o supremo».

Vida religiosa

Monjes, monjas y legos

Buda creó una nueva sociedad, la sociedad de monjes, independiente de la sociedad de castas. Era una condición para poder seguir fielmente la doctrina de Buda el renunciar a todas las preocupaciones que implicaba la vida familiar y social. Las órdenes monásticas siguen siendo la columna vertebral de la vida religiosa de la mayor parte de los países budistas.

En lo que se refiere a la vida religiosa en el budismo, a raíz de lo anterior es importante distinguir entre monjes y monjas por un lado, y legos por otro. Además de tener que obedecer los cinco mandamientos que rigen para todos los budistas, los monjes y monjas están obligados a la abstinencia sexual (celibato) y a cumplir con otros cinco mandamientos:

1. No comerás a horas prohibidas (es decir, después de las 12 del mediodía).

2. Te mantendrás alejado de la diversión mundana.
3. Renunciarás a toda clase de lujos (joyas, perfumes, etc.).
4. No dormirás en una cama blanda ni ancha.
5. No recibirás ni poseerás oro, plata, ni dinero.

Como se desprende de lo anterior, los monjes y las monjas viven una vida simple y de pobreza. Desde los tiempos de Buda, la mayoría de ellos consiguen lo poco que necesitan para su sustento pidiendo limosna. Esto no se considera en absoluto denigrante. Al contrario, es un honor para los legos ofrecer limosnas a los monjes. En algunos lugares se mendiga en las calles y ante las puertas. Es por tanto característico de la vida cotidiana en los países budistas del sureste de Asia que los monjes con sus capas de color azafrán anden mendigando la comida (por regla general arroz) que ingerirán por la mañana. En otras partes, la mendicidad se realiza de forma más organizada; por ejemplo, ocupándose las familias de suministrar comida a los monasterios en días determinados.

Los monasterios budistas no están en absoluto aislados de la vida de la ciudad o del pueblo. No solo los legos tienen ciertas obligaciones para con los monjes, también los monjes las tienen para con ellos. En días determinados imparten enseñanzas a los legos sobre la doctrina de Buda. Los legos también pueden retirarse por algún tiempo a un monasterio para meditar o recibir una enseñanza especial. Esto ocurre sobre todo en la época de las lluvias. En países marcadamente budistas (tales como Birmania y Tailandia) es además bastante habitual que los chicos pasen un periodo de tiempo en el monasterio, donde se les enseña el budismo.

Podríamos decir que los dos grupos —monjes y legos— son interdependientes. Y aunque un budista no se haga monje en esta vida, puede, participando en el sustento de los monjes, aspirar a serlo en la siguiente.

Culto

En tiempos pasados, el culto religioso consistía únicamente en venerar las reliquias de Buda y otros hombres sagrados. Al principio las reliquias se guardaban en pequeños túmulos de tierra (*stupas*), que con el tiempo se convirtieron en los característicos edificios con forma de campana o cúpula que hoy en día llamamos pagodas.

A partir del siglo I a. C., ya se realizaban imágenes y esculturas de Buda. Se ven por todas partes en los países budistas, tanto en los templos como en las casas particulares. Y en ambos sitios, el budista recita su credo: la triple fórmula de refugio, o «las tres joyas»:

1. Busco mi refugio en Buda.
2. Busco mi refugio en la doctrina.
3. Busco mi refugio en la comunidad monástica.

Aunque los budistas veneran las imágenes de Buda encendiendo incienso y colocando flores delante de ellas, para un budista ortodoxo no se trata en absoluto de un culto divino. Buda solo era un guía para los seres humanos, era el maestro «sublime», y como ya ha entrado en nirvana, no puede ni ver ni premiar las acciones de los budistas. Por lo tanto las imágenes de Buda no deben ser adoradas, sino servir como un recordatorio de su doctrina y una ayuda a la meditación y vida religiosa de los budistas.

Fiestas religiosas

La fiesta religiosa más importante de los budistas es la que se celebra para conmemorar el nacimiento de Buda un día de luna llena en abril o mayo. Se dice que fue el día del despertar de Buda y de su entrada en el nirvana. Hay además diferentes fiestas religiosas en los distintos países, y en relación con estas fiestas se realizan importantes peregrinajes a famosos monasterios y pagodas. Para la mayoría de los budistas legos, estas fiestas religiosas y acciones externas desempeñan un papel más importante que la meditación que pueden practicar los monjes.

Dioses

Buda no negó la existencia de dioses. Como hemos visto, fue un dios el que le instó a predicar su doctrina a los seres humanos. En consecuencia, no fue ateo en el sentido occidental de la palabra. Pero Buda opinaba que los dioses están sujetos a lo efímero, exactamente igual que los humanos. Aunque vivan más tiempo que nosotros, en última instancia también ellos están sometidos a la rueda de la reencarnación. No han alcanzado «la otra orilla» y por tanto no pueden salvar a la gente del ciclo. Por esa razón solo desempeñan un papel insignificante en la literatura monástica.

No obstante, en los países budistas existe entre los legos un extendido culto de demonios, espíritus y divinidades diversas. Al contrario de Buda, estos son seres vivos y activos que —si se les rinde culto correctamente— pueden proporcionar a los humanos ventajas terrenales. Incluso en los templos budistas se encuentran imágenes y esculturas de dioses como Vishnu, Indra y Ganesha (dios hinduista, con cabeza de elefante, que suprime los obstáculos), pero siempre están colocadas de manera que tengan un papel subordinado con relación a Buda.

Como vemos, entre el pueblo llano, el budismo puede dar cabida a un amplio espectro de sentimientos y cultos religiosos. Esta es una explicación importante de cómo el budismo ha podido tener tanta difusión en Asia.

El papel de la mujer

Aunque existen órdenes de monjas en la mayor parte de los países budistas, son muchas menos y desempeñan un papel mucho menos importante que las órdenes de monjes. Así, en los países budistas del sur está muy extendida la creencia de que una monja ha de renacer como monje budista antes de alcanzar el nirvana. Tal vez consiga buen karma viviendo su vida como monja, pero para la salvación tendrá que ser hombre.

Buda subrayó la igual valía de todos los seres humanos, y hubo muchas mujeres entre sus oyentes. Si consideramos las culturas asiáticas en conjunto, muchos factores indican que el estatus religioso y social de las mujeres es más alto en los países budistas que en las demás culturas asiáticas.

La difusión del budismo

Al poco tiempo de morir Buda surgió una disputa entre sus discípulos referente a cómo se debía entender su doctrina. Cien años más tarde (alrededor de 380 a. C.) se celebró un concilio. Algunos monjes expresaron un deseo de una mayor flexibilidad en la disciplina monástica, lo que condujo a que la reunión acabara con la división entre una tendencia conservadora y otra más liberal.

En la actualidad se suele distinguir entre dos tendencias principales:

1. Theravada («la doctrina de los ancianos o antepasados») en el sur (Sri Lanka, India, Birmania, Tailandia, Kampuchea y Laos).
2. Mahayana («el gran vehículo de salvación») en el norte (China, Tibet, Nepal, Mongolia, Vietnam, Corea y Japón).

1. Theravada

Como indica la palabra *theravada* («la doctrina de los ancianos o antepasados»), esta escuela pretende representar el budismo original. De acuerdo con la doctrina de Buda, destaca la salvación del individuo mediante la meditación. Como no existe ningún dios que pueda salvar al ser humano del ciclo de la reencarnación, se insiste en que hay que salvarse a sí mismo. Por tanto, podríamos describir al budismo theravada como una «religión de la autorredención». El budismo theravada es conocido también como *hinayana* («el pequeño vehículo de salvación»), porque solo conduce a unos pocos individuos (monjes) a la salvación.

De esta manera, Buda se concibe como el maestro y el guía de los seres humanos. No se le rinde culto como a un dios, y no puede salvar a las personas, pero ha señalado un camino hacia la salvación que cada uno puede seguir.

Ahora bien, en la práctica solo los monjes pueden seguir el ejemplo de Buda hasta el nirvana. E incluso entre los monjes solo hay unos pocos que en esta vida alcanzan el nirvana. A estos monjes se les llama *arhat* («venerable»). El arhat ha apagado —igual que Buda— el deseo y superado al mundo. Por lo tanto queda como un brillante ejemplo para los legos, porque él es el ideal que todos los budistas anhelan imitar. Pues aunque el budista no consiga renunciar al mundo en esta vida, puede construirse un buen karma para convertirse en monje en una vida posterior.

Podríamos decir que la idea más importante del budismo theravada es que el propio individuo tiene que responsabilizarse de su propio desarrollo ético y religioso. No existe ningún atajo para llegar a la salvación o a la perfección ética. Todo ser humano ha de empezar por sí mismo, tanto los legos como los monjes.

2. Mahayana

Tanto en la presentación de la vida y la doctrina de Buda como en la descripción de la vida religiosa en el budismo, nos hemos centrado en el budismo theravada. Ahora vamos a abandonar esta plataforma de «budismo común» para centrarnos en lo específico del budismo mahayana.

La palabra *mahayana* significa «el gran vehículo de salvación» o gran medio de salvación, e indica que el budismo del norte de Asia dice poder llevar a todos los seres humanos a la salvación.

Ya en la visión que tienen sobre Buda existen grandes diferencias entre el budismo mahayana y el budismo theravada. Mientras que el theravada solo considera a Buda como un ideal y un guía para la salvación, en mahayana es venerado como el propio salvador. Esto es importante porque implica que no solo los monjes pueden salvarse, sino que también los legos pueden entregarse a Buda y alcanzar la salvación mediante su gracia.

Los bodhisattvas

El objetivo del budismo temprano era conseguir la salvación mediante el esfuerzo propio. El ideal de cada uno era convertirse en un *arhat*, es decir, en una persona que ha dejado atrás el mundo y ha entrado en el nirvana. Al mahayana este objetivo le resultaba demasiado pequeño. Interesarse exclusivamente por la propia salvación se considera egoísta. El objetivo debe ser la salvación de *todos* los seres humanos. El ideal religioso del budismo mahayana es por tanto el bodhisattva, que, tras haber alcanzado el despertar (*bodhi*), renuncia a entrar en el nirvana y se dedica a ayudar a otras personas a conseguir la salvación. En este contexto se suele remitir a que también el propio Buda renunció a entrar inmediatamente en el nirvana, por compasión por su prójimo.

Un *bodhisattva* («ser iluminador») puede ser cualquier persona que aspire a convertirse en Buda. Pero bodhisattva es, sobre todo, la denominación de una larga serie de figuras sobrenaturales de salvador a las que los seres humanos pueden dirigirse para solicitar y recibir ayuda. Lo único que distingue a un bodhisattva de un buda es que, aunque ha recibido el despertar, decide por compasión retrasar su partida y no entrar en el nirvana hasta que todos los seres vivos hayan sido salvados de la reencarnación.

Lo característico del bodhisattva es *comprensión* y *compasión*. En nuestros días es sobre todo la compasión la que se pone de relieve. Por tanto no solo se destaca la misericordia con otros seres vivos como un ideal, sino como el propio camino al despertar y la redención.

Con la doctrina bodhisattva, el budismo mahayana se ha alejado mucho de la doctrina del budismo theravada. De la misma manera que el cristiano «pone su vida en manos de Dios», el musulmán «se somete» a Alá, y el vishnuita «se entrega» a Vishnu, el budista mahayana puede participar del amor redentor de un bodhisattva divino.

La doctrina del karma y la ilusión del yo

Como hemos visto, el budismo mahayana rompe con la doctrina del budismo theravada, que sostiene que el ser humano tiene que salvarse a sí mismo. Esto implica también una ruptura con la severa doctrina del karma. El que un individuo pueda salvarse de su propio karma por mérito de otros seres es impensable para el budismo del sur. Pero el mahayana tiene su propia idea del karma: como hay una interdependencia entre todo lo vivo, el karma que se coloca en el centro no es el del individuo.

En este contexto, muchos budistas mahayana señalan que la sensación de ser un yo separado del entorno solo se debe a la ceguera del ser humano. Y solo aquellos que han recorrido muy poco trecho del camino hacia el despertar son víctimas de esta ceguera. El bodhisattva, en cambio, ha dejado atrás esa ilusión del yo y ya no distingue entre él mismo y los demás. Un bodhisattva puede por tanto transferir parte de su buen karma a personas que piden ayuda en su esfuerzo por alcanzar el nirvana.

Variedad religiosa del budismo mahayana

En el hinduismo y el budismo siempre ha habido una mayor sinceridad y tolerancia en las cuestiones religiosas que a lo que estamos acostumbrados en Occidente. La variedad religiosa no se considera sin más una debilidad. Más bien al revés, dirían muchos budistas. Precisamente el que pueda dar tantos frutos diferentes muestra la fuerza del budismo.

El objetivo de todos los budistas es ser redimidos del ciclo de la reencarnación. La cuestión es qué métodos o medios se estiman deseables para conseguir el objetivo en cuestión. Los seres humanos son muy diferentes entre sí. Las gentes de Asia proceden de culturas muy diversas. En consecuencia, también los métodos han de ser diferentes, y muy a menudo se recomienda que sea la experiencia la que decida a la hora de elegir el método.

Entre las muchas tendencias dentro del budismo mahayana hay sobre todo dos que en las últimas décadas han sido objeto de gran interés en Occidente: el tibetano *vajirayana* («el vehículo de diamante») y el japonés *zen*. A continuación veremos algunas particularidades de estas tendencias.

3. Tibetano

En el Tibet, el budismo mahayana se fundió con la religión local prebudista, conocida como *bon*, que se caracterizaba por la creencia en dioses y espíritus a los que se rendía culto mediante sangrientos sacrificios, representaciones místicas y danzas rituales. Incluso hoy se sigue rindiendo culto a varios dioses y espíritus de los viejos tiempos como guardianes de la doctrina budista. Sin embargo, bajo esta superficie lo que impera es la doctrina budista. Los budistas tibetanos se consideran depositarios de la doctrina budista original.

Un llamativo rasgo exterior del budismo tibetano son las ruedas y los banderines de la oración, en los que están escritas diferentes oraciones y fórmulas. Cuando las ruedas dan vueltas —movidas por manos humanas, por el viento o por la corriente de las muchas cataratas—, y cuando los banderines ondean al viento, «las ruedas de la doctrina» se ponen en movimiento.

El *mantra* (fórmula mágica o sílaba sagrada que se recita una y otra vez) del budismo tibetano es *Om Mani Padme Hum*, que significa «La joya en el loto» y que resume toda la existencia humana y se considera esencial para la autorrealización. Esta fórmula se encuentra en el Tibet por todas partes: en las ruedas de oración, en las paredes y rocas y, sobre todo, en el habla de la gente. Con el fin de facilitar la recitación de esta fórmula, se hace uso de un rosario que consta de 108 cuentas (ya que 108 es un número sagrado).

4. Lamaísmo

En ningún otro país el budismo mahayana impregna la sociedad entera como en el Tibet. Muchísimos tibetanos han formado parte de las órdenes de monjes y monjas que siempre han estado en estrecha relación con los legos. En algunos monasterios ha llegado a haber más de mil monjes.

El budismo tibetano se llama a menudo lamaísmo, por la palabra *lama* («profesor» o «maestro») empleada para los guías espirituales, que suelen ser monjes.

Lo característico del lamaísmo es su estructura social. Desde el siglo XVII, el Tibet ha sido gobernado por un gran lama, o Dalai Lama («océano de sabiduría»), que reside en la capital, Lhasa. El Dalai Lama es el líder religioso y político del país, y es considerado una reencarnación de un famoso bodhisattva.

Cuando muere un Dalai Lama, los sacerdotes buscan a un niño con las características del difunto. Y cuando, después de distintas pruebas, encuentran al idóneo, este es instituido como el nuevo Dalai Lama.

El budismo tibetano contemporáneo

Debido a su ubicación tan recóndita entre las montañas más altas del mundo, y a su particular cultura, durante mucho tiempo el Tibet fue considerado un «país de cuento». En 1958 el cuento acabó de repente: tras varios años de atropellos, China tomó el poder del país y este XIV y último Dalai Lama (Tenzin Gyatso, nacido en 1935 y Premio Nobel de la Paz 1989) tuvo que exiliarse a la India.

Desde entonces, miles de refugiados tibetanos se han establecido en la India y en Nepal, y allí sigue vivo el budismo tibetano.

En la mayor parte de los países de Europa Occidental, se han fundado monasterios budistas siguiendo el modelo tibetano.

5. Zen

La mayor ambición de todos los budistas es alcanzar el despertar (*bodhi*) como lo hizo Buda debajo de una higuera en Bodh-Gaya, hace 2.500 años. Ahora bien, existen grandes diferencias dentro del budismo respecto a lo que implica este despertar y cómo se consigue. En el budismo mahayana emergió en China una tendencia especial de meditación que ponía más énfasis que las demás tendencias en el propio despertar como el núcleo del budismo. Esta tendencia se extendió también a Corea y Japón, y se conoce en Occidente por su denominación japonesa, *zen*, que significa «meditación». Como hoy en día resulta más fácil estudiar el zen en Japón que en China, nos centraremos en el budismo zen japonés. Esta tendencia cuenta hoy con unos 20.000 templos y cinco millones de monjes y legos en Japón.

«Señalización directa»

El budismo zen tiene como punto de partida el despertar de Buda. La doctrina de Buda, tal y como ha sobrevivido en las escrituras budistas, es subordinada al despertar. Esto tiene que ver con la profunda desconfianza que muestra el zen por las palabras y su capacidad de transmitir conocimiento. Lo que no se puede transmitir por palabras, puede no obstante transmitirse por «señalización directa». Se dice que Buda transfirió el despertar a su discípulo más cercano cogiendo una flor sin decir nada. Y de esa forma el despertar se ha transferido de generación en generación de un modo callado, sin palabras.

El zen enseña que el despertar tiene que venir desde dentro, tiene que brotar del corazón de cada uno. Se cuenta, por ejemplo, de un famoso maestro de zen que tiró todas las imágenes de Buda a la estufa para calentar la habitación en la que estaban sentados él y sus discípulos.

La doctrina de Buda solo nos ayuda hasta cierto punto en el camino. Tal vez señala el camino, pero se trata de avistar lo que se señala, es decir, el propio despertar. Las personas somos muchas veces como niños y nos interesa más el dedo índice que lo que este señala. A menudo nos interesan más las ideas y ritos religiosos que la propia experiencia religiosa que constituye la base de los mismos. El «señalar directamente» puede contribuir a una inmediata vivencia de la realidad, un reconocimiento espontáneo que no pasa por las palabras.

Como el despertar ha de venir desde dentro, no existe en el budismo zen ninguna receta de cómo alcanzarlo. Pero puede llegar cuando menos te lo esperas, y alcanzarte como el rayo. Es como cuando de repente entiendes la gracia de un chiste. De pronto estás «despierto», y reconoces de una manera completamente nueva que formas parte del universo infinito. Porque el despertar no tiene lugar gradualmente o por un cierto espacio de tiempo. Cuando llega, es completo. Y no siempre llega de la mano de la meditación. Igual puede ser una vivencia completamente cotidiana la que por fin te lleva hasta la meta.

La «terapia de choque» del budismo zen

Se ha dicho del budismo theravada que pretende abrir la puerta al nirvana a la fuerza, mientras que el budismo mahayana va a girar la llave con mucho cuidado hasta que la puerta se abra. Esta descripción es tal vez aún más certera para el budismo zen que para las demás tendencias mahayana.

Hemos visto cómo ideas heredadas pueden impedir el despertar. Una condición es que la mente haya sido depurada de palabras y conceptos. Se trata por ello de destruir la lógica y el pensamiento conceptual del alumno de zen. Desde la época china más antigua, esto se ha hecho mediante preguntas y respuestas sorpresa dadas por el maestro zen a sus alumnos. La siguiente conversación entre el maestro y su alumno puede servir de ejemplo de dicha técnica:

Alumno: ¿Cuál es tu procedimiento para ser liberado?
Maestro: ¿Quién te ata?
Alumno: Nadie me ata.
Maestro: Entonces ¿por qué quieres ser liberado?

Parecidos a este tipo de conversación son los enigmas que, al menos aparentemente, son absurdos y carecen de sentido. El maestro de zen puede hacer preguntas a su discípulo del tipo: «¿Qué aspecto tenía tu rostro antes de nacer?», o «¿Cómo suena el sonido de una mano?». La intención es que el alumno, meditando sobre tales enigmas, sea llevado a una abrumadora «sensación de duda». Y esa «sensación de duda» es necesaria para captar directamente la realidad.

El zen en la vida cotidiana

Algo que caracteriza el zen es su actitud positiva ante los quehaceres cotidianos. Esto tiene que ver con su visión sobre lo que implica el despertar.

Si preguntamos al budista zen lo que es, puede que conteste: «El ciprés del jardín». Y si estuviera dispuesto a contestar la pregunta en nuestros términos, tal vez diría que el despertar es reconocer que no existe ningún despertar. Como no existe ninguna «verdad» a la que despertar, o ninguna «ilusión» de la que despertar, el despertar es reconocer que el mundo es tal y como lo vemos.

Pero ahora estamos empleando palabras y conceptos, y con ello nos estamos alejando de la doctrina de Buda. Tal vez podríamos decir que no existe otra manera de entender el sentido de la vida que vivirla. Muchos budistas zen recalcan por tanto que el trabajo diario pueda usarse como ejercicio de meditación. De esa manera la concienzuda realización de un oficio puede abrir el camino al despertar como puede hacerlo la meditación o los ritos religiosos. Así se explica cómo actividades aparentemente triviales como tomar el té, hacer ramos de flores o practicar la jardinería pueden llegar a tener mucha importancia en el budismo zen. En Japón también distintas ramas del deporte y del arte, tales como el tiro con arco, lucha libre, esgrima, teatro, poesía (poemas *haiku*), música y pintura están fuertemente marcadas por el zen.

Renovación del budismo

En tiempos más recientes, y sobre todo después de la última guerra mundial, el budismo ha pasado por una renovación, en particular entre los budistas con más instrucción filosófica. La labor a favor de la unidad, una mayor actividad misionera y social constituyen factores importantes en este proceso de renovación.

Mayor unidad

Mediante conferencias mundiales sobre el budismo se intenta conseguir una colaboración budista a nivel internacional, lo que también implica un intento de una mayor unidad en la cuestión doctrinal entre las distintas tendencias budistas, tal y como para los cristianos intenta el Consejo Mundial de la Iglesia.

Misión

Otro aspecto de la renovación budista es la actividad misionera que se ha puesto en marcha en Occidente, entre otras partes del mundo. En Estados Unidos y Europa hay hoy miles de budistas, y en varias capitales se han fundado centros misioneros. Por otro lado, el budismo ha perdido terreno en países asiáticos después de la Segunda Guerra Mundial, sobre todo debido al ascenso del comunismo.

Actividades sociales

También se ha visto una apertura para las cuestiones éticas. El ideal budista fue en un principio el esfuerzo del individuo para llegar a su propia salvación mediante la meditación, lo que no anima precisamente a una actividad social. Pero también existen en el budismo tendencias a recalcar la abnegación y el amor al prójimo. Esto ha conducido a una participación activa en las cuestiones sociales y políticas de la sociedad actual.

Religiones de Extremo Oriente

El culto a los antepasados es un punto común de la vida religiosa en China y en Japón, y constituye uno de los elementos básicos tanto en el confucionismo como en el sintoísmo.

Otro rasgo común es la gran diversidad religiosa. Las distintas religiones no solo conviven una al lado de otra, también se mezclan. No es infrecuente seguir o dejarse inspirar por varias religiones.

En China se habla desde tiempos remotos de «tres caminos»: el *taoísmo*, el *confucionismo* y el *budismo*.

El budismo, que provenía de la India, también se propagó a Japón, donde tendría una gran importancia para la religión nacional, el *sintoísmo*. De Japón se ha dicho que es un laboratorio de religiones. Después de la guerra surgieron innumerables sectas y comunidades religiosas basadas en el sintoísmo, el budismo y el cristianismo.

En China, en cambio, la religión fue perdiendo importancia en los años de posguerra. Cuando los comunistas y Mao Zedong (1893-1976) tomaron el poder en 1949, se introdujeron fuertes restricciones para la libertad religiosa. Se destruyeron templos y las propiedades de las sociedades religiosas fueron embargadas. Tras la muerte de Mao, tuvo lugar cierta liberalización tanto en el ámbito religioso como en el resto de la sociedad.

Confucionismo

Antecedentes históricos

Hasta 1911 China fue un imperio en el que el emperador era la autoridad absoluta, y estaba considerado el representante de su país ante el dios supremo, el Cielo, del que a su vez era hijo en la tierra. Así, era el propio emperador (el Hijo del Cielo) quien se ocupaba de los sacrificios a la divinidad en el Templo del Cielo, en Pekín. También realizaba ofrendas y sacrificios a las montañas y río sagrados de China.

El Imperio chino era una sociedad bien organizada, con una dirección firme. A la cabeza de la burocracia había una élite bien formada de altos funcionarios. La ideología por la que estos se regían era el confucionismo (o confucianismo), que contenía reflexiones sobre reglas y normas para la vida en sociedad, elaboradas por el filósofo Confucio (en chino, Kongzi o Kongfuzi [Maestro Kong]; en latín, Confucius). Esta doctrina dominó en China hasta la caída del imperio. Confucio también elaboró reglas para la vida religiosa, los sacrificios y los ritos. Se trataba de una religión de Estado, que era practicada por la élite y la clase alta, pero que nunca llegó a calar en el pueblo llano. De la misma manera que el emperador en su palacio de Pekín estaba muy lejos de la gente común, también el dios del cielo resultaba lejano e impersonal para las grandes masas de jornaleros y agricultores pobres, cuya religión se basaba en el culto de espíritus y de antepasados, aunque también había ido adoptando poco a poco rasgos de distintas religiones. El hecho de que grandes potencias europeas representaran una amenaza para la independencia económica y política del país, pudo contribuir a explicar las tendencias al aislamiento y la desconfianza hacia las influencias externas. Los círculos intelectuales atacaron la religión que, en su opinión, había impedido el desarrollo de una ciencia e ideas políticas modernas. Esto condujo por un lado a intentos de renovación y modernización de las religiones antiguas, y por otro a un mayor interés por pensamientos no religiosos de Occidente.

En 1911 el incompetente imperio fue derrocado, y China se convirtió en una república. No obstante, la situación política era inestable debido a guerras civiles y también a la guerra contra Japón. En 1949 el comunismo llegó al poder.

Confucio

Aunque reina cierta incertidumbre sobre la historia de Confucio (551-479 a. C.), parece cierto que procedía de una familia noble con pocos recursos. Recibió una buena educación y fue un pensador filosófico con muchos discípulos. Ofreció una interpretación en parte nueva de viejos pensamientos y tradiciones, sobre todo en lo que se refiere a temas relacionados con la ética y la filosofía social. Pensaba que el Cielo lo había escogido a él para renovar la cultura y la moral instituidas por los emperadores sagrados en tiempos antiguos. Pero no organizó sus ideas en un sistema claro, de modo que hoy conocemos sus pensamientos a través de las notas de sus discípulos.

La tradición confuciana

Confucio tuvo una influencia decisiva en el desarrollo de China. Después de su muerte, sus discípulos comenzaron a difundir y desarrollar sus pensamientos, y poco a poco el confucionismo se fue convirtiendo en una especie de religión estatal en China, que en ocasiones combatió contra otras religiones, tales como el budismo y el taoísmo. Se construyeron templos en honor de Confucio, y se le hacían sacrificios y ofrendas en primavera y otoño, igual que al dios del cielo. Sin embargo siempre se recalca que el confucionismo nunca ha existido como una religión independiente. Sería más correcto considerarlo una denominación común para los ideales filosóficos y políticos que han constituido la columna vertebral del imperio y su burocracia, aunque la ética del confucionismo también ha impregnado a gran parte del pueblo chino. Típica de esta tradición es su actitud política práctica y su interés por los temas actuales de la sociedad, tales como la educación de los niños, el papel del individuo en la sociedad, normas correctas de vida, etc. El interés por cuestiones religiosas y metafísicas es mucho menor.

Visión social y humana

Una de las ideas fundamentales de Confucio es que la naturaleza y el universo están en armonía entre ellos, en concordancia, y por consiguiente lo mismo tiene que regir para el ser humano. Confucio recoge en este contexto un par de antiguos conceptos chinos y los usa a su manera. *Tao* es la gran armonía en el universo, es decir, la relación buena y equilibrada entre todas las cosas. Esta armonía es un ideal para la sociedad, donde los individuos también deben intentar vivir en concordia y armonía. Lo hacen si su interior está en consonancia con tao, pues entonces tendrán la fuerza propulsora (*te*), el modo correcto de actuar. (Ver un poco más adelante «Taoísmo»).

Para estar en consonancia con tao se necesita comprensión y conocimientos, lo que se consigue estudiando la tradición, el pasado. Así se aprenden las reglas de las acciones correctas, de la realización correcta de ritos religiosos y ceremonias, y su lugar en la sociedad.

Para Confucio, el ser humano es bueno por naturaleza, y todo lo malo viene de la falta de conocimientos suficientes. Por lo tanto, educar quiere decir proporcionar al ser humano los conocimientos correctos.

El lugar del individuo en la sociedad se regula mediante cinco relaciones: la relación entre soberano y súbdito, entre padre e hijo, entre mayores y jóvenes, entre hombre y mujer, entre amigos. Esto significa que el soberano ha de ser bueno y el súbdito leal, una relación que hace que el confucionismo sea políticamente conservador y que de esa manera impida cualquier rebelión contra la autoridad. Significa también que el padre ha de ser cariñoso y el hijo reverente, algo que tiene que ver con el culto a los antepasados. Y que el hombre ha de ser justo y la mujer obediente, lo que dice bastante del lugar que ocupa la mujer en este sistema. El ideal para todas las personas es piedad, respeto y reverencia, los conceptos más importantes de Confucio.

Confucio y lo religioso

Confucio no era contrario a la religión y no dudaba de la existencia de dioses y espíritus. Creía en un ser sobrenatural que le inspiraba: «El Cielo engendró la virtud que está en mí». Pero para él ese dios del cielo no era un dios personal. Y aunque recibía de él inspiración y dirección, no construye su ética sobre los mandamientos morales dados por este dios.

Lo más importante para Confucio era que se honrara correctamente a los dioses, que se celebraran los ritos y sacrificios adecuadamente, porque así se mostraba tener piedad. Pero no le interesaban los temas religiosos y metafísicos. «Respetad a los espíritus, pero mantenedlos a distancia», se dice que recomendó; y a la pregunta sobre la vida después de la muerte, respondió: «Cuando aún no se conoce la vida, ¿cómo va a conocerse la muerte?».

Taoísmo

Antecedentes históricos

El taoísmo tiene su origen en el contenido del libro *Tao te king* (en transcripción china pinyin, *Dao de jing*), que significa: «El libro (*king*) del curso (*tao*) y de la virtud (*te*)». Las expresiones *tao* («el orden o curso universal») y *te* («la fuerza vital») son antiguos conceptos chinos. Confucio los explicó de un modo algo diferente. El *Tao te king* es un librito de medio centenar de páginas dividido en 81 breves capítulos, a modo de poemas. Nadie sabe con seguridad quién lo escribió, pero la leyenda dice que fue el filósofo Laozi (o Lao-Tsé), del siglo VI a. c., lo que significa que más o menos fue contemporáneo de Confucio. Existen muchas y muy diversas narraciones sobre su vida, y los historiadores ni siquiera están seguros de que haya existido. Con estas reservas trataremos en el apartado siguiente a Laozi como el autor del *Tao te king*.

Tao, el principio supremo

Para Confucio el tao era el gran orden y armonía en el universo por el que los seres humanos tenían que guiarse. Laozi también se imagina el tao como la armonía en el mundo, y sobre todo en la naturaleza. Pero él va aún más lejos y considera el tao como el propio fundamento sobre el que están creadas todas las cosas o del que todas han surgido. Algunas veces habla del tao como «el Cielo», es decir, como algo divino, aunque no se trata de un dios personal.

La diferencia principal con otras interpretaciones del *tao* [que se puede traducir como «curso, camino, vía»] la encontramos en que

Laozi opina que el tao no puede describirse de un modo simple y racional. «El *tao* que se puede describir no es el verdadero *tao*», dice. Esto significa que el ser humano no puede llegar a saber lo que está investigando o estudiando. No se puede emplear la razón para captar el tao. Hay que meditar, sumergirse en una tranquilidad pasiva y olvidarse de todos los pensamientos centrados en cosas externas, en beneficios y progresos. Entonces el ser humano conseguirá la unión con el tao y se llenará de la fuerza vital.

La vida social

Taoísmo significa *pasividad* en lugar de actividad. La acción más importante de un taoísta sabio es la «no-acción», lo que influye sin duda considerablemente en la concepción de la vida social. Confucio deseaba educar a las personas mediante el conocimiento, mientras que Laozi prefería que fueran primordiales y sencillas, como niños. Confucio deseaba reglas y sistemas fijos en la política, mientras que Laozi opinaba que los seres humanos deberían intervenir lo menos posible en el libre desarrollo de las cosas. Confucio deseaba un gobierno ordenado y bien organizado, mientras que Laozi opinaba que cualquier forma de gobierno era mala: «Cuantas más leyes y prescripciones, más ladrones y bandidos habrá», decía.

Para Laozi, el estado ideal era esa pequeña sociedad (la ciudad, el pueblo) que según él había existido en los tiempos antiguos, y donde la gente vivía en paz y tranquilidad, sin interés por declarar la guerra a sus vecinos, como luego sería tan corriente entre los estados chinos. El gobernador debe ser filósofo, y su única actividad debería consistir en ser un ideal para los demás mediante su pasividad y su no-actividad.

El taoísmo como religión popular

Algunos de los discípulos de Laozi desarrollaron el misticismo natural en una dirección más mágica, y esos elementos mágicos fueron los que más resonancia tuvieron entre las masas, mezclándose con la superstición y magia populares. Veamos un ejemplo: Laozi opinaba que el ser humano conservaba su fuerza vital y la mantenía fresca y nueva cuando se mostraba pasivo. Más tarde algunos entendieron esto como si fuera posible prolongar la vida, y surgió un interés por conseguir la inmortalidad. Filósofos taoístas realizaron también —aparte de la meditación— ejercicios mágicos, y trabajaron por encontrar una bebida de inmortalidad. Todo esto condujo a que emergiera —al lado del taoísmo filosófico— una religión popular basada en Laozi, pero que tenía sus propios dioses, templos, sacerdotes y monjes, grandes ceremonias, en parte influidas por el budismo, procesiones, sacrificios alimenticios a los dioses y oficios para vivos y muertos.

Sintoísmo

Antecedentes históricos

La antigua religión nacional de Japón es el sintoísmo (o sinto), pero desde aproximadamente el año 500 d. C. tuvo que soportar una fuerte competencia del budismo, y las dos formas se han influido mutuamente. Tampoco es raro en Japón que se practiquen alternativamente. Un niño puede recibir la bendición de los dioses según el rito sintoísta, y ser enterrado según ritos budistas. Y tal vez el matrimonio se celebre en una iglesia cristiana. Esta mezcla de religiones también se da en un sinfín de nuevas sectas y comunidades religiosas, y Japón es hoy caracterizado como un laboratorio de religiones.

Características del sintoísmo

El sintoísmo, a diferencia del cristianismo y el islam, no tiene ningún fundador. Es una típica religión nacional que a lo largo de varios siglos ha recogido y asimilado diferentes tradiciones religiosas. No tiene ningún credo o ética específicamente formulados. Lo esencial del sintoísmo son las ceremonias, los ritos, que mantienen el contacto con las divinidades.

Se dice a menudo que el sintoísmo tiene millones de dioses (kami), que se manifiestan en árboles, montañas, ríos, animales o humanos. La palabra también puede traducirse como «espíritu». El culto de espíritus de la naturaleza y de los antepasados ha desempeñado un papel principal en el sintoísmo desde los tiempos en que Japón era una sociedad agrícola. El culto a los antepasados se extendió sobre todo bajo la influencia del confucionismo chino.

El origen divino de los japoneses

Según la mitología japonesa, en tiempos primitivos estaba la pareja divina Izanagi (él) e Izanami (ella), que bajó del cielo y parió primero las islas japonesas y luego el resto del mundo y todo lo que hay en él, y por fin una serie de kamis. La más importante era la diosa del sol, Amaterasu. Los demás kami se establecieron en la tierra y fueron padres de los primeros seres humanos. Pero la sociedad de los humanos necesitaba orden y dirección, y por esa razón el nieto de Amaterasu fue enviado a la Tierra. Uno de sus descendientes se convirtió en el primer emperador de Japón. De modo que todos los japoneses son de origen divino, y ante todo el emperador, que desciende directamente de la mismísima diosa del sol.

Religión de Estado y culto imperial

Poco a poco los japoneses pasaron del culto a los kami de los difuntos emperadores a rendir culto al propio emperador, que ya era un kami en vida.

La base del culto imperial la encontramos entre otros elementos en las condiciones políticas del siglo XIX. Japón se veía amenazado por la expansión occidental, y sintió la necesidad de subrayar sus rasgos distintivos nacionales. Al mismo tiempo el emperador había sido ligeramente ensombrecido por los líderes militares, los *shogun*, que eran los que detentaban el poder real.

Mediante un golpe en 1867, el emperador Meiji Tennō (1852-1912) se hizo con el control del país y llevó al cabo una renovación política y religiosa. El sintoísmo se convirtió en la religión estatal (entre 1868 y 1946), siendo demolidos los templos budistas y depurados los elementos budistas del culto sinto.

La imagen del emperador se colocó en todos los edificios públicos, escuelas y fábricas, y la gente estaba obligada a inclinarse respetuosamente ante ella.

Aparte del culto al emperador, había un fuerte nacionalismo

que constituyó la base de la política expansionista japonesa que culminó en la Segunda Guerra Mundial, en la que Japón estuvo al lado de Alemania.

Lo religioso estaba estrechamente entretejido con lo nacional, y el sintoísmo constituía la base ideológica de los pilotos suicidas japoneses (los *kamikazes*, que significa «espíritu del viento»).

Cada soldado que moría durante la guerra era enseguida nombrado kami, y se celebraban ceremonias en su honor junto a los templos sintoístas.

Después de la derrota de Japón en el mes de agosto de 1945, el emperador emitió una declaración en la que renunció a su divinidad. El sintoísmo fue abolido como religión estatal, pero ese sintoísmo popular que siempre había convivido con el culto imperial se mantuvo y vivió cierto renacimiento.

El culto se practica en las casas y en los templos, de los que existen unos 20.000. Los templos que anteriormente eran administrados por el gobierno del emperador están ahora organizados en diferentes uniones con dirigentes elegidos.

El templo, morada de los kami

Un templo sintoísta no es un lugar donde se predica. Es la morada de los kami, donde se les puede rendir culto según determinadas reglas.

En la estancia más sagrada del templo hay un objeto que simboliza la presencia del kami. Es este símbolo el que hace del templo un lugar sagrado. Los tres símbolos más importantes son un espejo, una joya ornamental y una espada. Estos se guardan en tres de los más famosos templos sintoístas de Japón. El espejo, la joya y la espada están relacionados con un mito sobre la diosa del sol Amaterasu y el primer emperador de Japón.

Según una de las leyendas divinas, ella fue burlada en una ocasión y se escondió en una gruta. Allí fue atraída por un espejo para que pudiera salir y volver a brillar.

Los sacerdotes

Originalmente las ceremonias eran oficiadas por el cabeza de familia o del clan, y en las capas más altas de la sociedad, por un príncipe o por el propio emperador.

Poco a poco emergió la figura de una función sacerdotal más concreta, y que a menudo era ejercida por determinadas familias. Este clan hereditario sacerdotal se abolió cuando el emperador convirtió el sintoísmo en religión de Estado, y los sacerdotes se convirtieron en funcionarios públicos.

Hoy en día los sacerdotes son nombrados por las uniones de los templos, realizando sus funciones a tiempo completo o a tiempo parcial. La mayoría de ellos están casados y tienen sus profesiones aparte del sacerdocio. Después de la guerra también las mujeres tienen derecho a ser sacerdotes.

La misión del sacerdote es en primer lugar ritual: tiene que saber cómo realizar las ceremonias diarias y dirigir las grandes festividades religiosas.

Los cuatro puntos principales del culto

Las ceremonias constituyen el núcleo del sintoísmo. Contribuyen a impedir accidentes, a asegurar la colaboración y el contacto con los kami y a promover la felicidad y la paz del individuo y de la sociedad.

Las ceremonias varían de lo más sencillo, en las casas, a las grandes fiestas anuales en los templos, pero hay cuatro elementos que se repiten en todas ellas.

Purificación

El objetivo de la purificación es eliminar todo lo que sea malo e injusto, lo que pueda ser una amenaza contra la relación de los humanos con los kami. La impureza surge en primer lugar en relación con la enfermedad y la muerte, pero las funciones vitales normales hacen también a la persona impura.

Cualquier servicio religioso empieza con una purificación. Puede ser algo tan sencillo como enjuagarse la boca y echarse un poco de agua sobre las yemas de los dedos. En el templo, el sacerdote mueve un palo especial delante de las personas o cosas que se van a purificar. En este palo purificador se han fijado tiras de papel o cuerdas de hilo, y parece una especie de cepillo.

Sacrificios

Si uno no hace sacrificios puede perder el contacto con los kami y así verse expuesto a accidentes. El sacrificio puede consistir en dinero, alimentos y bebidas. Las diferentes actividades artísticas o deportivas ligadas a los festejos de los templos también tienen una base religiosa y han de ser consideradas una especie de sacrificio. Estas actividades pueden ser danza, teatro, lucha libre y tiro con arco, y son realizadas en honor de los dioses.

Oración

Una oración suele empezar con un elogio del kami al que se adora, y un agradecimiento por sus buenas acciones. A menudo también se incluye una alusión al origen del rito objeto de la oración, es decir, a lo mítico. Luego se mencionan las cosas que se sacrifican, el nombre del que hace el sacrificio, y, en su caso, se recita una oración sobre algo que se desea conseguir.

Comida sagrada

Al final de cada ceremonia se hace una *naorai*, una comida con los kami. El sacerdote ofrece a los presentes un sorbo de vino de arroz.

El culto en las casas

En la gran mayoría de las casas hay un pequeño altar, un estante para lo divino, *kamidana*. En él se colocan objetos simbólicos, un amuleto para el kami, un pequeño espejo, una luz y un jarrón con ramas del árbol sakaki.

El rito empieza con el lavado de manos y el enjuague de boca. Luego se coloca una ofrenda ante el altar; puede ser algo tan sencillo como un poco de arroz y un cuenco con agua. Las personas están de pie o sentadas sobre una estera, con las cabezas inclinadas ante el altar en reverencia. Tras una breve oración se hacen dos nuevas inclinaciones con la cabeza, se dan dos palmadas con las manos levantadas y nuevas inclinaciones de la cabeza para finalizar. Los alimentos que se han ofrecido se comen luego en la mesa.

1. Tenrikyo

Tenrikyo hunde sus raíces en el sintoísmo, del cual es una secta, aunque también ha sido influido por otras religiones. Este movimiento religioso fue fundado en 1838 por una mujer, Miki Nakayama (1798-1887), reconocido en 1908 y se separó del sintoísmo en 1970. Miki tuvo una experiencia extática, con varias revelaciones divinas del dios Oya-gami, que le pedía que se dedicase a la salvación de quienes sufrían; vendió sus pertenencias y se dedicó a esta misión.

Las revelaciones están inmortalizadas en escritos sagrados, y en uno de ellos se dice: «Lo que ahora pienso, lo digo a través de la boca de ella. Ciertamente es una boca humana la que habla, pero es un pensamiento del dios que formula el habla».

Tenrikyo es una religión monoteísta. El dios Oya-gami es el único y verdadero dios, que ha creado el mundo y todo lo que hay en él. Las personas están hechas para la alegría y la actividad vital. El pecado es no estar agradecido por los regalos divinos, y la salvación consiste en vivir una vida feliz aquí y ahora. En una de las revelaciones se dice: «El dios de la creación creó al ser humano para poderse alegrar de su vida feliz».

La creación es el tema central de tenrikyo. Esto se desprende del servicio religioso en el que la creación es representada en forma de danza ritual. Por medio de esta danza se ruega la bendición de dios por lo creado, de la misma manera que en el sintoísmo es importante que el dios procure una renovación de todo lo vivo, de la vida humana y de la vida en la naturaleza.

En relación con la renovación de la vida, tenrikyo da gran importancia a la curación de enfermedades y sufrimientos. En una bendición que se imparte durante el servicio religioso diario en el templo, se dice: «Procura participar en el servicio religioso todos los días, ya que es eso lo que te protege contra toda desgracia. Si participas activamente en el servicio religioso, será curada incluso la enfermedad más grave». La meta del tenrikyo es que todos los seres humanos reciban este mensaje. Cuando esto se haya cumplido, se iniciará el estado perfecto de felicidad en la Tierra.

La ciudad donde la fundadora Miki tuvo su revelación se llama Tenri. Aquí está la sede de esta religión, un enorme edificio capaz de acoger a unas 25.000 personas. Esas grandes sedes —a menudo con una arquitectura impresionante— también son habituales para otras religiones nuevas en Japón. Tenrikyo tiene una extensa actividad misionera en Estados Unidos y en varios países asiáticos.

Religiones de Oriente Próximo

El *Abraham de los judíos*: «¡Mirad a Abraham, vuestro padre, y a Sara, que os parió en dolores. Solo a él le elegí yo, y le bendije y le multipliqué!»

Isaías 51, 2

El *Abraham de los cristianos*: «Respondieron y dijéronle: ¡Nuestro padre es Abraham! Jesús les dijo: Si sois hijos de Abraham, haced las obras de Abraham. Pero ahora buscáis quitarme la vida, a un hombre que os ha hablado la verdad, que oyó de Dios; eso Abraham no lo hizo»

Juan 8, 39-40

El *Abraham de los musulmanes*: «Y dicen que os tenéis que convertir en judíos y cristianos para recibir la verdadera instrucción. ¡Pero decid que no! ¡La religión de Abraham, la fe verdadera, y no una de esas que tienen más dioses que Dios, es nuestra religión!»

Corán, sura 2, 129

Tres de las grandes religiones del mundo surgieron en Oriente Próximo: el judaísmo, el islam y el cristianismo. Todas han desempeñado un importante papel en la región mediterránea, pero hoy en día el cristianismo y el islam tienen una difusión mucho mayor que el judaísmo. Son las dos religiones mundiales más extendidas en la actualidad.

Mientras que el cristianismo se ha convertido ante todo en la religión de Occidente (tres cuartas partes de los cristianos viven en Europa, Norteamérica y Sudamérica), el islam ya tiene una gran importancia en Asia (tres cuartas partes de los musulmanes viven en ese continente). En África las dos religiones cubren más o menos el mismo espacio. El islam está relacionado en primer lugar con la cultura árabe y domina en los países de Oriente Próximo. Sin embargo, hoy en día solo una minoría de los musulmanes es árabe.

El judaísmo pone su estampa en el Estado de Israel, creado en 1948, pero solo tres de los diecisiete millones de judíos en el mundo viven en Israel. Cerca de la mitad está en Estados Unidos.

Judaísmo

La palabra «judío» se deriva de *Judea*, el nombre de una parte del antiguo territorio de Israel. Judaísmo refleja esta conexión. La religión también es descrita como «mosaica», ya que Moisés es considerado uno de sus fundadores.

El Estado de Israel define a un judío como: «Alguien cuya madre es judía y que no practica ninguna otra fe». Con el tiempo, esta definición ha sido ampliada para incluir también a los cónyuges.

El judaísmo no es solo una religión, sino también una comunidad histórica y cultural. Históricamente, el término «judío» tiene connotaciones raciales, pero son incorrectas. Hay judíos de todos los colores de piel.

El judaísmo y la historia

El pacto de Dios con su pueblo elegido

Una característica del judaísmo es la estrecha relación que mantiene con la historia. Las historias de la Biblia están basadas en la firme creencia de que Dios ha establecido una particular alianza, o pacto, con su pueblo elegido.

Comienzan con Adán y Eva y una serie de historias dramáticas que ilustran las consecuencias de la inclinación pecaminosa del ser humano y su deseo de rebelarse contra Dios. Adán y Eva son expulsados del Paraíso. Más tarde el mundo entero es destruido por un gran diluvio del que solo se salvan Noé y su familia, además de todos los animales de la Tierra. Las ciudades impías de Sodoma y Gomorra son aniquiladas y la Torre de Babel derrumbada, porque representa el intento del ser humano de alcanzar el cielo sin Dios.

Cada uno de los eventos históricos es visto por los autores de la Biblia como una expresión de la voluntad de Dios.

De Abraham a Moisés

La siguiente fase histórica se inició con la salida de Abraham de la ciudad de Ur, localizada en lo que hoy en día es el sur de Irak, alrededor de 1800 a. C. El Génesis relata que Dios dijo a Abraham: «Salte de tu tierra, de tu parentela, de la casa de tu padre, para la tierra que yo te indicaré. Yo te haré un gran pueblo». Esta nación recibió su nombre después de la dramática batalla del nieto de Abraham, Jacob, con Dios. Dios le puso el apodo de Israel, y los doce hijos de Jacob serían los padres de las doce tribus de Israel.

Camino de la Tierra Prometida, algunas de las tribus israelitas acabaron en Egipto, donde fueron esclavizadas por los faraones. La Biblia cuenta cómo Moisés los sacó de Egipto y cómo después de cuarenta años de caminata por el desierto llegaron a Canaán, la Tierra Prometida.

Durante su travesía por el desierto, Dios entregó a Moisés las Tablas de la Ley en el monte Sinaí, las cuales contenían los diez mandamientos que los israelitas tendrían que cumplir. Se había hecho un pacto en el que los israelitas reconocerían a un solo dios, a cambio de convertirse en el pueblo elegido de este y recibir su apoyo y ayuda, siempre y cuando cumplieran con su parte del pacto y obedecieran sus leyes.

Alrededor de 1200 a. C. los israelitas conquistaron partes de Canaán, y durante mucho tiempo convivieron con los habitantes no israelitas. Sus líderes políticos y religiosos fueron los llamados «jueces», que cuidaban de que la gente respetase las leyes de Dios. La necesidad de un poder centralizado surgió en parte por la guerra con los filisteos.

El reino de Israel

Saúl introdujo la monarquía alrededor de 1000 a. C., pero el auge de esta llegó durante los reinados de David y Salomón, cuando Israel era un gran poder político. David, que había nacido en Belén, fue el legendario rey que venció al enemigo y que unificó a las doce tribus bajo su liderazgo en Jerusalén. El Arca de la Alianza —que contenía los Diez Mandamientos que los israelitas, según la tradición, se habían traído desde el Monte Sinaí— se llevó a la nueva capital, donde fue colocada bajo el sanctasanctórum del nuevo templo levantado por Salomón, el sucesor de David, en el siglo X a. C.

Este templo tenía además una sala sagrada donde se guardaban las ofrendas de incienso y pan, además de un vestíbulo exterior donde se realizaban los sacrificios. Los sacerdotes del templo eran los encargados de estos sacrificios, que podían ser de animales o frutos de la cosecha. Este culto era acompañado por cánticos e himnos, los llamados salmos de David recogidos en la Biblia. Los sacrificios, que en parte eran ofrendas a Dios y en parte una expiación de culpa, tenían que hacerse conforme a severas reglas.

Es posible que la gente empezara a tener la sensación de que los sacrificios se habían vuelto mecánicos, al tiempo que los dirigentes del país daban signos de decadencia moral y política. Esta situación disgustaba a los «profetas», entre los que se encontraba Amós, que vivió alrededor de 750 a. C. En sus discursos, Amós criticaba los males de la sociedad, tales como la opresión de los pobres por parte de los ricos. Otros profetas dieron también más importancia a la ética y los ideales de justicia que a las prácticas del culto de sacrificios.

El exilio babilónico

Los profetas advirtieron del juicio y castigo de Dios, porque el pueblo no vivía conforme a sus leyes. Muchos interpretaron la decadencia y la destrucción del poder del país como un justo castigo de

Dios. El país estaba dividido en un reino del norte (Israel) y otro del sur (Judá), cuya capital era Jerusalén. En 722 a. C. el reino del norte fue devastado por los asirios y desde entonces dejó de tener importancia religiosa y política.

El reino del sur fue conquistado por los babilonios en 587 a. C., y grandes partes de la población fueron deportadas a Babilonia. Pero en 539 a. C. los que quisieron obtuvieron permiso para volver a su patria, y desde entonces estas gentes fueron conocidas como judíos (de Judá).

El judaísmo y la sinagoga

Tras el regreso de Babilonia, empezó a desarrollarse la religión que llamamos judaísmo. El núcleo del judaísmo era la vida en la sinagoga, un lugar de culto donde los creyentes se reunían para orar y leer las sagradas escrituras. Este tipo de servicio religioso había surgido por necesidad durante el exilio, en el que los judíos no tenían ningún templo al que acudir. Al regresar continuaron ese tipo de servicio religioso en sinagogas, que se fueron levantando en varias ciudades. Un importante papel lo desempeñaban las personas versadas en las Escrituras, legos que las cuidaban, interpretaban y explicaban. Al poco tiempo, la mayor parte de esos hombres sabios procedían de las filas de los fariseos. Estos daban gran importancia a la Ley de los cinco libros de Moisés (el Pentateuco), sobre todo en lo que se refería a las reglas de limpieza. Intentaron interpretar la Ley según las nuevas condiciones que prevalecían entonces. Para entonces el templo había empezado a desempeñar un papel secundario.

El Templo fue destruido durante la conquista de 587 a. C. y reconstruido en 516 a. C. El sumo sacerdote, los sacerdotes y los levitas subordinados a ellos eran los responsables del culto, que incluía el sacrificio diario de un cordero, como expiación de la culpa del pueblo. Después del exilio el sumo sacerdote pasó a desempeñar un importante papel y era quien dirigía el sanedrín (el consejo de los mayores, que más tarde incluiría a representantes de los sabios).

En esa época los judíos fueron cayendo progresivamente bajo dominio político extranjero. Una revuelta contra los romanos dio como resultado el saqueo de Jerusalén en el año 70 d. C. El Templo, que poco antes había sido ampliado y convertido en un edificio de gran esplendor por el rey Herodes, fue destruido una vez más, lo que marcó el final del papel desempeñado por los antiguos sacerdotes. Desde entonces el nuevo judaísmo centrado en la sinagoga sería el que llevaría las riendas de la religión. Por aquel entonces muchos judíos estaban dispersos por las regiones mediterráneas y, poco a poco, también por lugares mucho más lejanos. Los llamaban los judíos de la Diáspora, porque vivían fuera de su país.

Un pueblo culto, pero perseguido

En algunas épocas los judíos desempeñaron un papel destacado en los países en los que se establecieron. La cultura judía alcanzó su auge en España durante los siglos XII y XIII. Uno de sus filósofos más importantes fue el rabino Moshe ben Maimón (Maimónides) que, entre otras muchas cosas, resumió la doctrina judía en *Trece principios de la fe judía*. También floreció el misticismo judío, llamado *cábala* (que significa «tradición»).

Pero, desde finales del Medievo y hasta nuestros días, los judíos han sido objeto de persecuciones. En distintas épocas, los judíos fueron acusados del asesinato de Jesús por los cristianos, que veían así el destino de aquellos como un justo castigo. Los judíos fueron deportados de Inglaterra y Francia durante los siglos XIII y XIV. En España empezaron a ser perseguidos en el siglo XV y fueron expulsados en 1492. Una ley de 1687 negaba el acceso a Noruega a todo judío sin permiso especial, y la Constitución de 1814 mantuvo la prohibición. «La Cláusula Noruega» no fue anulada hasta 1851.

Sin duda alguna, la peor de todas las persecuciones de judíos fue la que tuvo lugar en Alemania entre 1933 y 1945. Se calcula que unos seis millones de judíos fueron exterminados durante el régimen nazi. Desde hacía mucho tiempo los judíos habían destacado en la vida cultural de Europa central como artistas, cineastas, autores y científicos. Circulaban periódicos y libros, obras de teatro y películas en yidis, una lengua fonéticamente parecida al alemán, pero escrita con caracteres hebreos, y hablada por muchos judíos.

Incluso en los períodos sin persecuciones directas, los judíos eran a menudo tratados como parias, y en muchos casos obligados a adoptar nombres fácilmente reconocibles y a vivir en determinados barrios de las ciudades, los llamados guetos. En los tiempos en que la agricultura era la actividad más extendida, los judíos no tenían derecho a ser propietarios de tierra, y por eso en muchos sitios se concentraron en el comercio. Al contrario que los musulmanes y los católicos, podían prestar dinero a cambio de intereses, y muchos de ellos se convirtieron en destacados banqueros.

Expectativas mesiánicas y el sionismo

Durante miles de años los judíos han esperado la llegada del Mesías para instaurar el reino de la paz en la Tierra. Los orígenes históricos de estas expectativas se remontan hasta los tiempos de grandeza de Israel bajo el reinado de David (aprox. 1000 a. C.). Mesías significa en realidad «el ungido» y alude a que el rey de Israel fue ungido en su investidura. Desde «el cautiverio babilónico» los judíos han albergado la esperanza de que llegara un nuevo Mesías, un nuevo rey del linaje de David. Este rey ideal restituiría a Israel como gran potencia, y el pueblo gozaría de un futuro feliz.

También hoy las expectativas sobre la llegada del Mesías siguen vivas entre los judíos. Pero no todos se imaginan al Mesías como una persona. Muchos hablan, en cambio, de un futuro mesiánico, es decir, de una época de paz en la Tierra en la que Israel desempeñará un papel principal. Algunos judíos opinan por lo tanto que la creación del Estado de Israel en 1948 cumplió con las expectativas mesiánicas alimentadas por los judíos de generación en generación.

La creación del Estado de Israel fue la culminación de un largo proceso iniciado a finales del siglo XIX, cuando muchos judíos empezaron a hablar de la posibilidad de volver a su antigua tierra, lo que en realidad no era más que el refuerzo del viejo deseo, repetido por los judíos cada año en Pascua: «El año que viene en Jerusalén». El escritor Theodor Herzl (1860-1904) es el autor del libro *El Estado judío*, en el que argumentaba que la integración y la asimilación nada harían para acabar con la persecución, y que la única solución sería la creación de un Estado propio. Esta idea se llamaría sionismo, por el monte Sión, la montaña sobre la que se construyó una parte de Jerusalén.

Se inició entonces una considerable oleada migratoria, sobre todo de judíos rusos, hacia Palestina, en la que tan solo vivían unos 25.000 judíos. Sin embargo, los planes de un Estado judío propio progresaban lentamente, en parte porque Palestina era una colonia británica. La persecución nazi de los judíos durante la Segunda Guerra Mundial creó, no obstante, una situación completamente nueva, y en 1948 se proclamó la nueva república de Israel. Muchos de los antiguos sionistas deseaban un Estado laico, pero los judíos ortodoxos consiguieron cumplir su deseo de crear un Estado fundado en la religión judía.

El nuevo Estado ha vivido en continuo conflicto con el mundo árabe, sobre todo con los palestinos, que fueron desplazados al crearse el nuevo Estado de Israel. Los inmigrantes judíos proceden de todas partes del mundo y traen consigo distintas tradiciones y maneras de pensar.

Las escrituras sagradas

El libro sagrado de los judíos es la Biblia, una colección de textos de carácter histórico, literario y religioso. La Biblia judía es la misma que el Antiguo Testamento, pero ordenada de una manera bastante diferente. El canon judío fue fijado por un concilio celebrado en Jamnia en el año 100 d. C. Contiene veinticuatro libros, repartidos en tres grupos:

1. La Ley (*Torá*): el Pentateuco, o los cinco (*penta*) libros de Moisés.
2. Los Profetas (*Neviim*): los libros históricos y proféticos.
3. Las Escrituras (*Ketuvim*): resto de los libros.

Las iniciales de estas tres secciones configuran el acrónimo *Tanak*, que es el nombre común judío para la Biblia. De hecho, la palabra «biblia» viene del griego y significa «libros», pero es empleada tanto por judíos como por cristianos.

La Ley

En la época de Jesucristo los cinco libros de Moisés se consideraron una unidad denominada «la Ley», porque contenían las ordenanzas legales, morales y culturales de los judíos, así como las relativas al culto. La división de los libros de Moisés en cinco se debe a la traducción griega que se hizo del original hebreo alrededor de 200 a. C.

Los cinco libros de Moisés no fueron escritos por un solo autor del principio al fin. La miríada de historias fue transmitida oralmente durante bastante tiempo. Los libros de Moisés comprenden por ello un complejo conjunto de textos que fueron transformados en escritura en el transcurso de un largo espacio de tiempo. El proceso fue completado alrededor de 400 a. C.

Los libros históricos y proféticos

Estos libros consideran los acontecimientos políticos como expresión de las cambiantes relaciones entre Dios y los israelitas bajo diversas condiciones. Toda la historia de Israel es presentada como un ejemplo de la ley de justa retribución: la conformidad con la voluntad de Dios traerá bendiciones a su pueblo, con la misma certeza que la desobediencia y la apostasía conducen al juicio severo y al dolor. El destino de Israel se interpreta constantemente bajo el prisma de las exigencias divinas. Por tanto, los libros pueden leerse como la justificación de la quema del templo de Jerusalén, y del exilio en Babilonia de una gran parte de la población.

Estos libros representan la historia escrita más antigua del mundo. Nacieron mucho antes de que existieran la historia comparativa y los análisis de fuentes.

No obstante, el objetivo de los libros del Antiguo Testamento no fue el de plasmar la historia, sino más bien el de dar una interpretación religiosa de la misma.

Dos de los libros históricos tienen nombre de mujer. Los de Ruth y Esther son unos maravillosos y breves relatos en los que las mujeres desempeñan el papel principal.

Los libros proféticos son Isaías, Ezequiel y los doce Profetas menores, llamados así por la brevedad de sus textos.

Según su propio testimonio, los profetas fueron convocados a proclamar la voluntad de Dios. Usan a menudo la fórmula «Así dice Yavé». Al transmitir un mensaje, de un rey, por ejemplo, el mensajero empezaba diciendo «Así dice el Rey». De esa manera dejaba claro que no hablaba en nombre propio. Este preámbulo funcionaba en cierto modo como la firma o el sello postal de una carta en tiempos modernos. Los profetas creían que habían sido enviados por Dios para llevar su mensaje al pueblo.

Según los profetas, si las personas no vivían de acuerdo a las exigencias de Dios, serían juzgadas y castigadas por él.

Un buen ejemplo de la predicación de estos profetas es Amós, que vivió alrededor de 750 a. C., y es el profeta más antiguo del Antiguo Testamento. Su ataque al abandono del culto religioso reglamentario y su crítica de las desigualdades sociales y la represión de los pobres por parte de los ricos, despiertan interés incluso hoy en día. Amós llega al punto de presentar a los pobres y oprimidos como los verdaderamente justos, en oposición a los ricos.

De hecho, varios profetas daban mucha más importancia a la justicia y los ideales éticos que al culto externo del sacrificio. «¿A mí qué, dice Yavé, toda la muchedumbre de vuestros sacrificios?». «No me traigáis más esas vanas ofrendas.» «Dejad de hacer el mal, aprended a hacer el bien» (Isaías 1).

Además de los profetas que predecían un juicio sobre Israel, hubo otros que predecían la salvación. Estas promesas o consuelos proclaman que Dios salvará del juicio y de la destrucción a una «parte» de su pueblo y enviará a un príncipe o rey de paz de la estirpe de David, que hará revivir a Israel y conducirá a su pueblo a un futuro feliz. Tales profecías abundan especialmente en los capítulos 7, 9 y 11 de Isaías: «El pueblo, que andaba en tiniebla, vio una luz grande; sobre los que habitaban en la tierra de sombras de muerte, resplandeció una brillante luz».

Un tercer tipo de voz profética es la de la exhortación, que representa algo intermedio entre los otros dos tipos de profecías. Aquí el camino está abierto para que las personas se salven del juicio de Dios si se arrepienten y viven conforme a Su voluntad. «Buscad el bien y no el mal para que viváis, y así Yavé Sebaot será con vosotros como lo decís. Aborreced el mal y amad el bien, y haced justicia en las puertas, y quizá Yavé, Dios Sebaot, tenga piedad del resto de José» (Amós 5, 14-15).

Los escritos poéticos

Entre los textos poéticos del Antiguo Testamento, los *Salmos* son los que mayor importancia histórica han tenido. La mayor parte de los 150 salmos fueron escritos en la época de los reyes, es decir, antes de la destrucción de Jerusalén en 587 a. C. En su mayoría fueron compuestos para los servicios y fiestas en el Templo de Jerusalén. Pero también existen ejemplos de salmos utilizados individualmente por los israelitas en sus oraciones. Con el contenido como punto de partida podemos dividir los salmos en distintos tipos. Los tres más importantes son los de alabanzas (himnos), lamentaciones (oraciones) y acción de gracias.

El hecho de que la mitad de los salmos se atribuyan a David no significa que él los escribiera. Algunos son claramente más recientes. La expresión traducida «de David» podría significar «pertenecientes a David» o «para (David) el Rey». De cualquier forma, es posible que algunos de los salmos más antiguos hayan sido escritos por el propio rey David.

El *Libro de Job* es considerado por muchos «la joya de la literatura mundial». Con su suspense y su construcción casi novelesca aborda el significado del sufrimiento y la justicia divina. Job es un hombre justo y temeroso de Dios al que Satanás pone a prueba con el consentimiento de Dios. Pierde todo lo que posee, su vida está destrozada. En su desgracia Job clama contra Dios. ¿Por qué un hombre justo como él ha de sufrir un destino tan terrible? Dios responde que el hombre no tiene ningún derecho a ir en contra de la voluntad de su Creador; de hecho, no tiene ningún derecho en relación con Dios. El libro acaba con la aceptación de su destino por parte de Job y su sumisión a Dios, convirtiendo así al Señor, no a Satanás, en el ganador de la «apuesta». Al final Job no solo recibe de nuevo todo lo que ha perdido, sino que Dios le dobla sus posesiones.

El texto más reciente del Antiguo Testamento es el *Libro de Daniel*, escrito alrededor de 165 a. C. Forma parte de la literatura apocalíptica, tan típica de la época. «Apocalíptico» viene de una palabra griega que significa descubrir o revelar. En la Biblia indica una literatura que pretende descubrir o revelar los planes de Dios para el mundo.

El Talmud, comentarios sobre la Ley

Además de la Torá, los judíos también tenían reglas y mandamientos transmitidos oralmente. Según la tradición judía, Moisés no solo recibió «la Ley escrita» de Dios en el monte Sinaí, sino también «la Ley hablada», que quedaba prohibido escribir, ya que estaba destinada a ser adaptada a las condiciones de vida en lugares y tiempos diferentes. Pero cuando los judíos estaban dispersos por el mundo surgió el temor de que se perdiera dicha Ley. Por esa razón se decidió poner por escrito su contenido, lo que se hizo durante los siglos siguientes a la destrucción de Jerusalén. Este material tiene el nombre de Talmud, una palabra hebrea que significa «estudio». El Talmud contiene leyes, reglas, preceptos morales, opiniones legales y comentarios, pero también historias y leyendas que discuten sus contenidos. El Talmud no es en sí un libro de aprendizaje, de eso no cabe duda, sino un texto utilizado por los rabinos en sus enseñanzas, para servir de guía en situaciones reales.

La creencia en Dios

El credo judío es: «Oye, Israel: Yavé, nuestro Dios, es el solo Yavé» (Deuteronomio 6, 4).

El judío devoto repite este credo cada mañana y cada noche durante toda su vida. El credo muestra que el judaísmo es una religión monoteísta. Dios es el creador del mundo y el señor de la historia. Toda clase de vida depende de él, todo lo que es bueno sale de él. Es un Dios personal que se preocupa por las cosas que ha creado.

No se puede expresar con palabras quién es o qué es Dios. El nombre de Dios se escribe en hebreo en la Biblia con cuatro consonantes (tetragrama) y sin vocales: YHWH o YHVH (*Yahveh*), pero la propia palabra *Yahveh* es tan sagrada que se emplean reformulaciones, como por ejemplo: el Señor.

Yavé es el creador y el conservador del mundo. Para el judío resulta un pensamiento muy ajeno el que Dios no exista. El escritor rumano Elie Wiesel (n. 1928), premio Nobel de la Paz 1986, lo dice así: «Puedes estar *con* Dios, puedes estar en contra de Dios, pero no puedes estar *sin* Dios».

El que Dios sea uno y único se refleja también en la vida humana. Hay que santificarla. En ese ámbito no hay ninguna separación entre lo profano y lo sagrado. La tarea más importante del ser humano es cumplir con todas sus obligaciones con Dios y su prójimo.

La sinagoga y el Shabbat

En la sinagoga no hay ni imágenes religiosas ni retablos, ya que las imágenes están prohibidas (segundo mandamiento).

El punto de enfoque de una sinagoga judía es por tanto el Arca, una especie de armario en la pared orientada al este, hacia Jerusalén. Allí se guardan los rollos de la Torá, escritos en un viejo pergamino. En señal de respeto suelen estar envueltos en seda o algún otro material fino, y decorados con campanas, una corona y un escudo de un metal precioso. Una lámpara permanece siempre encendida delante del Arca.

En los servicios religiosos los sábados por la mañana hay un gran ceremonial en torno a la lectura de la Torá. Se abre el Arca y los rollos se llevan hasta el altar, desde donde se lee un extracto del texto en hebreo. También los lunes y jueves se llevan a cabo lecturas de la Torá, para que el texto pueda ser leído por completo al final del año.

Además de las lecturas de la Torá, el servicio religioso consta de oraciones, salmos y bendiciones, todos contenidos en un libro llamado el *Siddur*. La oración más importante son las Dieciocho Bendiciones, con más de dos mil años de antigüedad. Otro punto esencial es el credo, el *Shema*.

Un cantor, miembro lego de la congregación, conduce el servicio, pero el sermón y la enseñanza de la Ley son obligación del rabino, que es una persona instruida y de una gran formación. Cada congregación nombra su propio rabino.

Los servicios en la sinagoga pueden realizarse tres veces al día, siempre y cuando estén presentes diez hombres adultos. La condición de adulto se adquiere en la ceremonia Bar Mitzvá, a la edad de trece años. Las mujeres no desempeñan ningún papel activo en el servicio; en las congregaciones ortodoxas están separadas, casi siempre en una galería junto a los niños.

Las tres oraciones diarias también se rezan en el hogar. La religión desempeña un importante papel en la familia judía, y en casa las mujeres participan más activamente, sobre todo durante el Shabbat y en las celebraciones festivas.

El Sabbat dura desde la puesta de sol del viernes hasta la puesta de sol del sábado, y tiene su origen en la historia de la creación: en el séptimo día el Señor descansó. De modo que también los seres humanos han de descansar ese día, que se ha convertido en una fiesta semanal de renovación, en la fiesta del hogar y de la familia. Con la mesa puesta, la esposa, que ha sido un factor decisivo en la preservación de las costumbres judías, bendice y enciende las velas del Shabbat. El marido bendice el vino y corta el pan especial del Shabbat. La participación en la comida es sagrada y de una gran importancia para la unidad de la familia judía.

Kosher, estrictas reglas alimenticias

Los judíos tienen detalladas reglas para su alimentación, cuyo origen se encuentra en la Biblia. La comida que se puede comer se llama *kosher*, una palabra que en un principio significaba «adecuado» o «permitido».

La carne solo puede proceder de animales que rumian y que tienen las pezuñas partidas, lo que excluye al cerdo, camello, liebre y conejo. Las aves que no son de rapiña pueden comerse. Solo son aceptados los peces con escamas y aletas, y esto excluye a los bogavantes, mejillones, calamares, etc.

Los animales y aves que no deben comerse son calificados de impuros, y tampoco se puede beber su leche, ni comer sus huevos.

Toda comida hecha con sangre está prohibida, ya que la vida se encuentra en ella. Por eso es importante, durante el proceso de la matanza, deshacerse de la mayor cantidad posible de sangre. La que queda se quita con sal y agua. La matanza tiene que hacerla un especialista bajo la vigilancia del rabino. Toda la carne que no ha sido obtenida de acuerdo con las reglas está prohibida.

Todas las frutas y verduras son *kosher*, y lo mismo ocurre con la mayor parte de bebidas alcohólicas y no alcohólicas. La excepción son las bebidas hechas de uva (vinos y licores), que han de proceder de productores judíos y ser cuidadosamente etiquetadas.

Además de estas reglas, los judíos nunca toman productos lácteos junto con la carne. Si hay asado en el menú, la salsa no puede contener mantequilla, el café no puede tomarse con leche y no debe haber nada de nata o helado en el postre. Para asegurarse de que estos dos alimentos nunca se coman juntos, los judíos emplean dos juegos de utensilios de cocina, uno para comidas con leche y otro para las que están compuestas de carne. Tienen que ser fregados por separado en pilas diferentes y secados con diferentes trapos. Algunas familias tienen incluso dos lavavajillas.

Ética judía

Los judíos no hacen una clara distinción entre las partes éticas y religiosas de su doctrina. Todo forma parte de la Ley de Dios. En total hay 613 mandamientos, 248 disposiciones y 365 prohibiciones. Aparte de estos mandamientos, la vida del judío es regulada por costumbres y prácticas basadas en la historia. Se ha dicho que «una costumbre judía es tan vinculante como una ley».

Los propios judíos resaltan una serie de buenas costumbres éticas: generosidad, hospitalidad, voluntad de ayudar, honestidad y respeto a los padres. Un principio fundamental es no herir a los demás, o dicho de otra manera más positiva: «Amar al prójimo como a ti mismo».

Muchos judíos dan una décima parte de sus ingresos a causas dignas. La Biblia exige que se regale a los pobres frutos de la tierra. Desde los tiempos antiguos era corriente dejar un rincón del campo de trigo sin cosechar para que los pobres pudieran servirse por su cuenta. De la misma manera se dejaban en los árboles y en los viñedos racimos de uvas.

La palabra empleada en la Biblia para describir la ayuda a los pobres es «justicia». Dar limosna no es caridad, sino la obligación de combatir la pobreza basada en las palabras de Dios: «Nunca habrá pobres entre vosotros». La exigencia de justicia ocupa un lugar destacado en la ética, e incluye también, aparte de los pobres, a los débiles (viudas y huérfanos) y desconocidos: «Tratad al extranjero que habita en medio de vosotros como al indígena de entre vosotros, porque extranjeros fuisteis vosotros en la tierra de Egipto».

Con tantos mandamientos es lógico que en ciertas circunstancias surjan conflictos entre unos y otros. Cuando esto ocurre, la vida humana está por encima de todo. Una vida humana tiene que ser salvada aunque se rompa con las leyes del Shabbat.

Las fases de la vida

Los judíos tienen costumbres muy antiguas relacionadas con el ciclo de la vida: nacimiento, juventud, matrimonio y entierro.

Circuncisión

A los ocho días de nacer los niños varones son circuncidados, tal y como manda la Torá: «Circuncidaréis la carne de vuestro prepucio, y esa será la señal del pacto entre vosotros y yo. A los ocho días de nacido, todo varón será circuncidado en vuestras generaciones». La circuncisión es llevada a cabo por un especialista autorizado. Los padrinos, un hombre y una mujer, llevan al niño en brazos al «representante», que lo sostiene durante la ceremonia. Esta es acompañada por oraciones, y el niño recibe formalmente su nombre. Se trata de una ceremonia religiosa, pero con un ambiente de fiesta y celebración. Muy a menudo es seguida por una comida.

También las niñas reciben formalmente su nombre en la sinagoga a la semana de nacer. Su padre es llamado al altar de la Torá y se ofrece una oración por la madre y por la recién nacida.

Bar Mitzvá y Bat Mitzvá

A los trece años el chico judío se convierte en un Bar Mitzvá, una expresión hebrea que significa «hijo del mandamiento». Este acontecimiento tiene lugar en la sinagoga el primer sábado después de su decimotercer cumpleaños. Durante el año previo a esta ceremonia, el chico ha recibido clases de un rabino o de otra persona instruida en las leyes y costumbres judías. También ha aprendido la parte de la Torá que se refiere al Shabbat en cuestión. Cuando llega el día, tiene que levantarse y cantar ese texto. Con esto se confirma que ha pasado a ser un miembro pleno de la congregación, con todas las responsabilidades que esto conlleva. Después de la ceremonia se suele ofrecer una fiesta para familiares y amigos.

Una chica se convierte automáticamente en Bat Mitzvá (hija del mandamiento) cuando cumple doce años. El evento suele celebrarse en el Sabbat siguiente a su duodécimo cumpleaños. La muchacha prepara algunas palabras que recita con la consagración (kiddush) después del servicio. Sobre los quince años, las chicas judías reciben enseñanzas acerca de la historia y las costumbres judías, especialmente las reglas alimenticias, cuyo cumplimiento es responsabilidad de la mujer.

Matrimonio

La familia desempeña un papel muy especial en el judaísmo: de la familia los judíos reciben su identidad y su educación básica. El matrimonio, instituido por Dios, es considerado la manera ideal de vida, y la única forma de cohabitación permitida. Un judío tiene la obligación de casarse con otro judío, pero los matrimonios mixtos son cada vez más corrientes y causan ciertos problemas dentro de la comunidad judía.

Un par de días antes de la boda la mujer tiene que tomar un baño ritual. El mismo día de la boda las dos familias ayunarán hasta el final de la ceremonia. La boda puede celebrarse en cualquier lugar, pero lo más corriente es hacerlo en la sinagoga, debajo de una especie de baldaquín (*chupah*) que simboliza el cielo. Suele oficiarla el rabino, que lee las bendiciones. A continuación la pareja nupcial bebe de la misma copa de vino en señal de que va a compartir todas las cargas. El novio le pone a la novia una alianza en el dedo diciendo en hebreo: «Tú estarás consagrada a mí por esta alianza, conforme a la Ley de Moisés y de Israel».

En este punto se lee el *ketubah* y se le entrega a la novia. Un ketubah es un contrato matrimonial firmado por el novio antes de la boda, y que enumera sus obligaciones para con la mujer.

Hasta aquí el proceso no ha sido más que un compromiso, pero este está tradicionalmente incluido en la ceremonia de la boda. La propia ceremonia nupcial se inicia con la lectura de siete bendiciones especiales, después la pareja de novios vuelve a beber vino y el novio rompe una copa en memoria de la destrucción del Templo. Después del casamiento los novios son conducidos a una habitación privada donde pueden interrumpir ya el ayuno y estar solos. En círculos estrictamente ortodoxos esta será la primera vez que estén solos. Luego se suele celebrar una fiesta y un gran desayuno nupcial.

El divorcio está permitido, pero para ser legítimo tiene que haber sido sancionado por un tribunal rabínico y sellado por el marido, que entrega a la mujer la carta de divorcio.

Entierro

El entierro debe tener lugar cuanto antes después del fallecimiento por cuestión de la condición del cuerpo. La cremación no está permitida. Se lava el cuerpo del fallecido, se le pone una sencilla prenda blanca y se le introduce en una caja de madera sin ornamentos. A los hombres se les colocan sus chales de oración.

No se emplean ni flores ni música durante la ceremonia, que es oficiada por el cantor. Este echa tres paladas de tierra sobre el ataúd mientras recita: «El Señor da y el Señor quita/ bendito sea el nombre del Señor». El rabino ofrece un discurso en memoria del fallecido mientras el hijo, o familiar masculino más cercano, recita una plegaria: *kaddish*. Después del entierro, la familia guarda luto durante una semana. En el aniversario del entierro los familiares más cercanos encienden cada año una vela en la tumba y leen el kaddish.

Los judíos cuidan con gran respeto sus cementerios, donde descansan los muertos hasta el día de la resurrección.

Fiestas anuales

Las fiestas judías están relacionadas con el calendario judío y tienen en muchos casos un origen histórico. El calendario judío empieza con la creación del mundo, la cual, según nuestro calendario ocurrió en el año 3761 a. C. El calendario se basa en el año lunar y tiene doce meses de 29 o 30 días, en total 354. Se incluye un mes bisiesto siete veces durante cada ciclo de diecinueve años con el fin de que no esté desfasado respecto al calendario del año solar. Esto significa que las fechas de las fiestas cambian de año en año, exactamente como la Semana Santa cristiana. Tres de estas fiestas son de peregrinaje, y tienen sus raíces en el antiguo Israel. Según la tradición, se pretende que todos los hombres hagan un peregrinaje al Templo de Jerusalén con sus sacrificios. Algunas otras fiestas están basadas en acontecimientos históricos.

La fiesta de Año Nuevo (*Rosh Hashaná*) tiene lugar en septiembre/ octubre. Durante el mes previo a Año Nuevo todos los judíos procuran ser especialmente respetuosos con sus obligaciones religiosas y sus obras de caridad. Durante estas fiestas el judío debe concentrarse en el arrepentimiento, analizarse a sí mismo y reflexionar sobre lo que ha hecho y cómo intentar mejorar. Pero la fiesta de Año Nuevo también celebra a Dios como creador y rey. El servicio religioso relacionado con Año Nuevo contiene oraciones en las que domina el aspecto del arrepentimiento. Una parte del ritual de la sinagoga es hacer sonar el cuerno del carnero. El cuerno simboliza al carnero sacrificado por Abraham en lugar de Isaac, recordando así la misericordia de Dios. En las casas se prepara una copiosa comida de celebración con una serie de platos simbólicos. Se suelen comer manzanas bañadas en miel y la gente se desea «un feliz y dulce año».

El día de la Expiación (Yom Kippur) termina el periodo de los diez días de arrepentimiento. Tradicionalmente, en el antiguo Israel la Fiesta del Perdón era el único día del año en que el sumo sacerdote entraba en lo más sagrado de lo sagrado del Templo, después de sacrificar un carnero en señal de expiación de los pecados de los seres humanos. El judío tiene que confesar sus pecados en la sinagoga y suplicar a Dios su perdón cuando se ha reconciliado con su prójimo. El servicio religioso termina haciendo sonar el cuerno del carnero y con el saludo: «El año que viene en Jerusalén». Esta es la fiesta más importante y más personal para los judíos.

La fiesta de los Tabernáculos o Tiendas (Sukot) se celebra cinco días después del día de la Expiación, y dura una semana, durante la cual se construyen cabañas (tiendas) hechas de hojas en jardines o en los alrededores de las sinagogas. Esto se hace en memoria de las cabañas construidas por los judíos durante su peregrinaje por el desierto y en agradecimiento a Dios por sus cuidados. Pero también es una alegre fiesta de acción de gracias por la cosecha. En el último día se concluyen las lecturas anuales de la Torá y se empieza el nuevo ciclo, retomando la lectura desde el Génesis. Los rollos de la Torá se sacan del armario y se exhiben en una procesión ceremonial.

La fiesta de la Dedicación (Januká) se celebra en noviembre/diciembre durante ocho días, y cada día se enciende una vela en el candelabro de ocho brazos llamado janukia. Esta fiesta conmemora una gran victoria de los judíos ocurrida en 165 a. C., en que inauguraron de nuevo el Templo de Jerusalén, después de que los invasores sirios lo hubiesen profanado y hubiesen prohibido el culto judío.

La fiesta de la Dedicación ha ido adquiriendo rasgos que recuerdan a la celebración de la Navidad cristiana, con intercambio de regalos y especial atención a los niños.

La Pascua (*Pésaj*, como se llama en hebreo y que significa «pasar por encima») se refiere al relato de la Torá sobre el ángel del Señor, que, trayendo las diez plagas de Egipto, pasó por encima de las casas de los israelitas para que solo muriesen los primogénitos de los egipcios. Se celebra en marzo/abril y conmemora el éxodo de los judíos de Egipto. Antes del comienzo del Pésaj, los judíos han de limpiar sus casas de un modo ritual y tienen que usar cubiertos especiales en la comida. No pueden comer ni beber nada que contenga cereales o harina fermentada. Pésaj se conoce mucho por «la fiesta del pan no fermentado» y debe recordar a los tiempos en que los judíos huyeron de Egipto y no tuvieron tiempo para dejar que la masa del pan fermentara. Durante los ocho días del Pésaj solo comen el pan sin fermentar llamado *matza*.

Al sentarse la familia a comer en Pésaj, uno de los niños pregunta: «¿Por qué esta noche es diferente a todas las demás noches?», y el padre explicará el éxodo de Egipto y cómo los judíos se convirtieron en un pueblo.

La comida de pascua se llama *seder*, una palabra hebrea que significa «orden». Sigue un ritual fijo con platos tradicionales que tienen un contenido simbólico. Se moja perejil en un cuenco de agua salada, que simboliza las lágrimas de los judíos en Egipto. Hierbas amargas recuerdan la miseria de la esclavitud bajo el faraón. Una mezcla de manzanas, nueces, vino y miel simboliza la cal arcillosa que usaban para hacer ladrillos. Un hueso de cordero asado simboliza el sacrificio pascual. Huevos duros recuerdan los sacrificios ofrecidos en el Templo. Y se bebe vino, que simboliza alegría.

La fiesta de las Semanas (*Shavuot*), o Pentecostés judío, se celebra en mayo/junio, en recuerdo de la entrega de la Torá en el monte Sinaí. Se leen en la sinagoga los Diez Mandamientos y el libro de Ruth. La historia del libro de Ruth transcurre durante la cosecha del trigo, y en el antiguo Israel los peregrinos llegaban al Templo con cestas llenas del primer trigo de la cosecha. Hoy en día se hacen decoraciones de flores y ramas para recordar el paisaje del Sinaí. La comida consiste principalmente en fruta, pescado y alimentos ligeros hechos con leche: tartas de queso, tortas, etc., debido a que los judíos en Sinaí, que acababan de recibir la Torá con su prohibición de comer carne y leche a la vez, eligieron prescindir de la carne.

Islam

¿Qué significa la palabra «islam»?

El islam tiene su origen en Arabia y sigue estando estrechamente relacionado con la cultura árabe. Una de las razones es que el libro sagrado de los musulmanes, el Corán, está escrito en árabe. Por consiguiente, el elemento árabe es importante en el islam, aunque hoy en día solo una minoría de los musulmanes es árabe. El islam se extiende por grandes partes de Asia y África, y engloba ya a la séptima parte de la población mundial. Es la segunda religión más grande del mundo, después del cristianismo, y en Europa, debido al gran número de inmigrantes, se ha convertido en la religión minoritaria más importante.

La palabra árabe islam significa «sumisión, entrega». Esto dice algo esencial sobre la religión. El ser humano debe entregarse a Dios y someterse a su voluntad en todos los ámbitos de la vida. Cuando uno consigue hacerlo es «musulmán», una palabra árabe que tiene la misma raíz que islam.

El islam es una religión que no solo abarca la vida de la fe, sino todos los aspectos de la vida privada y social. Las cuestiones de fe desempeñan un papel menor que en el cristianismo. En la historia del islam la interpretación de la ley ha desempeñado un papel preponderante. Son los jurisconsultos los que constituyen la dirección religiosa en la mayor parte de los países islámicos. No existe ningún clero organizado.

Para describir el islam podemos hablar de tres aspectos principales:

1. Doctrina de la fe (monoteísmo y revelación).

2. Los deberes religiosos (las cinco columnas).
3. Las relaciones interpersonales (ética y política).

Pero antes de examinar estos aspectos, debemos decir a continuación algo del fundador del islam: Mahoma (Muhammad, «El Alabado»).

Mahoma

El islam es la más joven de las religiones universales y tiene su origen en Mahoma, que nació en La Meca, en Arabia, alrededor del año 570 d. C. Pertenecía a una de las familias más destacadas de la ciudad comercial de La Meca, un importante punto de enlace del tráfico de caravanas en la península arábiga. Mahoma quedó huérfano muy pronto. Se ocupó de él uno de sus tíos, Abu Talib, que sería muy importante para Mahoma cuando este empezó a predicar. A través de su tío consiguió empleo como conductor de caravanas en el negocio de una rica viuda de noble linaje, llamada Jadiya, que le llevaba quince años y con quien se casaría más tarde. Ella fue la primera persona en adherirse a él, tras sus revelaciones. Su mujer tendría por tanto una gran importancia para la evolución religiosa de Mahoma. Él no tuvo otra esposa hasta que ella murió.

La formación religiosa de Mahoma

La Meca no solo fue un importante centro comercial, sino también un centro religioso de Arabia central. Para las tribus nómadas de los alrededores, la piedra negra que se encuentra en la Kaaba (el santuario de La Meca) era ya un lugar de peregrinación mucho antes de los tiempos de Mahoma. Pero tanto en La Meca como entre los beduinos se rendía culto a muchos dioses y seres sobrenaturales. A menudo se trataba de dioses tribales, pues la tribu y la estirpe configuraban el centro de la forma de vida de los nómadas. Fuera de la tribu no había ningún orden jurídico. Quien infringía las costumbres y hábitos de la tribu era expulsado y declarado proscrito.

La tribu estaba unida por lazos de sangre. Si mataban a un miembro de la misma, la sangre de la tribu sufría una pérdida. Tal pérdida había que repararla mediante la venganza de la sangre, que estaba muy extendida y era la causa de muchas contiendas tribales entre los beduinos.

Debido a la transición de las sociedades nómadas beduinas a sociedades urbanas más sedentarias, la religión tradicional se encontraba en muchos lugares en disolución. Así aumentó la influencia de las dos grandes religiones, el judaísmo y el cristianismo. Mahoma se fijó sobre todo en el monoteísmo y en la idea del fin del mundo y un juicio final.

Tras la caída de Jerusalén y la destrucción del templo, en el año 70, los judíos se habían asentado por toda Arabia, adoptando poco a poco la lengua y el modo de vivir de los árabes, aunque sin perder su fe y sus cultos mosaicos.

También el cristianismo se expandió rápidamente por todo el Oriente Próximo durante los primeros siglos de nuestra era. Había estados cristianos como Abisinia (ahora Etiopía). Muchas tribus beduinas se adhirieron a la fe cristiana, y había cristianos entre los esclavos y las capas sociales más bajas de La Meca.

Es probable que fueran los monjes y eremitas cristianos los que más influencia tuvieran sobre Mahoma. Estos vivían retirados en la soledad del desierto árabe. El Corán tiene referencias positivas a estos cristianos que valoraban más la oración a Dios que el comercio. Con amor y sin soberbia los cristianos prestaban ayuda a los viajeros en el desierto.

Es importante tener en cuenta esta situación religiosa tan compleja de Arabia para poder entender el desarrollo del islam.

Dios se revela ante Mahoma

Cada año Mahoma se retiraba a una cueva en la montaña fuera de La Meca a meditar. Esta era también una costumbre corriente entre monjes y eremitas cristianos, pero ellos basaban sus meditaciones en un texto o un extracto elegido casi siempre de los evangelios. Mahoma carecía de textos de este tipo, pero la situación cambió cuando a los cuarenta años vivió una revelación en una cueva de la montaña. De repente el ángel Gabriel apareció ante él con un pergamino y le pidió que leyera. Mahoma respondió que no sabía leer, y el ángel dijo:

> ¡Recita en nombre de tu Señor!
> Él que creó,
> que creó el hombre de un coágulo de sangre.
> ¡Recita! Tu Señor es el misericordioso
> que enseñaba con la pluma,
> enseñaba al hombre lo que no sabía.

La palabra «recitar» (en árabe, *qaraa*) tiene la misma raíz que la palabra Corán, que significa «leer, recitar». El Corán, el libro sagrado de los musulmanes, es la colección de las revelaciones que recibió Mahoma en el transcurso de los años siguientes. De esa manera también los musulmanes tenían su escritura sagrada, como los judíos y los cristianos. El Corán no se escribió hasta después de la muerte de Mahoma. Los 114 capítulos (suras) fueron ordenados colocando los más largos primero, aunque se hubieran escrito después de los más cortos. La excepción es la sura 1, que inicia el Corán.

De La Meca a Medina

Después de la revelación, Mahoma empezó a predicar en La Meca, proclamándose profeta o mensajero de Dios, actitud que fue interpretada por las poderosas familias de La Meca como un intento de asegurarse poder político en la ciudad. Además, los grupos dirigentes se manifestaron en contra de su proclamación de Alá (*Allah*) como el único Dios verdadero. Tirar por la borda a los viejos dioses y diosas adorados por sus antepasados era como declararlos infieles.

La resistencia contra Mahoma creció. Tras la muerte de su tío y de su mujer, todo se puso cada vez más difícil para el profeta y sus partidarios en La Meca. Pero por otro lado, Mahoma ya había ganado más adeptos en Medina, dispuestos a recibirlo y a convertirlo en uno de los suyos. En el año 622 abandonó en secreto La Meca y unos días más tarde llegó a Medina, adonde ya se habían desplazado la mayor parte de sus seguidores.

La emigración de Mahoma se denomina en árabe *hijrah* (hégira o héjira), que significa «ruptura, partida», y que después sirvió para marcar el año 622 como punto de partida de la cronología musulmana, es decir, como primer año de su era y de su calendario. Mahoma rompió su relación con la sociedad a la que realmente pertenecía, con su familia y con la ciudad. No se trataba de una huida, sino que se interpretó como un paralelismo con el Abraham de la Biblia, que por orden de Dios se marchó de su lugar natal, Ur, en Mesopotamia.

Mahoma como dirigente religioso y político

En Medina, Mahoma se convirtió rápidamente en dirigente religioso, así como político. Mediante razias contra las caravanas de familias de La Meca se aseguró una base económica. Pero esta actividad era a la vez una lucha para ganar el dominio de La Meca, y con ello el acceso a su santuario, la Kaaba (el edificio cúbico que hay en el centro de la gran mezquita de La Meca hacia el que los musulmanes se orientan para rezar, y que tiene en una de sus paredes la piedra negra que los peregrinos procuran tocar o besar durante su peregrinación). También se libró una batalla para difundir la nueva religión. Para esta lucha o «esfuerzo» se emplea la misma palabra que más tarde denominaría la guerra santa (*jihad* o *yihad*). La batalla por la causa de Alá va por delante de todas las cosas, también de los tradicionales conceptos éticos y religiosos.

En el transcurso de los diez años siguientes, Mahoma tomó La Meca y, mediante guerras y acciones diplomáticas, conquistó grandes partes de Arabia. Antes de morir, en 632, había unificado el país a través de una religión común que derrotaría a los viejos lazos familiares y tribales.

Cisma en el islam después de Mahoma

Tras la muerte de Mahoma, los musulmanes fueron dirigidos por califas (*halifa*, «sucesor de Mahoma»). Los tres primeros fueron hombres que pertenecían a la familia de Mahoma o eran de sus primeros partidarios. El cuarto califa fue Alí, primo de Mahoma e hijo de Abu Talib. Al mismo tiempo Alí era yerno de Mahoma, porque estaba casado con Fátima, una hija que tuvo con Jadiya.

Con Ali empieza el cisma en el mundo del islam. Su liderazgo fue polémico, y fue asesinado por sus adversarios. Sus partidarios habían pensado, ya desde la muerte de Mahoma, que Alí, siendo el pariente más cercano, sería su sucesor natural. El partido de Alí (*shiat-Ali*) fue el origen de la rama del islam hoy denominada *chiíta* y que es la doctrina estatal en Irán, por ejemplo.

El principal cisma en el islam no se debe, pues, a una división teológica, sino a un desacuerdo sobre quién debía ser el dirigente. La fracción chiíta opina que el dirigente ha de ser un descendiente directo del profeta, pero la tendencia mayoritaria, los sunitas, opinan que el liderazgo debe ostentarlo el que realmente tiene el poder.

Tras la muerte de Alí, Damasco sería durante algún tiempo el centro del califato, hasta que Bagdad pasó a ocupar ese puesto durante los siguientes quinientos años. Luego el poder pasaría al sultán turco en Estambul. Desde que fue derrocado el último sultán en 1924, no ha habido ningún califa a la cabeza del mundo islámico.

La difusión del islam

A pesar del cisma, el islam se extendió rápidamente. Durante el siglo siguiente a la muerte de Mahoma, las grandes potencias de aquella época, el Imperio persa y el Imperio bizantino, vivieron su ocaso. El vacío fue llenado por los conquistadores árabes, que traían una nueva religión por la que luchar. Desde el norte de África cruzaron el estrecho de Gibraltar hasta Europa y llegaron hasta Poitiers en Francia, donde fueron detenidos. Durante varios siglos dominaron una buena parte de la península Ibérica, donde aún hoy se pueden ver restos de la cultura árabe.

A pesar del colonialismo europeo del siglo XIX, el islam es todavía hoy la religión dominante en el norte de África, desde donde se expandió a amplias zonas del África Occidental y Oriental.

Desde muy temprano el islam se extendió también hacia el oriente, a la India y a Indonesia. Cuando la India se independizó y dejó de ser colonia inglesa, se temió por conflictos entre hindúes y musulmanes, y se fundaron dos estados separados: India, con mayoría hindú, y el estado musulmán de Pakistán. El este de Pakistán se independizó a su vez más tarde con el nombre de Bangladesh.

Actualmente, el gran movimiento panislámico está repartido en estados nacionales que luchan por conseguir una mayor unidad internacional musulmana, al tiempo que compiten entre ellos por el liderazgo.

En las últimas décadas, los países europeos han recibido una gran cantidad de inmigrantes musulmanes de África y Asia, y el islam se ha convertido en la segunda religión en importancia de Europa.

El Credo

La doctrina de la fe islámica puede resumirse en su breve credo:

> *No hay otro dios que Alá,*
> *y Mahoma es su profeta.*

Estos dos puntos, monoteísmo y revelación a través de Mahoma, constituyen el núcleo de la doctrina islámica.

El monoteísmo

Cuando decimos que el dios de los musulmanes es Alá, es importante tener en cuenta que Alá no es un nombre propio, sino la palabra árabe para Dios. Ya la habían usado los cristianos y judíos árabes antes que Mahoma. También era conocida como denominación de un dios celestial al que se rendía culto en la antigua Arabia.

La palabra árabe *Allah* (Alá, «el Alabado, el Dios») está lingüísticamente emparentada con la palabra hebraica *Elohim* —una de las dos que se emplean en la Biblia para denominar a Dios—, que es un nombre común (en plural) aplicable tanto a seres sobrenaturales como a Dios, frente a su nombre propio impronunciable *YHVH* (Yaveh o Yavé), que se traduce por «el Señor, el Dios».

Mahoma se opuso con mucha fuerza al politeísmo árabe y predicó, como los judíos y los cristianos, la fe en un solo Dios. Este Dios es el creador y el juez. Él ha creado el mundo y todo lo que existe. En el día final él despertará a todos los muertos para juzgarlos.

No hay en el islam ninguna prohibición contra el disfrute de la vida terrenal, pero hay que tener siempre presente que esta vida no es más que la preparación para la vida que empieza después del juicio de Dios. Esa vida —en el infierno o en el paraíso— está descrita con detalle en el Corán, pero no hay acuerdo sobre cómo interpretarla: literal o figuradamente.

La creencia en un juicio después de la muerte —tan importante en la predicación de Mahoma— es, según muchos musulmanes, necesaria para que los seres humanos se sientan responsables de sus actos. La idea del juicio crea un sentimiento moral del deber que es importante para la comunidad.

Ahora bien, Dios no es solo un juez omnipotente, también es afectuoso y misericordioso. Las suras (capítulos) del Corán se inician con las palabras «En nombre del Dios clemente y misericordioso». Aunque Dios es aquel al que todo el mundo ha de someterse, también es el que perdona y ayuda a los seres humanos.

Una expresión habitual en el islam y que siempre se escucha cuando se llama a la oración, es *Allahu akbar*: «Dios es el más grande» o «Dios es lo más grande». Eso quiere decir que Dios es más grande que todo lo que nos podemos imaginar, y que no puede ser medido con parámetros humanos. No puede ser comparado con nada, no tiene igual.

Los humanos no merecen nada de Dios. No pueden reclamar justicia. La salvación y la fe se dan por la gracia de Dios, algo que las personas solo pueden albergar la esperanza de conseguir.

El que Dios sea el más grande, también implica que supera toda imaginación humana. Este es un argumento que usan los musulmanes para explicar aparentes contradicciones en el Corán.

La revelación

Dios ha transmitido su palabra a los seres humanos a través de su profeta Mahoma, que es el último de una larga sucesión de profetas enviados por Dios a la Tierra. Adán, Abraham, Moisés, David, Jesús. Al principio, Mahoma se consideraba a sí mismo parte de la comunidad judeo-cristiana. Con el tiempo se fue distanciando tanto de los judíos como de los cristianos. Los judíos señalaron pronto que Mahoma se estaba equivocando en sus reproducciones de los relatos del Antiguo Testamento. Mahoma no aceptó eso. Sus revelaciones eran palabra de Dios, de manera que serían los judíos quienes habían desfigurado el contenido de sus escrituras sagradas.

Con el fin de crear un fundamento histórico para su nueva religión, Mahoma retrocede hasta Abraham y su hijo Ismael, cabeza del linaje de los árabes. Mahoma enseña que Abraham e Ismael reconstruyeron el santuario de la Kaaba, que fue erigido por Adán, y destruido por el diluvio en la época de Noé. Según Mahoma, judíos, cristianos y politeístas habían tergiversado el monoteísmo original de Abraham.

Cuando Mahoma llegó a Medina —donde había una gran población judía— dispuso que la oración tenía que hacerse mirando a Jerusalén. Tras la ruptura con los judíos se decidió que para orar había que girarse en dirección a La Meca. De la misma manera, el viernes se convirtió en el día festivo de la semana, en lugar del sábado que era el Shabbat judío.

En cuanto al cristianismo, el ataque más severo de Mahoma contra él está relacionado con la Trinidad, que en su opinión implica una infracción del monoteísmo.

En el islam, el Corán es la palabra de Dios de un modo totalmente literal. Para ilustrarlo mejor podemos compararlo con el cristianismo.

En el cristianismo aprendemos que «El verbo se hizo carne y habitó entre nosotros». La revelación ocurre en Jesús. En el islam, Mahoma es solo un mediador, ya que la verdadera revelación está contenida en el Corán. En el cristianismo la palabra de Dios se convirtió en un hombre, en el islam en un libro. Por tanto, no es del todo correcto comparar a Jesús con Mahoma, ni la Biblia con el Corán. Sería más correcto decir que Jesús es un paralelo del Corán.

Obligaciones religiosas: los cinco pilares

Las obligaciones religiosas de los musulmanes suelen resumirse en los cinco pilares:

1. Profesión de fe.
2. Oración.

3. Caridad.
4. Ayuno.
5. Peregrinaje a La Meca.

Profesión de fe

No hay otro dios que Alá,
Y Mahoma es su profeta.

Este es el credo que los creyentes repiten varias veces al día, y que se grita desde los minaretes a la hora de la oración. Está escrito en la pared de la mezquita. Es lo primero que se susurra al oído del recién nacido, y lo último que se susurra al oído del moribundo. Este credo es la llave a la comunidad islámica.

Oración

El islam exige que se rece cinco veces al día. Antes de cada una de las horas fijas de oración del día, suena la llamada a la oración desde los minaretes, las torres que están junto a las mezquitas. Antes solía ser un hombre (el muecín) el que llamaba a la oración, pero hoy en día se suele emplear una cinta que repite las conocidas palabras:

Dios es el más grande.
Declaro que no hay más dios que Alá.
Declaro que Mahoma es el profeta de Dios.
venid a la oración
Venid a la salvación
Dios es el más grande
no hay más dios que Alá.

Antes de iniciar la oración, el creyente ha de estar ritualmente puro. Los musulmanes opinan que las personas se vuelven impuras mediante sus funciones biológicas —también las sexuales— y que por lo tanto han de pasar por una purificación. Eso quiere decir lavarse el cuerpo entero con agua corriente. En otras ocasiones basta con lavarse las manos y la cara. Tampoco es inusual encontrar baños especiales situados en la cercanía de una mezquita. Esas normas condujeron muy temprano a una excelente higiene en los países árabes (véanse suras 4, 46 y 5, 8-9).

La mayor parte de las oraciones del islam son fórmulas fijas, rituales que exigen determinadas palabras y gestos. Aunque también existe la oración espontánea, en la que el creyente puede dirigirse a Dios con un asunto personal, la oración ritual ha de rezarse primero. Esta consiste principalmente en alabanzas a Dios. Una oración constantemente repetida es la de la sura 1, «El Exordio»:

> *¡Alabado sea Dios, el señor del Universo,*
> *el Misericordioso, el Compasivo,*
> *Soberano del Día del Juicio!*
> *Solo a ti te adoramos, y solo a ti nos dirigimos en busca de ayuda.*
> *Guíanos por el camino correcto,*
> *el camino de los que tú favoreciste,*
> *no el de aquellos que provocaron tu ira,*
> *tampoco el de los que se desviaron.*

Las cinco oraciones diarias pueden hacerse en cualquier lugar. Casi todos tienen su propia alfombrilla sobre la que rezan, y sus movimientos están siempre dirigidos hacia La Meca. Los gestos son tan importantes como las palabras; subrayan la sumisión de los seres humanos, el islam, e indican que el cuerpo y el alma son igualmente importantes.

Cuando es posible se debe rezar en compañía de otros, preferiblemente en la mezquita, en particular la oración del viernes por la mañana, que es un servicio religioso con sermón. «Fieles, cuando os llaman para las oraciones del mediodía de los viernes, apresuraos a la conmemoración de Dios, y dejad vuestro negocio» (62, 9).

A los que acuden a la mezquita se les exige que vayan decentemente vestidos, que se quiten los zapatos antes de entrar, y que con orden y disciplina sigan los movimientos del que dirige la oración.

Normalmente solo los hombres oran en la sala principal de la mezquita. Las mujeres se quedan en una galería, o escondidas detrás de la cortina trasera.

Cualquier musulmán adulto puede convertirse en *imam* o imán. No existe ningún sacerdocio organizado en el islam. No obstante, es ya muy corriente que el imán —y el predicador— sea una persona teológicamente formada y empleada como funcionario de la mezquita.

Caridad

La caridad, o la limosna, es en realidad un tributo o impuesto establecido por ley sobre fortunas y propiedades. Está fijado en 1/40 o el 2,5 por ciento, pero a la gente se le invita a dar más. Según Mahoma, este impuesto se debe tomar de los ricos y dar a los pobres. «La limosna deber ser solo para los pobres y los destituidos; para los que se ocupan de administrar las limosnas y para aquellos cuyos corazones tienen simpatía por la Fe; para la liberación de esclavos y deudores; para el avance de la causa de Dios; y para los viajeros necesitados».

Caridad, o limosna, no es una traducción completa de la palabra árabe, porque es algo más que un regalo. Es una obligación para el musulmán, una obligación impuesta por Dios, como se dice en el Corán.

Cuando el estado islámico lo recauda y lo usa para fines sociales, este impuesto se convierte en un elemento de la política oficial de redistribución. El objetivo es allanar la diferencia entre ricos y pobres, sin tocar el principio de la propiedad privada.

La prescripción de la limosna también ha desempeñado su papel en la configuración de un socialismo islámico en algunos países.

Ayuno

El Corán prohíbe a los musulmanes comer carne de cerdo, porque el cerdo es un animal impuro. También está prohibido beber alcohol, pero por lo demás el islam no invita a ningún tipo de ascetismo. El Corán dice en cambio que «Dios no desea dificultar, sino facilitar la vida a las personas». La gran excepción es el ayuno durante el ramadán, el noveno mes del año lunar. Entre la salida y la puesta del sol está prohibido comer, beber, fumar y mantener relaciones sexuales. A viajantes, enfermos, niños y mujeres embarazadas y lactantes se les recomienda hacer el ayuno en una fecha posterior.

Por la noche se suspenden las prohibiciones, y en muchos sitios hay una animada vida nocturna, con buena comida y buena bebida, pero muchos fieles se reúnen en la mezquita para escuchar la lectura del Corán.

El mes del ramadán es el mes en el que Mahoma recibió su primera revelación. El motivo del ayuno es que todos los musulmanes deben retirarse por algún tiempo, tal y como hizo Mahoma.

Peregrinación a La Meca

Para todo musulmán adulto que tenga la posibilidad de hacerlo, es una obligación viajar a La Meca una vez en la vida. En La Meca está, como ya se ha comentado antes, el santuario más antiguo del islam: la Kaaba, una construcción cuadrada cubierta con un manto de seda negra donde se incrustó, en una de sus paredes, una piedra de color negro con un enorme significado simbólico, que afirma la tradición fue la piedra entregada por el arcángel Gabriel (Yibril, para los musulmanes) a Abraham (Ibrahim).

La Meca y la Kaaba son para los musulmanes el centro del mundo. Cuando estos rezan no solo se dirigen hacia La Meca, también las mezquitas están construidas con el eje longitudinal hacia La Meca, los muertos se entierran con el rostro dirigido hacia La Meca, y La Meca es el destino de las peregrinaciones.

Allí llegan más de un millón y medio de peregrinos cada año, la mitad de los cuales provienen de países que no están en la península arábiga. Con las infinitas ofertas de vuelos chárter de las últimas décadas, se ha registrado un enorme aumento en el número de peregrinos. La gran mezquita de La Meca ha sido reformada por completo, de tal manera que en el recinto caben ya 600.000 personas. Solo los que pueden probar que son musulmanes obtienen permiso para entrar en la ciudad sagrada.

Al acercarse a La Meca, los peregrinos se ponen el traje blanco de peregrino. Durante los días siguientes realizan una serie de ritos en la ciudad y sus alrededores. La mayor parte de estos ritos subrayan la relación con Abraham o Mahoma, ya que ambos obedecieron a Dios. Este es el núcleo religioso del peregrinaje: la obediencia a los mandamientos de Dios. El primer rito consiste en dar siete vueltas andando alrededor de la Kaaba y en tratar de besar repetidamente la piedra negra. Según la tradición, el edificio fue levantado por Abraham y su hijo Ismael, nacido de su relación con la esclava Agar.

Otro momento importante es cuando los peregrinos permanecen en el monte Arafat desde mediodía hasta la puesta del sol. Durante este tiempo los hombres tienen prohibido protegerse la cabeza contra el intenso calor. El monte Arafat era el lugar en el que se volvieron a encontrar Adán y Eva tras su expulsión del Jardín del Edén. Los peregrinos se reúnen en este lugar para confirmar su pacto con Dios y su creencia en que no existe otro dios.

El clímax llega con el festival de los sacrificios. Los peregrinos matan un animal (una oveja, una cabra, un camello, etc.). El objeto del sacrificio es recordar a los musulmanes que la obediencia de Abraham a Dios fue tan incuestionable que estuvo dispuesto a sacrificar a su propio hijo. (Aunque aquí el hijo se llama Ismael y no Isaac, como en el Génesis.) Pero Dios fue misericordioso y le envió un animal para que lo sacrificara en su lugar. Aquí se revela claramente la propia esencia del peregrinaje: obedecer la voluntad de Dios.

Relaciones interpersonales: ética y política

Tradicionalmente el islam no distingue entre religión y política, o entre fe y moral. Todas las obligaciones religiosas, morales y sociales están establecidas en la sagrada ley de los musulmanes, la sharía.

Sharia significa «el camino al abrevadero», es decir, el correcto camino de la vida señalado por Dios a los seres humanos. La ley sagrada está sobre todo expresada en el Corán, que es mucho más que una escritura religiosa. El Corán es un código, o libro de leyes, con instrucciones concretas sobre el gobierno de la sociedad, la economía, el matrimonio, la moral, la situación de la mujer, etc.

Cuando el Corán no da instrucciones concretas, los musulmanes acuden a la tradición, *sunna*, y estudian los ejemplos dados por Mahoma y los primeros califas. Hay relatos sobre la vida y obra de Mahoma recogidos en las colecciones hadiz durante los siglos siguientes a la muerte del profeta.

Tanto el Corán como los relatos hadiz describen una forma de sociedad difícil de reencontrar en nuestro tiempo. Por tanto, es tarea nuestra interpretar y adecuar las reglas que se encuentran en escrituras y tradiciones. Esto puede hacerse de dos maneras: mediante el principio de similitud o mediante el principio de consenso.

El principio de similitud o analogía: para resolver un problema completamente nuevo, se intenta buscar un caso similar o análogo en el Corán o en la tradición, y estudiar lo que fue la base de la solución en aquel entonces.

El principio del consenso: según la tradición, Mahoma dijo que los creyentes nunca serían capaces de ponerse de acuerdo sobre algo que no fuera correcto. Por eso, una solución tomada en común por ellos podrá considerarse vinculante por sus representantes, es decir, los expertos en la ley. Existe el ejemplo de cuando los dirigentes religiosos prohibieron el café. Hubo tantas protestas por parte de la gente que se llegó al consenso de permitir dicha bebida.

La tendencia chiíta también emplea un tercer principio relacionado con su interpretación de la revelación. Los sunitas opinan que la revelación se ha dado de una vez por todas en su forma definitiva. Los musulmanes chiítas en cambio opinan que la revelación puede ser continuada a través de sus dirigentes, los imanes, lo que significa que se pueden dar nuevas interpretaciones de la Ley basadas en la «comprensión personal» de los imanes.

Tradición y reforma

Mahoma y los primeros califas fueron a la vez dirigentes religiosos y políticos. Y no tuvieron muchos problemas para hacer que el Corán sirviese de norma para todos los ámbitos de la sociedad.

En tiempos más recientes, el encuentro con la cultura y la economía de Occidente trajo consigo ciertos cambios. En el siglo XIX Turquía llevó a cabo reformas jurídicas que facilitarían la cooperación con Europa occidental y crearían una mayor seguridad jurídica para los no musulmanes dentro de su país. Esto daría lugar a una práctica jurídica dividida en dos: por un lado la ley sagrada, que ante todo regía para el derecho privado, y por otro, una ley secular y oficial.

Esta división en dos se hizo aún más clara en algunos de los nuevos Estados nacionales, en los que los líderes en muchos casos estaban influidos por ideales occidentales.

Aparte de un derecho oficial, fundamentado en principios generales de derecho, existe en muchos países un derecho privado administrado por tribunales religiosos especiales, sobre todo en lo que se refiere al derecho de familia y de herencia. Pero a la vez existe una demanda cada vez mayor de que los principios islámicos deban impregnar el derecho público, por ejemplo, el derecho penal. En 1972 Libia introdujo una ley penal basada en la sharía, que contenía la prohibición de servir y beber alcohol o la amputación de la mano del ladrón como castigo por robar.

También en Pakistán e Irán, grandes cambios políticos en la década de los setenta del pasado siglo dieron lugar a un reforzamiento del poder islámico sobre la sociedad.

Pero es posible comprobar que incluso en Arabia Saudita, donde la sharía es universal, resulta difícil ser completamente consecuente. Hay varios ámbitos, sobre todo en la economía, en los que la sharía no se cumple sistemáticamente.

Turquía se encuentra en una situación especial dentro del mundo islámico. Después de que el califa fuera derrocado, Mustafá Kemal Pasa «Kemal Atatürk» (1881-1938) y su gente construyeron un estado moderno según el modelo occidental, en el que el Estado estaba separado de la religión. En 1926 la sharía fue sustituida por un derecho civil que condenaba a las personas conforme a una ley común, sin tener en cuenta la religión de cada una.

Economía

El Corán tiene una postura positiva ante la actividad económica. Menciona en particular el comercio, que fue el oficio principal en La Meca en tiempos de Mahoma. El Corán tampoco cuestiona el principio del derecho a la propiedad privada, pero se introducen algunos arreglos especiales que conllevan ciertas reducciones en fortunas y propiedades. Lo más importante es la prohibición del interés, algo que, sin embargo, no se aplica al pie de la letra, y desde luego no en las actividades económicas internacionales. La obligación religiosa de dar limosna se ha convertido en la práctica en un impuesto sobre la propiedad.

El Corán advierte en varios casos contra el peligro de que la riqueza se convierta en una tentación que aleje al rico de Dios.

La idea básica de la limosna es que los ricos den a los pobres. Políticos reformistas han hecho de esta idea la base de una economía estatal de orientación socialista, aunque en la mayor parte de los países árabes funciona una economía de libre mercado.

Las mujeres en el islam

Dos citas del Corán muestran cómo la escritura puede usarse para justificar dos visiones completamente distintas de la situación de la mujer. «Los hombres tienen autoridad sobre las mujeres porque Dios ha preferido el uno a la otra» (sura 4, 31). «Las mujeres deben, por justicia, tener derechos similares a los que son ejercidos contra ellas» (sura 2, 228).

La diferencia en el trato de hombres y mujeres aparece en un sinfín de ámbitos de la sociedad, pero donde se ve con más claridad es en la ley sobre el matrimonio. Al mismo tiempo se tiene, como han señalado muchos sabios islámicos, una serie de leyes que protegen a la mujer dentro del matrimonio. Cuando se acuerda un matrimonio, el hombre paga una dote. Esta será propiedad de la mujer y no se puede gastar sin su consentimiento.

La mujer está obligada a la monogamia, mientras que el hombre puede tener hasta cuatro mujeres. La poligamia entre los hombres era bastante habitual en Oriente Próximo en tiempos de Mahoma. Su instrucción a los hombres de no tomar más mujeres de las que podían sustentar tuvo, en su contexto histórico, un efecto bastante positivo. Hoy en día la poligamia está prohibida en Turquía y Túnez.

El divorcio es posible, pero solo a iniciativa del marido, que se responsabiliza de la economía del matrimonio. Existe una serie de condiciones pensadas para impedir un uso demasiado extendido del divorcio, el cual, según Mahoma, es «lo que a Dios menos le gusta de los asuntos legales». Y sin embargo, el número de divorcios en los países árabes es el más alto del mundo.

El marido tiene además el derecho de castigar a su mujer si esta es desobediente: «Amonestad a aquellas de quienes temáis que se rebelen, dejadlas solas en el lecho, pegadles», se dice en la sura 4.

La circuncisión no es obligatoria para las mujeres, como sí lo es para los hombres, y no se menciona en el Corán. Sin embargo es una práctica habitual en el norte de África, aunque en las últimas décadas ha sido profundamente criticada por las consecuencias que tiene para la vida sexual de la mujer.

Tampoco el hábito tradicional del velo para cubrir el rostro tiene su origen en el Corán, pero se ha difundido extensamente a pesar de no ser un precepto religioso. En un principio fue una moda que estaba limitada a las clases altas, y no tuvo ningún impacto en las sociedades agrícolas, en las que las mujeres tenían que participar activamente en el trabajo del campo. La lucha contra el velo ha sido un tema importante en los procesos de modernización de muchos países árabes, pero, paralelamente con la renovación islámica de los últimos años, se ha registrado un interés renovado por esta prenda.

Filosofía en el islam

El islam se extendió a Asia y a África, pero fue la conquista de España la que tendría mayor importancia para la historia de Europa. Desde el siglo VIII hasta el XV, los árabes dominaron sobre todo el sur de la Península Ibérica. Se independizaron del califa de Bagdad y fundaron un califato propio en Córdoba. Allí se creó un centro cultural con sabios de todo el mundo musulmán, en el que reinaba una gran tolerancia para con judíos y cristianos. La cultura hispanoárabe llegaría a ejercer una gran influencia, no solo en la literatura y la arquitectura, sino en la filosofía europea. A través de los árabes del sur de España, la Iglesia conoció al filósofo griego Aristóteles, que desempeñaría un importante papel en la configuración del pensamiento católico en la Edad Media.

Averroes de Córdoba

El más prominente de los filósofos hispanoárabes de Córdoba fue Averroes (1126-1198). Consideraba su obligación defender la existencia de la filosofía y la ciencia en una época en la que poderosas fuerzas dentro del islam intentaban frenar esa clase de pensamiento independiente. Averroes era musulmán creyente, reconocía la autoridad de Mahoma y no cuestionaba la verdad del Corán, pero opinaba que sus enunciados podían interpretarse de diferentes formas. El Corán está escrito para toda clase de personas, sabias y legas, y por ello tiene un lenguaje alegórico concreto. El lego ha de imaginarse a Dios como un ser humano y el paraíso un lugar de placeres materiales. Pero la gente ilustrada entiende que estas representaciones son símbolos con un contenido espiritual detrás, decía Averroes.

Este filósofo quiso unir la religión con el pensamiento filosófico y científico, pero la oposición contra esta postura iba en aumento. En los siglos posteriores a Averroes, los islamistas instruidos se centraron en el estudio de la escritura y la tradición. En nuestros tiempos se han presentado, no obstante, nuevas ideas de reformas y liberalización. Algunos musulmanes están intentando adaptar la religión a la situación actual y a la ciencia moderna.

El sufismo: el misticismo del islam

Los primeros siglos de la historia del islam se caracterizan por una actividad dirigida hacia fuera, mediante guerras y diplomacia. Pero pronto emergió una tendencia en la que el retiro y la meditación desempeñaban el papel principal. Esta doctrina se conoce con el nombre de sufismo, probablemente por la capa de lana que llevaban los sufíes (suf es «lana», en árabe.)

Aunque el ascetismo no es un ideal en sí en el islam, este invita a tomarse en serio el Juicio final, y a llevar una vida sencilla y responsable. Por esa razón muchos musulmanes reaccionaron ante la vida de lujo que se desarrollaba en la corte del califa de Bagdad. Los que protestaron abogaban por una vida puritana, de ayuno, oración y meditación.

Al mismo tiempo cambiaron el concepto de Dios. Los sufíes decían que Dios era ante todo un Dios afectuoso con el que los seres humanos podían alcanzar una unidad mística. Estos eran pensamientos que contrastaban fuertemente con la idea de Dios como el juez excelso e inaccesible, al que los seres humanos tienen que someterse. En consecuencia, estos primeros místicos pronto entraron en disputa con el islam oficial. En algunos casos fueron acusados de blasfemia por su concepto de lo divino, y uno de los más conocidos fue ejecutado. Se trata del teólogo, místico y mártir musulmán Hallaj (aprox. 858-922), que sentía que Dios se había instalado en su interior, que la unidad entre él y Dios era total. Jesús significaba para él tanto como Mahoma, y muchas de las frases que se le atribuyen recuerdan a las palabras de Jesús según los evangelistas: «Yo soy la verdad». «Si me ves a mí, lo ves a Él», y cuando fue crucificado: «Perdónales, Señor, y ten misericordia con ellos». En general, se puede decir que Jesús desempeñó un papel importante como ideal asceta para el sufismo temprano.

Unos ciento cincuenta años después de Hallaj, el teólogo, filósofo y místico persa Al-Ghazali (1058-1111) intentó unificar la piedad del sufismo con la teología oficial del islam. Al-Ghazali es uno de los pensadores más destacados de la historia. No encontraba satisfacción ni en la teología ni en los estudios de derecho. Tras una larga búsqueda encontró el camino místico en el que se eliminan todos los deseos y preocupaciones, para que el pensamiento se concentre en Dios. Pero la conclusión de Al-Ghazali fue que la verdad definitiva y real no podía aprenderse, sino que tenía que vivirse mediante el éxtasis.

El núcleo del sufismo tiene puntos en común con el misticismo de otras religiones. Emplea determinados ejercicios de meditación. Por ejemplo el de repetir una oración o una palabra muchas veces, en relación con ciertos ejercicios de respiración y repeticiones de los «Noventa y nueve nombres más bellos» que se emplean para Dios.

El sufismo no es una tendencia organizada, y hay sufíes tanto entre los musulmanes chiítas como entre los sunitas.

Cristianismo

El cristianismo es la concepción de la vida que más caracteriza las sociedades occidentales. En el transcurso de dos mil años ha estado entretejido con la historia, la literatura, la filosofía, el arte y la arquitectura europeas. Un cierto conocimiento del cristianismo es por tanto una condición indispensable para entender la sociedad y la cultura en las que vivimos.

La Biblia es hoy el libro más leído en el mundo y en la historia de la humanidad en general. Ningún otro libro ha tenido tanta influencia literaria. También poetas no cristianos han declarado abiertamente que la Biblia ha sido su más importante fuente de inspiración.

Dios, el creador

Al principio Dios creó el cielo y la tierra.
Génesis 1, 1

El primer acto que se relata en la Biblia es la creación por Dios del cielo y la tierra. «El cielo y la tierra» es la expresión hebrea del universo. La creación está descrita de dos maneras diferentes en Génesis 1 y en Génesis 2.

(A) Al principio creó Dios los cielos y la tierra. La tierra estaba confusa y vacía, y las tinieblas cubrían el haz del abismo, pero el espíritu de Dios estaba incubando sobre la superficie de las aguas. Dijo Dios: «¡Haya luz!»; y hubo luz. Y vio Dios ser buena la luz, y la separó de las tinieblas; y a la luz llamó día, y a las tinieblas noche, y hubo tarde y mañana, día primero.

Dijo luego Dios: «Haya firmamento en medio de las aguas, que separe unas de otras»; y así fue. E hizo Dios el firmamento, separando aguas de aguas, las que estaban debajo del firmamento de las que estaban sobre el firmamento. Llamó Dios al firmamento cielo, y hubo tarde y mañana, segundo día.

Dijo luego: «Júntense en un lugar las aguas debajo de los cielos, y aparezca lo seco»; y a lo seco llamó Dios tierra, y a la reunión de las aguas, mares. Y vio Dios ser bueno (Génesis 1, 1-10).

(B) Al tiempo de hacer Yavé Dios la tierra y los cielos, no había aún arbusto alguno en el campo, ni germinaba la tierra hierbas, por no haber todavía llovido Yavé Dios sobre la tierra, ni haber todavía hombre que la labrase. Pero una fuente brotó de la tierra regando el campo entero (Génesis 2, 4-6).

Si comparamos los dos relatos de la creación, vemos enseguida que en el primero hay demasiada agua, y en el segundo demasiada poca. Podría ser que el autor del primer relato (A) viviera en una región de constantes inundaciones, por ejemplo en Mesopotamia, la tierra entre el Éufrates y el Tigris. El autor del relato (B) podría vivir en regiones desérticas. Los autores se han imaginado la creación basándose cada uno en sus propias condiciones geográficas.

Las dos historias de la creación: la cosmocéntrica y la antropocéntrica

Vemos, pues, que los dos relatos de la creación son distintos, debido a que surgieron en distintas épocas y en distintos entornos. El primer relato de la creación (A), al que podemos llamar el relato *cosmocéntrico*, porque pretende ofrecer una descripción sistemática de cómo se creó el cosmos, adquirió su forma actual en el siglo VI a. C. En este relato se subraya que el mundo se creó porque Dios lo ordenó. La frase «Dijo Dios» se repite muchas veces, y se recalca la soberanía de Dios sobre su creación. Él está por encima de todo lo terrenal.

El otro relato de la creación (B) es mucho más antiguo. Tal vez adquiriese su forma actual ya en el siglo X a. C. Podemos denominarlo *antropocéntrico* (del griego *anthropos* = ser humano) porque se centra en la creación del ser humano y su condición en el mundo.

Mitos y creencias sobre la creación

Los relatos de la creación describen lo que ocurrió en los tiempos remotos, cuando se crearon el cielo y la tierra. A estos relatos los llamamos mitos o alegorías. Las descripciones míticas del Génesis están claramente subordinadas a la fe en Dios. Resulta imposible agrupar todo el material mítico de las descripciones de la creación en un solo concepto del mundo. La realidad es que ofrece fragmentos de conceptos del mundo muy diferentes.

Un punto importante de la teología de la creación tal como aparece en la Biblia es que el mundo no existe desde siempre. El verbo hebreo para crear es *bará*. Significa «dar existencia a algo» o «hacer algo de nada». Cuando decimos de un artista que «crea» algo, nos referimos a que da forma a una materia ya existente.

La idea de la creación de la Biblia se distingue por ello de los mitos de la creación de otras culturas, en las que los seres humanos han imaginado que uno o varios dioses han ordenado el mundo a partir de una materia original sin forma. En la Biblia todo lo que hay debe su existencia a una orden concreta de Dios. «Porque dijo Él, y fue hecho; mandó, y así fue» (Salmos 33, 9).

El mundo no es fruto de una casualidad

Los relatos de la creación no ofrecen ninguna respuesta a las preguntas científicas sobre el origen del mundo, cuánto tiempo duró la formación o su composición física y biológica. Lo importante en la Biblia no es cómo creó Dios el cielo y la tierra, sino que fue Él quien los creó. En otras palabras, el mundo en el que vivimos no es fruto de una casualidad. La Biblia recalca que hay una voluntad divina detrás de la existencia del universo. El mundo fue creado y sigue existiendo por algo fuera de sí mismo. Y ese algo no es una fuerza impersonal, sino el poder de un Dios personal.

Cuando las ciencias naturales modernas muestran la evolución desde los principios hasta hoy, un cristiano entiende que se trata de una descripción humana de la actividad de Dios en calidad de creador. Dios no solo creó *algo* de *nada*, sino que lo creó de tal manera que lo creado tuviera posibilidades de desarrollo. La evolución forma parte de la creación. Si miramos hacia atrás al relato cosmocéntrico de la creación, vemos que nos ofrece una imagen *dinámica* de la misma.

> Dijo luego Dios: «Brote la tierra seres animados según su especie, ganados, reptiles y bestias de la tierra según su especie». Y así fue. Hizo Dios todas las bestias de la tierra según su especie, los ganados según su especie y todos los reptiles de la tierra según su especie. Y vio Dios ser bueno (Génesis 1, 24-25).

El creador del ser humano

> *Y creó Dios al hombre a imagen suya.*
> Génesis 1, 27

También la creación del ser humano está descrita de dos maneras diferentes en el primer y segundo relato del Génesis:

(A) Díjose entonces Dios: «Hagamos al hombre a nuestra imagen y a nuestra semejanza para que domine sobre los peces del mar, sobre las aves del cielo, sobre los ganados y sobre todas las bestias de la tierra y sobre cuantos animales se mueven sobre ella». Y creó Dios al hombre a imagen suya, a imagen de Dios le creó, y los creó macho y hembra (Génesis 1, 26-27).

(B) Formó Yavé Dios al hombre del polvo de la tierra, y le inspiró en el rostro aliento de la vida, y fue así el hombre ser animado.

Y se dijo Yavé Dios: «No es bueno que el hombre esté solo, voy a hacerle una ayuda semejante a él». Y Yavé Dios trajo ante Adán todos cuantos animales del campo y cuantas aves del cielo formó de la tierra, y para que viese cómo los llamaría, y fuese el nombre de todos los vivientes el que él les diera. Y dio Adán nombre a todos los ganados, y a todas las aves del cielo, y a todas las bestias del campo; pero entre todos ellos no había para Adán ayuda semejante a él.

Hizo, pues, Yavé Dios caer sobre Adán un profundo sopor, y dormido tomó una de sus costillas, cerrando en su lugar la carne, y de la costilla que de Adán tomara, formó Yavé Dios a la mujer, y se la presentó a Adán. Adán exclamó: «Esto sí que es ya hueso de mi hueso y carne de mi carne. Esto se llamará varona, porque del varón ha sido tomada». Dejará el hombre a su padre y a su madre; y se adherirá a su mujer; y vendrán a ser los dos una sola carne. Estaban ambos desnudos, Adán y su mujer, sin avergonzarse de ello (Génesis 2, 7 y 18-25).

Antropólogos, filósofos, científicos y poetas han aportado visiones muy diferentes sobre la naturaleza del hombre. Y todas las religiones tienen su propio concepto sobre el ser humano. Lo esencial para el cristiano es que el ser humano no haya sido creado por casualidad, como si fuera un subproducto. Ya en el relato de la creación se subraya que el humano es el resultado del poder y de la voluntad de Dios. Esto contribuye a explicar la fe cristiana en el valor de cada individuo. No flotamos en el vacío. Los humanos tenemos un padre común en Dios, y dado que cada uno de nosotros hemos sido creados por él, todos somos igual de valiosos.

Visión cristiana del ser humano

La posición del ser humano

El relato de la creación subraya por un lado que el ser humano forma parte del resto de lo creado. «Y formó Yavé Dios al hombre del polvo de la tierra, y le inspiró en el rostro aliento de vida, y fue así el hombre ser animado» (Génesis 2, 7). También el lado natural del hombre aparece en el juego de palabras entre *adam* (ser humano) y *adamah* (tierra) en el texto original hebreo. El ser humano está hecho de la misma materia que plantas y animales. De polvo somos y en polvo nos convertiremos. Por otra parte, se le ha hecho dueño de la creación. Podríamos decir que el ser humano es a la vez naturaleza y algo más que naturaleza.

El hombre fue creado a imagen de Dios

La expresión «creado a imagen de Dios» subraya que el ser humano ocupa un puesto especial en la creación. Es cierto que forma parte del gran orden de la naturaleza, pero también es lo último que creó Dios, y recibió unas cualidades y un encargo propios que lo distinguen del resto de la creación. Suele decirse que Dios creó al ser humano por amor, con el fin de compartir el mundo con nosotros. Porque el ser humano no es solo un ser vivo como todas las demás criaturas. Es una persona y un individuo.

El que el hombre esté creado a imagen de Dios significa también que fue creado para convivir en armonía con su creador. Recibió el don de experimentar lo sagrado y de participar en actos de adoración de lo divino.

El ser humano es un todo

Constituye un factor esencial de la visión cristiana del ser humano que este no es una composición de varias partes, tales como alma y cuerpo. Una visión de esa clase se encuentra, por ejemplo, en la filosofía griega y en las religiones de la India. La visión de la Biblia consiste en que el ser humano es una totalidad creada por Dios, que le dio vida. Porque no hay nada en ningún ser humano —por ejemplo el alma— que sea inmortal en sí mismo. La esperanza cristiana de que el ser humano pueda ser salvado se refiere al «ser humano en su totalidad». En el credo, el cristiano declara su fe en «la resurrección del cuerpo y la vida eterna».

El ser humano es un ser social

El ser humano no ha sido creado solo para vivir en comunidad con Dios, también hemos sido creados para vivir en comunidad los unos con los otros. Tanto en el Antiguo como en el Nuevo Testamento se dice que debemos amarnos como Dios nos ha amado. Los dos relatos de la creación subrayan, cada uno a su manera, que Dios nos ha creado hombre y mujer. Podemos decir que la familia y el matrimonio forman parte de la creación. Por tanto, muchas comunidades cristianas consideran el matrimonio una institución sagrada.

El ser humano es el cocreador y el colaborador de Dios

A los seres humanos se les ha asignado un doble papel: deben poblar el mundo y cuidar de lo creado. La creación pertenece a Dios, pero el ser humano ha recibido el encargo de administrar todo lo creado. De esa forma la Biblia transmite una imagen positiva del trabajo. El ser humano fue creado para realizarse a sí mismo y realizar la voluntad de Dios mediante actividades creativas. La historia no trata por tanto solo de la acción de Dios, sino también de las acciones del ser humano. Porque somos los cocreadores y colaboradores de Dios.

El ser humano goza de libre albedrío

Otro de los dones otorgados al ser humano es la capacidad de distinguir entre el bien y el mal. Constituye un pensamiento importante en la Biblia el que el ser humano sea responsable de sus actos. El ser humano es capaz de oponerse a la voluntad de Dios, podemos abusar de la posición privilegiada en la que Dios nos ha colocado. Eso es lo que la Biblia denomina pecado.

Expresiones que intentan describir a Dios

... de nuestro Señor Jesucristo, a quien hará aparecer a su tiempo el bienaventurado y solo Monarca, Rey de Reyes y Señor de los señores, el único inmortal, que habita una luz inaccesible, a quien ningún hombre vio ni puede ver, al cual es el honor y el imperio eterno. Amén.

Pablo, 1 Timoteo 6, 15-16

La Biblia describe a Dios no solo a través de sus actos (como creador y salvador), sino también mediante diversas palabras que ilustran ciertos rasgos de la «imagen divina». Estas palabras se han recogido de nuestro mundo imaginativo para describir lo que «no es de este mundo». Con el fin de entender estas dos expresiones debemos tomar como punto de partida el mundo y el tiempo en que surgieron. La interpretación ha de tener en cuenta las condiciones históricas de la época en que se escribió la Biblia; esto se puede ver claramente en expresiones aparentemente fáciles, tales como «Dios es nuestro padre», que no tiene nada que ver con nuestra moderna manera de pensar, ni con nuestra concepción de los papeles de los sexos. En la vida familiar de entonces, «padre» significaba el que ama a sus hijos, pero también quien tiene autoridad y espera obediencia de estos cuando les pide algo. La Biblia desea decir que el amor de Dios es ilimitado en su bondad y absoluto en sus exigencias.

El Dios del amor

La expresión principal de la Biblia sobre Dios es que Él es «amor», lo que no alude a una de las muchas características de Dios, sino a su cualidad principal. Todo lo que la fe cristiana puede decir sobre Dios son variaciones sobre este gran único tema. La Biblia también subraya que no es posible para los seres humanos conocer a Dios —o amarlo— sin que nos amemos los unos a los otros. Porque Dios *es* amor.

Ahora bien, todo el mundo sabe que la palabra «amor» se emplea hoy en varios sentidos. Si pretendemos interpretar lo que la Biblia quiere decir con Dios es amor, conviene saber el uso de la palabra en la lengua original del Nuevo Testamento, el griego. Hay dos palabras en griego que pueden ser traducidas por amor, *eros* y *ágape*. *Eros* podría traducirse por «querer» o «desear». El filósofo griego Platón (aprox. 427-348 a. C.) emplea la palabra para expresar el deseo del ser humano de belleza, bondad, sabiduría y eternidad. Para Platón el eros es un anhelo interior del ser humano, una expresión del sublime origen del alma, y se manifiesta en él como una irrefrenable necesidad de empezar a andar hacia la patria divina. Eros es el anhelo de eternidad del ser perecedero. Podríamos decir que la palabra denomina el amor humano a aquello que merece ser amado, es decir, lo valioso. (Hoy en día las palabras «eros» y «erótico» se emplean en un sentido más reducido que el que tenían en la filosofía de Platón, y suelen referirse a la atracción física).

En cierto modo la palabra «ágape» denomina casi justo lo contrario. En el Nuevo Testamento la palabra se emplea para denominar el amor misericordioso y devoto de Dios hacia los seres humanos. Pues el amor de Dios es espontáneo y abnegado, sin tener en cuenta si los seres humanos lo «merecen» o no. No emana de la carencia o la pobreza, sino de la riqueza, y también se dirige a aquel que no merece el amor, a aquel que no es merecedor de ser amado. En ese sentido el amor de Dios supone también el ideal del amor al prójimo del cristiano. Los primeros cristianos emplearon la palabra «ágape» para sus comidas comunitarias que acababan con la comunión.

El teólogo sueco Anders Nygren (1890-1978) dice en su gran obra *Eros y Ágape* que «eros» denomina el camino del ser humano hacia Dios, y «ágape» el camino de Dios hacia el ser humano.

Hay pocos textos en la Biblia que ilustren mejor la misericordia y el amor indulgente de Dios hacia los humanos que la parábola de «El hijo pródigo».

El Dios eterno y sagrado

Varios pasajes de la Biblia indican que Dios existe «desde siempre y para siempre». Él existía antes de que fuera creado el mundo y será siempre el mismo. «Dios es Dios, aunque todos los países estuvieran desiertos, Dios es Dios aunque todos los hombres estuvieran muertos», canta el noruego Peter Dass en un famoso himno.

Cuando Moisés pregunta qué debe contestar cuando le pregunten quién le ha enviado a Egipto para librar a los israelitas de la esclavitud, Dios le da la siguiente respuesta: «Yo soy el que soy. Así responderás a los hijos de Israel: Yo soy me manda a vosotros» (Éxodo 3, 14). En otro lugar, en el último libro de la Biblia, se dice: «Yo soy el alfa y la omega, el principio y el fin» (Apocalipsis 21, 6).

Ambos textos muestran que Dios supera los conceptos normales de tiempo y espacio. Al contrario que el ser humano, que está sujeto a la muerte y a lo efímero, Dios es inalterable y eterno. En un lenguaje más moderno podemos decir que la existencia de Dios no está sujeta a una realidad de cuatro dimensiones. No está allí o aquí, porque no forma parte del mundo, como las estrellas, las flores y los animales. Está elevado por encima del mundo, y de los procesos que aquí tienen lugar. Él es su creador y su amo.

También dice la Biblia que Dios, al contrario que los seres humanos y el mundo, es el Sagrado. Y cualquier palabra que denomina lo sagrado, que se refiere a la esfera divina, es una palabra principal en todas las religiones. Un conocido historiador de religiones describe lo sagrado como algo completamente diferente a todo lo demás (*Das ganz Andere*). Lo sagrado es algo secreto e inexplicable que a la vez asusta y atrae al ser humano.

Otras descripciones de Dios

La Biblia también ofrece otras descripciones de Dios. Es padre, Señor, omnipotente, omnisapiente, bueno, misericordioso, justo y personal. Detrás de las diferentes denominaciones siempre hay una vivencia. Porque el Dios cristiano es algo más que un principio filosófico. Es una persona que escucha las oraciones y las alabanzas de los humanos. Y es el Dios de la historia, que conduce el proceso del mundo hacia la meta que se ha fijado: el reino de Dios.

No se encuentra en la Biblia una doctrina sistemática sobre la naturaleza y las cualidades de Dios. Muchos cristianos dirían que la descripción más importante de Dios la encontramos en Jesucristo y su predicación. Se suele decir que la fe cristiana en Dios no se puede separar de la fe en Cristo.

Desde la Edad Media ha sido corriente decir que el ser humano se puede acercar a Dios de dos maneras, a través del pensamiento y a través de la fe. Martín Lutero, por ejemplo, mantenía que es posible, sin recurrir a la Biblia, imaginarse la existencia de una omnipotencia que ha creado el mundo. Pero la naturaleza de esta omnipotencia permanece oculta para nosotros. Lo único que sabemos con seguridad sobre Dios es lo que nos ha revelado Jesucristo a través de su vida y su predicación.

La teología católica distingue en este contexto entre una revelación general y una revelación especial. Por revelación general se entiende la percepción divina accesible a todos los seres humanos, porque Dios se ha revelado a través de la naturaleza y en el anhelo religioso del ser humano. La revelación especial o «sobrenatural» es la revelación específicamente cristiana.

Por consiguiente, mediante la observación del mundo creado por Dios y empleando el sentido común, solo podemos conseguir conocimientos indirectos sobre Dios. El conocimiento perfecto de Dios solo lo conseguimos en el encuentro de la fe con Cristo.

La providencia de Dios. La responsabilidad humana

Mi Padre sigue obrando todavía.
Juan 5, 17

«Lo que será, será», dice el estribillo de una famosa canción. La frase muestra lo que se conoce como *fatalismo*, una postura ante la vida que, por ejemplo, desempeñaba un papel decisivo en el mundo de los antiguos griegos y también para los vikingos del norte. El destino era una fuerza ciega e impersonal en la existencia ante la cual estaban obligados a doblegarse tanto los dioses como los hombres.

El cristianismo introduce una nueva fe en el mundo: la fe en la providencia. La Biblia nos dice que Dios aún tiene que ver con lo que ha creado.

Dios crea y conserva

Para el cristianismo es esencial que Dios conserve el mundo. Si se hubiera retirado después de la creación, todo lo creado se habría derrumbado. Pero el Dios cristiano es el amo de la historia, el que conduce el mundo hacia su salvación.

Una de las razones por las que los cristianos expresan tan a menudo su agradecimiento a Dios, es precisamente porque han vivido su misericordiosa providencia y dirección en sus vidas. Ahora bien, cómo se viva la providencia de Dios depende de la voluntad del ser humano de dejar que la voluntad de Dios se haga en sus vidas. Por esa razón, los discípulos enseñaron a rezar: «Hágase tu voluntad en la tierra como en el cielo». Lo que significa que la voluntad de Dios no prevalece automáticamente en este mundo.

Jesús animó a las personas a fiarse de la providencia de Dios. Esto no quiere decir que debamos eludir la responsabilidad de las obligaciones para con los demás y para con la sociedad en la que vivimos. Porque Dios creó a los seres humanos para que fueran sus colaboradores, sus cocreadores.

La Biblia también nos enseña que la actividad sistemática del Dios omnipotente ocurre en lucha con aquello que está contra la voluntad de Dios. No obstante, el perfecto dominio divino pertenece al futuro. Algún día llegará con la radical intervención del Señor del mundo. Pero incluso ahora se percibe ya la actividad de Dios en lo que ocurre al individuo y al mundo en general.

El cristianismo sostiene además que los cuidados de Dios hacia lo creado son universales. No están limitados a determinados grupos elegidos de personas. Dios necesita a todos los seres humanos para promover la situación que él desea que rija en su mundo, independientemente de cómo se posicionen ante el cristianismo. Y él cuida igual de todos los seres.

El ser humano como colaborador de Dios

Al principio de la Biblia se encuentra una especie de pequeño poema que a menudo se llama «la tarea cultural» (Génesis 1, 28). Trata sobre Dios, que al bendecir a los primeros seres humanos dice: «Procread y multiplicaos, y henchid la tierra; sometedla y dominad sobre los peces del mar, sobre las aves del cielo y sobre los ganados y sobre todo cuanto vive y se mueve sobre la tierra».

Cuando observamos el crecimiento de la población en tiempos

modernos, podemos confirmar que los seres humanos han sido fértiles. También se puede decir que nos hemos sometido a la tierra. Lo que no hemos conseguido es «dominar» sus recursos, «los peces del mar y las aves del cielo y todo cuanto vive y se mueve sobre la tierra». Estamos a punto de vaciar el mar de peces, y corremos el peligro de exterminar a muchas especies animales.

La civilización occidental tendrá que asumir gran parte de la responsabilidad de las graves intervenciones en la naturaleza en el transcurso de los últimos siglos. Tenemos que reconocer que no hemos sabido cuidar de la obra de la creación de la manera que deberíamos haberlo hecho. Los problemas de contaminación son hoy en día tan grandes que estamos obligados a invertir enormes sumas si queremos prevenir que nos envenenen el aire que respiramos y los productos del agua y de la tierra.

Tampoco hemos logrado repartir por todo el mundo los bienes de la tierra. En ese aspecto la responsabilidad también pesa ante todo sobre nuestra parte del mundo. El desequilibrado reparto de los recursos no solo es un incumplimiento de la responsabilidad de gestión, sino también una infracción del mandamiento cristiano de amor al prójimo. El hombre fue creado para ser colaborador de Dios, pero al negarse a ello, el ser humano se convirtió en un adversario y un enemigo de Dios y de sus planes con la humanidad.

El ser humano es ¿bueno o malo?

Pues todos pecaron y todos están privados de la gloria de Dios...
Pablo, Romanos 3, 22-23

Ya hemos señalado que el ser humano fue creado a imagen de Dios. El creador le ha equipado de manera que sea capaz de vivir la vida tal y como él ha decidido, pero hay «algo» que se opone al control de Dios sobre el mundo. En el cristianismo ese «algo» se llama pecado.

¿Cuál es la esencia del pecado?

El Nuevo Testamento emplea la palabra griega *hamartia* para «pecado, culpa». Este sustantivo proviene de un verbo que significa algo así como «perderse algo», «equivocarse de camino», «no alcanzar la meta» o —en sentido figurado— «traicionar a tu propio destino». Por tanto, podríamos decir que el pecado describe aquello que rompe con la intención que Dios tiene con la humanidad. Así, queda claro que la palabra tiene un significado mucho más amplio que «hacer algo malo».

Pecado es ante todo un concepto religioso. El que yo sea un pecador no significa que lleve una vida inmoral. Puedo ser una persona más o menos honrada. Pero aunque no sea un bribón en el sentido humano, aparezco no obstante ante Dios como un pecador.

Una descripción del pecado ha de tener como punto de partida la voluntad del Creador. Según esta voluntad, el ser humano debe estar con Dios, que es el amo de la vida, y amoldar su existencia a Sus objetivos. El pecado ocurre cuando el ser humano quiere bastarse a sí mismo y arreglárselas sin Dios. Esa ruptura de la comunión con Dios da como resultado lo que la Biblia describe como infracción de la ley, ineptitud, injusticia y deserción. Podríamos decir que el pecado describe aquello que separa al ser humano de Dios, o aquello que no es parecido a Dios. Dios es amor. Pecado es por ello también falta de amor al prójimo. Ante Dios y en las relaciones humanas el pecado conduce al egocentrismo y al egoísmo. Martín Lutero lo describió muy acertadamente con la expresión en latín *incurvatus in se*, o encogido en sí mismo.

Por pecado no solo nos referimos a infracciones individuales de la ley de Dios o de la ética cristiana. Es peor que eso. El pecado es algo mucho más profundo. Está «en el corazón», o en la mala voluntad del ser humano. Y es esa mala voluntad la que conduce a lo que puede llamarse *pecado real*. Por tanto resulta importante, desde un punto de vista teológico, distinguir entre «el pecador» y «los pecados». Con eso se expresa que el pecado es a la vez algo que somos y algo que hacemos.

El problema de muchas personas es que no tienen ninguna sensación de culpabilidad o pecado. Incluso pueden considerarse muy morales, al menos tan morales como otras personas, como le ocurrió al joven rico en el Evangelio según Mateo (19, 16-26) por ejemplo:

Acercósele uno y le dijo: Maestro, ¿qué de bueno haré yo para alcanzar la vida eterna? Él le dijo: ¿Por qué me preguntas sobre lo bueno? Uno solo es bueno; si quieres entrar en la vida, guarda los mandamientos. Díjole él: ¿Cuáles? Jesús respondió: No matarás, no adulterarás, no hurtarás, no levantarás falso testimonio; honra a tu padre y tu madre y ama al prójimo como a ti mismo. Díjole el joven: Todo esto lo he guardado. ¿Qué me queda aún? Díjole Jesús: Si quieres ser perfecto, ve, vende cuanto tienes, dáselo a los pobres y tendrás un tesoro en los cielos, y ven y sígueme. Al oír esto el joven se fue triste, porque tenía muchos bienes. Y Jesús dijo a sus discípulos: En verdad os digo: Difícilmente entra un rico en el reino de los cielos. De nuevo os digo: es más fácil que un camello entre por el ojo de una aguja que el que entre un rico en el reino de los cielos. Oyendo esto, los discípulos se quedaron estupefactos, y dijeron: ¿Quién, pues, podrá salvarse? Mirándolos, Jesús les dijo: Para los hombres, imposible, mas para Dios todo es posible.

El hombre era una persona moral en todos los sentidos, y Marcos dice que Jesús le tenía cariño. Pero había algo que le impedía tener una relación perfecta con Jesús y por consiguiente con Dios. No era por tener una gran riqueza, porque en Israel la riqueza era generalmente considerada una bendición de Dios, si no se había adquirido explotando a otros. En el texto no se dice nada de cómo el joven había conseguido su riqueza, pero Jesús compara su riqueza con la pobreza de otros. El pecado del joven rico era que estaba tan atado a su riqueza que de hecho rompió el mandamiento fundamental de amar a Dios y a su prójimo.

El pecado original

La expresión «pecado original» no existe en la Biblia, pero los teólogos la usan para denominar el pecado con el que nacen todos los seres humanos. Significa que todos tienen un deseo innato de romper con Dios.

Y sin embargo, el que todo el mundo tenga una inclinación innata a pecar, es solo un aspecto del pecado original. No es solo la capacidad o las ganas de pecar las que se propagan de una generación a otra. Igual de importante es que los resultados del pecado de los seres humanos se propaguen de generación en generación. Todos podemos comprobar cómo las acciones de una persona tienen consecuencias para otras. En contextos más amplios esto rige también para las decisiones de los políticos y los descubrimientos de los científicos.

No le resulta difícil a una persona hoy en día encontrar asociaciones con los conceptos «pecado» y «pecado original». Por ejemplo, somos testigos de un rearme que amenaza a toda la vida en el planeta. Los hombres son capaces de dejar desierta la tierra en solo un par de horas. Estas perspectivas siniestras no solo son ejemplos del pecado, sino que ilustran cómo el pecado también puede ser un asunto colectivo.

El problema del mal

Tanto la historia de la caída del hombre (Génesis 3), como la doctrina cristiana sobre el pecado original, preguntan de dónde viene el mal. El primer capítulo de la Biblia acaba con las palabras: «Y vio Dios ser muy bueno cuanto había hecho» (Génesis 1, 31). Pero poco después nos habla de Adán y Eva que son expulsados del paraíso, de la muerte que entra en el mundo, de las mujeres que han de dar a luz con dolor, de Caín, que mata a su hermano Abel y de la maldad que aumenta en la tierra. Llega a tal extremo que Dios se arrepiente de lo que ha creado (Génesis 6, 5-8). Al mismo tiempo confirmamos en el Credo que Dios es omnipotente. ¿Cómo se explica esto? ¿Cómo Dios puede ser omnipotente e infinitamente bueno cuando hay tanta maldad en el mundo? Este conflicto solemos denominarlo «el problema del mal».

El problema del mal siempre ha preocupado a la humanidad, por no decir a varios de los autores de algunos libros de la Biblia, como Job y el Eclesiastés. Teólogos y filósofos han luchado con este problema durante toda la historia de la Iglesia. Para muchos ha resultado tan difícil que han dudado de que se pueda creer en Dios. Han resumido la bondad y la omnipotencia de Dios de la siguiente manera: si Dios es omnipotente, entonces no puede ser bueno, y si Dios es bueno, no puede ser omnipotente.

El problema puede parecer insoluble. Pero ¿qué queremos decir con «omnipotencia»? Si queremos decir que Dios es la *causa* de todo, el relato del pecado original y la doctrina cristiana de la expiación pierden todo sentido. La Biblia tampoco predica ninguna doctrina de esa clase. Desde el primer libro al último se habla de una fuerza en la existencia opuesta a Dios.

La Biblia constata que el mal sí existe en el mundo y que todos los seres humanos llevan el mal en su interior. Son ellos los que han creado guerras, enemistades y sufrimientos en la tierra. La Biblia habla de una fuerza opuesta a Dios. Son los seres humanos los que construyeron los campos de concentración, son ellos los que han empleado las bombas de napalm y de gas en las guerras. Metafóricamente se habla en la creación de la «serpiente». También se habla del «ejército de los espíritus del mal», de Satanás, que según la leyenda fue el más hermoso de todos los ángeles —Lucifer (el ángel de la luz)— a quien Dios precipitó a los infiernos por haberse opuesto a Su voluntad. Se habla de una contrafuerza personal a Dios, el diablo.

¿Entonces Dios no es omnipotente al fin y al cabo? Aunque todos sentimos el mal como parte de la vida humana, el cristianismo sostiene que un día el mal será vencido. No es verdad lo que muchos parecen creer, que Dios sea «más omnipotente» en el Antiguo Testamento, de lo que parece ser más adelante. Todo lo contrario: el mal, entiéndase como una fuerza personal o impersonal, está presente desde el principio. Incluso la serpiente existía en el mundo antes del pecado original. Pero el cristianismo predica la esperanza de «un nuevo cielo y una nueva tierra» donde «Dios estará presente en todos». Podríamos decir que la omnipotencia de Dios —en el sentido «potencia única»— sea algo que se revelará en el futuro.

Sin embargo, el problema del mal ha sido para muchos la causa más importante de su rechazo del cristianismo. Es fácil decir que el mal un día será vencido. Pero ¿dónde estuvo Dios en Auschwitz? ¿Dónde estuvo en Hiroshima? El propio Jesús hizo la misma pregunta cuando colgaba en la cruz: «Dios mío, Dios mío, ¿por qué me has abandonado?».

Si preguntamos por el origen del mal o «de dónde viene el mal», tampoco el cristianismo tiene una respuesta clara. Pero un cristiano tal vez «constate que el cristianismo no es una colección de teorías sin contradicciones internas, sino que refleja una realidad fáctica con todos los enigmas intactos», como dice el novelista y obispo luterano sueco Bo Giertz (1905-1998).

¿Quién era Jesús?

Porque tanto amó Dios al mundo, que le dio su Unigénito Hijo, para que todo el que crea en Él no perezca sino que tenga la vida eterna.

Juan 3, 16

Yo soy la luz del mundo; el que me sigue no anda en tinieblas, sino que tendrá luz de vida.

Juan 8, 12

Acaso ningún individuo haya significado más para la historia universal que Jesús de Nazaret. La identidad de Jesús es un tema que ocupa desde hace dos mil años a los seres humanos de la civilización occidental.

¿Era un fanático religioso? ¿O era un hombre piadoso que quería enseñar al prójimo cómo debía vivir la vida? ¿Era solo uno de los muchos judíos que en su misma época se presentaron ante el pueblo como el prometido Mesías? ¿O era el hijo de Dios y el salvador de la humanidad?

Leyendo los relatos de la Biblia sobre Jesús y estudiando su época podemos aproximarnos a esas cuestiones. No obstante, las respuestas que demos estarán basadas en la fe. La fe en el hijo de Dios resucitado es la base del cristianismo.

Por otro lado, ningún historiador de nuestro tiempo puede negar que Jesús fuera una persona histórica. Los libros de historia del primer y segundo siglo después de Jesús (tales como los del judío Josefo y de los romanos Tácito y Suetonio) contienen breves comentarios sobre él. No se trata de un personaje ficticio.

Jesús de Nazaret (aprox. 5 a. C.-30 d. C.)

Jesús nació antes de la muerte de Herodes el Grande, probablemente en el año 749, según el calendario de los romanos. Cuando se introdujo nuestro calendario, se pensó que el nacimiento de Jesús había tenido lugar en 754, por lo que hay una discrepancia de cinco años respecto a nuestra cronología.

Jesús era judío, y durante su infancia y adolescencia el reino judío estaba bajo el control directo de un funcionario impuesto por Roma. Jesús era un profeta ambulante que tomó como punto de partida las escrituras sagradas de los judíos. Pero pronto se vería que estaba construyendo una doctrina independiente, porque a menudo decía cosas como: «Habéis oído lo que se les dijo a los antepasados... Pero yo os digo...».

En el año 29 o 30 de nuestro calendario, Jesús fue acusado de blasfemia por un tribunal religioso judío. Un alto funcionario romano, Poncio Pilatos, actuó por una denuncia de los líderes judíos y condenó a Jesús a muerte, para luego ejecutarlo mediante la crucifixión. Pilatos lo condenó por rebelión contra el Estado romano.

El Jesús histórico

Debido a una serie de discrepancias entre los evangelios, parece imposible llegar a una biografía detallada de Jesús. Por otra parte, hay que tener en cuenta que los evangelios nos ofrecen la idea de Jesús propia de la Iglesia cristiana, impregnada por la fe en Jesús como el prometido Mesías, anunciado en el Antiguo Testamento.

El objetivo de los evangelios no es proporcionar conocimientos históricos, sino anunciar un mensaje. Cuando hablan de Jesús, lo más importante no es que muriese crucificado, sino la causa por la que murió.

Conviene tener clara la diferencia entre los evangelios y los conocimientos históricos. Mediante métodos científicos, los historiadores pueden sostener que Jesús era una persona que probablemente se presentaba como dotado de autoridad divina, y también pueden sostener que más adelante hubo un grupo de personas que creían que Jesús había resucitado de entre los muertos. Por su parte, los evangelios y la Iglesia proclaman que Jesús tenía autoridad divina y que había resucitado de entre los muertos. Nadie puede mediante métodos científicos dar razón de la fe cristiana, como tampoco se la puede rechazar con tales métodos.

Por lo tanto, muchos han intentado ir más allá de la predicación contenida en los evangelios para encontrar lo que llaman «el Jesús histórico». La cuestión es si la visión de Jesús de los Evangelios concuerda con la imagen que ofrece la ciencia histórica, o si podemos obtener nuevos conocimientos sobre «el hombre de Nazaret» mediante métodos científicos.

El Mesías, el Hijo del Hombre, el Hijo de Dios

Y el verbo se hizo carne.
Juan 1, 14

En el Nuevo Testamento se emplean varias denominaciones para designar a Jesús que tienen su origen en el judaísmo y en la historia de Israel, pero que han adquirido un nuevo contenido con el cristianismo.

El Mesías

Los discípulos le llamaban *mashiah*, mesías («ungido»), y alude a que el rey de Israel era ungido en su entronización, es decir, «consagrado». Esto quiere decir que originalmente la expresión era un título de rey. Después de la época de los reyes David y Salomón, Israel perdió importancia, pero los judíos conservaron la esperanza y la fe en la llegada de un nuevo Mesías, un nuevo rey de la estirpe de David.

La traducción griega de «Mesías» es *Christos*. Por lo tanto, el nombre de Jesucristo es un reconocimiento de que Jesús es el prometido Mesías. Aunque según los evangelios, Jesús reconoció en varias ocasiones que él era el Mesías, hay por otra parte muchos indicios que señalan que no usaba el título de Mesías para sí mismo. Tal vez se presentara ante sus discípulos como el Mesías, pero es mucho más dudoso que se haya presentado ante la gente como tal. Puede que no quisiera ser interpretado como un liberador político nacionalista.

El Hijo del Hombre

La denominación que el propio Jesús solía emplear para referirse a sí mismo era la de «Hijo del Hombre». También esa expresión se ha tomado del Antiguo Testamento, y alude a ese salvador que los judíos esperaban. Al contrario que el Mesías de tinte nacionalista y político, el Hijo del Hombre era una figura divina que llegaría «envuelto en nubes del cielo» para salvar a los justos. Cuando Jesús habla de sí mismo como del Hijo del Hombre, significa por tanto que se concebía a sí mismo como una persona divina.

Según los Evangelios, Jesús relacionaba la idea de Hijo del Hombre con las profecías de Isaías sobre «el siervo afligido», que mediante su sufrimiento reestablecería la rota relación entre Yavé y su pueblo.

El Hijo de Dios

En varios lugares el Nuevo Testamento se refiere a Jesús como Hijo de Dios. Sigue siendo una cuestión polémica cómo el propio Jesús concebía esta relación filial. Y sin embargo todo indica que Jesús creía tener una relación especial con Dios. Su manera de dirigirse a Dios con la palabra *abba*, que significa «padre», es única en el ambiente judío de aquella época.

Sobre todo en el Evangelio según Juan, Jesús habla de sí mismo como el Hijo, o el Hijo de Dios. En algún lugar dice «yo y el Padre somos uno». La idea es que Jesús fue enviado al mundo con el fin de revelar a Dios a los hombres: «El que me ha visto a mí ha visto al Padre» (Juan 14, 9).

La predicación de Jesús y la ética cristiana

El que me ha visto a mí, ha visto al Padre.
Juan 14, 9

Ya y Aún no

Según el Evangelio más antiguo (Marcos), Jesús aparece como predicador con el siguiente mensaje: «Cumplido es el tiempo, y el reino de Dios está cercano; arrepentíos y creed en el Evangelio».

También la expresión «reino de Dios» habrá que verla en relación con la esperanza en un futuro rey salvador. El reino de Dios se crearía al final de los tiempos con la llegada del Mesías. Algunos lo interpretaron como un reino político totalmente de este mundo, con Jerusalén y el pueblo de Israel en el centro. Otros veían el reino de Dios más como un reino del más allá, con vida eterna para los salvados. Esto ocurriría después de una catástrofe global, cuando todas las fuerzas contra Dios hubieran sido vencidas. Y sin embargo no había ninguna separación clara entre las dos interpretaciones. A menudo encontramos las dos ideas dentro del mismo contexto.

El anunciado «El reino de Dios está cerca» no era por tanto muy original en la época de Jesús. Antes de Jesús, Juan Bautista y otros habían predicado el mismo mensaje: este mundo se está acercando a su destrucción, y Dios asumirá el poder en calidad de rey. Lo radicalmente nuevo en la predicación de Jesús es que el reino de Dios se relacione directamente con el propio Jesús. Él no solo dice que el reino de Dios llegará en un futuro próximo, sino que en varias ocasiones señala que el reino de Dios ya llegó.

Esta polaridad en la predicación de Jesús al referirse al reino de Dios está relacionada con la manera en la que Jesús se consideraba a sí mismo. Es él quien revela e implementa el reino de Dios. Mediante su predicación y curaciones, las fuerzas del reino de Dios ya se habían activado. La nueva era, la era mesiánica, ya había empezado.

Al mismo tiempo hay muchos enunciados de Jesús que afirman que el reino de Dios es algo que pertenece al futuro. La victoria final de Dios sobre el mal llegará cuando vean «al Hijo del hombre venir sobre las nubes del cielo con poder y majestad grandes» (Mateo 24, 30).

Esta tensión entre «ya» y «aún no» ha caracterizado al cristianismo y su predicación hasta el día de hoy.

Jesús como maestro

A Jesús lo llamaron *rabbi* (maestro, profesor), y muchas personas en todo el mundo, sean o no cristianas, se han sentido y se sienten fascinadas con Jesús como predicador. Sus enseñanzas pueden dividirse en cuatro grupos:

1. En parte se trata de breves máximas, a menudo formuladas como paradojas (es decir, aparentes contradicciones). Por ejemplo: «Pues el que quiera salvar su vida, la perderá, y el que pierda su vida por mí, la hallará» (Mateo 16, 25).

2. Una parte importante de las enseñanzas de Jesús fueron sus muchas conversaciones con sus discípulos, hombres instruidos u otras personas con las que se encontraba. Un ejemplo de esto es la conversación de Jesús con el joven rico (Mateo 19, 16-26).

3. Una tercera forma de enseñanza la constituyen los frecuentes discursos de Jesús a sus discípulos o a multitudes. Uno de los discursos más largos y más importantes de Jesús fue el que pronunció justo antes de ser apresado en Jerusalén. El tema del discurso es «la era final» antes de la llegada del Hijo del Hombre en el día del Juicio final (Mateo 24 y 25).

4. Lo más característico de Jesús como predicador fue su empleo de parábolas, a menudo intercaladas en discursos o conversaciones más largas. Una parábola es una comparación, o imagen, que sirve para ilustrar una verdad más profunda.

Las parábolas de Jesús pueden ser muy breves y sus imágenes son a menudo tomadas de la naturaleza (véase por ejemplo la parábola del sembrador en: Mateo 13, 3-9 y 18-23). Pero también pueden ser formuladas como largos relatos con sucesos tomados de la vida cotidiana (véanse por ejemplo la parábola del «hijo pródigo», Lucas 15, 11-32, y la de «los obreros de la viña», Mateo 20, 1-16).

El Sermón de la Montaña

Las numerosas parábolas sobre el reino de Dios muestran claramente que Jesús no lo concebía como algo político, como era el caso de muchos judíos de su época. Él dio un significado muy distinto a esta expresión. Por esa razón pudo decir, cuando fue interrogado por Poncio Pilatos, que su reino no era «de este mundo». Esto no significa que Jesús diera la espalda al mundo, sino que el reino de Dios no viene del mundo. Viene de Dios. Y Jesús quería poner en marcha las grandes fuerzas de Dios en el mundo.

La expresión que traducimos por «reino de Dios» significa en realidad «dominio de Dios». En otras palabras: el reino de Dios está donde Dios puede ser el rey, allí donde el mal ha de ceder. Lo que eso significa en la práctica Jesús lo explica en el Sermón de la Montaña, en el que describe la nueva vida en el reino de Dios.

Características del Sermón de la Montaña son las extremas exigencias éticas y la insistencia radical en amar al prójimo. Frente a todos los mandamientos y prohibiciones tan típicos del judaísmo de la época, Jesús insistió en un amor incondicional a Dios y al prójimo. No significa, empero, que «derogue» los antiguos mandamientos. Al contrario, los inculca y amplía su validez. No basta, por ejemplo, con «amar al prójimo». Debemos amar incluso a nuestros enemigos.

Debido a sus formulaciones tan precisas y a sus exigencias tan absolutas, el Sermón de la Montaña ha sido interpretado de muchas maneras. Una de las exigencias más discutidas de Jesús es la de pagar el mal con el bien:

Habéis oído que se dijo: Ojo por ojo y diente por diente. Pero yo os digo: No resistáis al mal, y si alguno te abofetea en la mejilla derecha, dale también la otra; y al que quiera litigar contigo para quitarte la túnica, déjale también el manto, y si alguno te requisara para una milla, vete con él dos. Da a quien te pida y no vuelvas la espalda a quien te pide algo prestado (Mateo 5, 38-42).

Para muchos, estas palabras y otras semejantes han constituido una difícil lección. ¿Es realmente posible vivir de acuerdo con la ética del Sermón de la Montaña? Y si no, ¿cómo entenderlo entonces?

Interpretaciones del Sermón de la Montaña

1. Desde los primeros tiempos de la Iglesia, muchos han opinado que el Sermón de la Montaña debía entenderse literalmente. En un tratado teológico, el francés Albert Schweitzer (1875-1965) mantiene que los primeros cristianos contaban con que Jesús volviese muy pronto a la tierra. Para ellos el Sermón de la Montaña era una ética provisional para el tiempo de espera. Pero conforme pasaba el tiempo, las ideas sobre cuándo tendría lugar el regreso de Jesús fueron cambiando, lo que ha dado lugar a otras opiniones sobre la ética del Sermón de la Montaña. No obstante, en tiempos modernos ha habido personas que han querido interpretar literalmente las exigencias del famoso sermón. Uno de ellos fue el escritor ruso Lev Tolstói (1828-1910).

2. La Iglesia católica ha sostenido que el Sermón de la Montaña se dirige sobre todo a los devotos, los que tienen vocación, los sacerdotes, frailes y monjas, en particular en lo que se refiere a sus exigencias de celibato y pobreza personal.

3. La interpretación luterana del Sermón de la Montaña explicaba los mandamientos del mismo como exigencias ideales cuyo cumplimiento resulta imposible de conseguir en este mundo. Pero al darse cuenta de sus limitaciones, el ser humano comprende su limitación ante Dios. Es un ser pecador que necesita el perdón de

Dios y su ayuda para vivir. Más recientemente, teólogos luteranos han resaltado que el Sermón de la Montaña forma parte de la revelación de Jesús sobre la llegada del reino de Dios. La ética del Sermón de la Montaña se convierte por tanto en algo a lo que el ser humano puede aspirar en su vida personal y social, aun sabiendo que el cumplimiento definitivo de los ideales exigidos no será una realidad hasta la llegada del reino de Dios.

4. Dentro de la teología protestante también se ha desarrollado otra tendencia que podríamos llamar ética de la buena intención, que dice que lo más importante es la buena intención detrás de la acción. Esta interpretación ha sido fuertemente criticada por reducir la moral a algo puramente interior.

5. Una quinta manera de interpretar el sermón es que Jesús quiso juzgar el fariseísmo de su época y el de todos los tiempos, es decir, la autoindulgencia cristiana de nuestros días.

El mandamiento principal

Un pequeño versículo del Sermón de la Montaña se ha hecho muy famoso y suele denominarse la Regla de Oro: «Por eso, cuanto quisiereis que os hagan a vosotros los hombres, hacédselo vosotros a ellos, porque esta es la ley y los Profetas» (Mateo 7, 12).

En toda la predicación de Jesús, el amor al prójimo aparece como el mandamiento principal: «Amarás al prójimo como a ti mismo» (Mateo 22, 39). Una y otra vez se subraya que no solo se debe amar a las personas que te gustan, o a las que se encuentran en una situación difícil sin tener culpa. Hay que amar a todas las personas, también a aquellas que en opinión de todos merecen su destino. Como ya hemos señalado, Jesús va tan lejos que proclama que debemos amar a nuestros enemigos.

Es importante resaltar que con la palabra «amor», Jesús no se refiere sobre todo a una emoción o una intención. Esto lo vemos en varios pasajes de sus predicaciones. Los mejores ejemplos se encuentran en la parábola del Buen Samaritano.

En suma, el mandamiento del amor al prójimo tiene que conducir a la acción. De este mandamiento emanan una serie de valores: fidelidad, compasión, justicia, verdad y honestidad. Ahora bien, todo esto queda en ideales abstractos si no intentamos aplicarlos a las situaciones concretas en las que podemos encontrarnos.

«Tal como yo he hecho por vosotros...»

Jesús no solo predicó el evangelio sobre el reino de Dios, sino que lo puso en práctica, demostrando de esa forma lo que quería decir el amor al prójimo. En esos actos estaba incluida la curación de enfermos. Las curaciones milagrosas no solo eran una expresión de la misericordia de Jesús, sino una demostración de que las fuerzas del reino de Dios estaban en marcha.

En parte debido a su amor incondicional al prójimo, Jesús entró en conflicto con los letrados y los fariseos. Era atacado por comer con «colectores de impuestos y pecadores», por expulsar a «demonios», y —sobre todo— por distribuir «el perdón a los pecadores». ¿Con qué derecho lo hacía?

Jesús defendió sus actos en una serie de parábolas que contienen una crítica directa del tipo de religiosidad que representaban los letrados. Según ellos había que establecer la relación correcta con Dios mediante el esfuerzo propio. Los que cumplían con la ley eran la gente de Dios, mientras que los que la infringían, merecían su castigo. Por tanto, el tratar con «colectores de impuestos y pecadores» equivalía a sobrepasar la exigencia de pureza y una vida moral. Además, se consideraba una condición para la llegada del reino de Dios el que se cumplieran los muchos mandamientos y prescripciones de pureza.

Jesús rompe con todas las formas de religiosidad egocéntrica. Los seres humanos no pueden hacerse merecedores de la redención divina. El amor de Dios ofrece perdón y comunión con Él sin cuestionarse si es merecido o no.

Una escena del Nuevo Testamento que muestra cómo el propio

Jesús practica ese amor incondicional es la del lavado de los pies. Durante la última cena con sus discípulos, Jesús se arrodilló y les lavó los pies. Fue un acto inaudito, porque esa tarea solían llevarla a cabo los criados. Jesús era su amo y maestro.

Esta escena ilustra que el reino de Dios no es solo un regalo de Dios a los seres humanos, sino también una tarea que estos han sido llamados a asumir. Para Jesús no bastaba con ofrecer a los seres humanos una imagen más correcta de Dios, también quiso conducirlos a una comunión con Él. El amor de Dios obliga a los humanos a practicar el mismo amor.

También en las epístolas de Juan se subraya la relación entre el amor de Dios a los seres humanos y el amor de estos entre sí:

En cuanto a nosotros, amemos a Dios, porque Él nos amó primero. Si alguno dijera: Amo a Dios, pero aborrece a su hermano, miente. Pues el que no ama a su hermano, a quien ve, no es posible que ame a Dios, a quien no ve. Y nosotros tenemos de Él este precepto, que quien ama a Dios ame también a sus hermanos (1 Juan 4, 19-21).

La doctrina de la Iglesia sobre Jesús

Y nos ordenó predicar al pueblo y atestiguar que por Dios ha sido instituido juez de vivos y muertos.
Hechos 10, 42

La predicación de Jesús y la predicación sobre Jesús de los cristianos

Los primeros cristianos no continuaron la predicación de Jesús, sino que empezaron a proclamar al propio Jesús. Este hecho se desprende claramente de las epístolas que escribe Pablo a las primeras comunidades cristianas solo veinte o treinta años después de la muerte de Jesús.

Jesús había predicado el evangelio («la buena nueva») sobre el reino de Dios, lo que quiere decir que «la buena nueva» en su predicación es que el reino de Dios está próximo. Tanto en los Hechos de los Apóstoles como en las epístolas del Nuevo Testamento, la palabra «evangelio» sigue siendo una palabra clave. Que ahora se emplea en otro sentido. Ahora «la buena nueva» es el Cristo resucitado. El evangelio es la propia «experiencia de Cristo», el que Dios enviara a su Hijo por amor a los seres humanos. Lo que se realza es Jesús como salvador y su significado para los humanos.

Este cambio de enfoque no constituye una ruptura en relación con la doctrina de Jesús y la visión que tenía de sí mismo y de su papel. Como ya hemos podido comprobar, también Jesús asociaba su predicación a su propia persona. En el Evangelio según Juan, habló de sí mismo con la siguiente parábola: «En verdad, en verdad os digo que si el grano de trigo no cae en la tierra y muere, quedará solo; pero si muere, llevará mucho fruto» (Juan 12, 24).

En la primera predicación de los cristianos, Jesús aparece como el Señor vivo que ha vencido a la muerte y que pronto volverá a juzgar a los vivos y a los muertos. Los creyentes en Cristo no solo vivían con el recuerdo del Jesús terrenal —o «el hombre de Nazaret»—. También vivían con la certidumbre de estar en comunión con él. Lo decisivo es la fe en Jesús como Señor y salvador: «Porque si confesares con tu boca al Señor Jesús y creyeres en tu corazón que Dios le resucitó de entre los muertos, serás salvo» (Romanos 10, 9).

El Credo

Aunque el Nuevo Testamento en su conjunto es un testimonio sobre Jesucristo, durante los primeros siglos después de su muerte surgió la necesitad de un credo («yo creo») más definido. Esto se debió en parte a que la época se caracterizaba por una gran mezcla de religiones (sincretismo). El Imperio romano desempeñó un papel decisivo en fundir los impulsos religiosos de todas las culturas del Mediterráneo en nuevas entidades religiosas.

Con el fin de evitar que el cristianismo fuera absorbido por tales mezclas de religiones, la Iglesia tuvo que reafirmar la esencia de la fe cristiana. Una aclaración de ese tipo era también necesaria para evitar cismas entre la Iglesia y las comunidades cristianas. Pero también hacía falta un resumen de los puntos principales de la fe para la enseñanza que impartía la Iglesia antes del bautismo.

Así surgieron los dogmas. La palabra «dogma» significa lo mismo que doctrina, y un dogma cristiano establece lo que es la correcta enseñanza cristiana. Con el tiempo, los dogmas fueron resumidos en credos más bien largos. El credo cristiano más antiguo es el Credo apostólico, que en su forma más antigua fue dado por la Iglesia de Roma en el siglo III d. C. Más tarde, los dogmas cristianos también fueron formulados en el Credo del Concilio de Nicea (año 325), y posteriormente por el Credo Atanasiano, o de Atanasio. Pero el Credo de Nicea es el utilizado por todas las principales Iglesias cristianas.

El verdadero Dios y el verdadero ser humano

El dogma sobre Jesús afirma que este era Dios y hombre, por lo que se entiende que Jesucristo no solo es el hijo de Dios, sino que es el propio Dios. En el Credo atanasiano se dice: «Ahora bien, la fe católica es que veneremos a un solo Dios en la Trinidad, y a la Trinidad en la unidad; sin confundir las personas ni separar las sustancias. Porque una es la persona del Padre y el Hijo y otra (también) la del Espíritu Santo; pero el Padre y el Hijo y el Espíritu Santo tienen una sola divinidad, gloria igual y coeterna majestad. Cual el Padre, tal el Hijo, increado (también) el Espíritu Santo; increado el Padre, increado el Hijo, increado (también) el Espíritu Santo; inmenso el Padre, inmenso el Hijo, inmenso (también) el Espíritu Santo; eterno el Padre, eterno el Hijo, eterno (también) el Espíritu…».

¿Cómo podía ser Dios «el hombre de Nazaret»? Esta fue la cuestión principal en la disputa sobre los dogmas de los primeros siglos del cristianismo.

El que Jesús era un ser humano se desprende claramente de la descripción que de él ofrecen los cuatro evangelios, en los que nos encontramos con una serie de reacciones humanas. Jesús era capaz de sentir alegría y pena, de mostrarse compasivo e indulgente, pero también severo y amonestador. Estuvo, como cualquier ser humano, expuesto a tentaciones, y en sus últimas horas luchó una batalla interna contra su miedo a la muerte. Esta lucha fue tan dura que le provocó una profunda aflicción el sentirse abandonado por Dios. También en la teología paulina se resalta con mucho énfasis la humanidad de Jesús.

Por otra parte, Jesús expresa en varios lugares su unidad con Dios. «Yo y el Padre somos una sola cosa», dice (Juan 10, 30), y «El que me ha visto a mí, ha visto al Padre» (Juan 14, 9). Al principio del Evangelio según Juan se dice además que «el Verbo se hizo carne y habitó entre nosotros», lo que quiere decir que Dios se convirtió en ser humano. Esto es lo que la doctrina cristiana llama *encarnación*.

Un punto muy discutido durante los primeros siglos de la Iglesia era cómo entender y explicar la encarnación. Algunos resaltaban el lado humano de Jesús, otros el divino.

Cada una de estas visiones deja fuera uno de los principios fundamentales del cristianismo —o de lo que hoy llamamos el dogma sobre Jesús—, es decir, el hecho de que Dios se convirtiera *en* ser humano. Jesús no era un ser doble, sino a la vez «Dios verdadero y hombre verdadero».

La salvación: expiación, liberación y curación

> *Para que gocemos de libertad, Cristo nos ha hecho libres.*
> Gálatas 5, 1

El cristianismo proclama que Dios se convirtió en hombre, lo que significa que Dios interviene activamente en la lucha entre el bien y el mal en el mundo, y repara lo que se ha deteriorado en la relación entre Dios y el ser humano, y entre los seres humanos. El ser humano es liberado de sus ataduras y curado de sus aflicciones. El sufrimiento, muerte y resurrección de Jesucristo proporcionan por tanto al cristiano una nueva vida, la vida eterna.

La expiación

La cruz es el símbolo más importante del cristianismo. Los cuatro evangelios dan una gran importancia a lo que ocurre justo en los días anteriores y posteriores a la muerte de Jesús. También la teología de Pablo se centra en la crucifixión y resurrección de Jesucristo. El Jesús crucificado es el salvador de los seres humanos.

¿Qué significan entonces en la fe cristiana el sufrimiento, la muerte y la resurrección de Jesús?

Hemos visto que el pecado deteriora la relación del ser humano con Dios, que surge una enemistad entre ambos. El cristianismo enseña que el inocente Jesucristo asumió la culpa de los seres humanos, y que expió aquel castigo que debería haber caído sobre estos. Él sufre y muere en lugar de los seres humanos. Esto es lo que el cristianismo llama sufrimiento vicario, a través del cual Dios se reconcilia con el mundo, y la relación de los seres humanos con Dios se restablece.

Pablo pone de relieve que la expiación de Jesús es un regalo que se da al ser humano sin que este lo haya merecido. Al contrario de lo que es normal en el pensamiento judío, Pablo recalca que el ser humano por sí solo no puede hacer nada para reconciliarse con Dios. La reconciliación es puesta en marcha por el propio Dios, es decir, por la parte sin culpa. La obra de expiación de Jesucristo —que dio su vida por los seres pecadores— es por ello un acto de compasión. También la compasión es un tema destacado en la predicación de Jesús, por ejemplo, en la parábola del hijo pródigo.

Era importante para Pablo afirmar que el ser humano de ninguna manera puede hacerse merecedor de la gracia, y que no tiene ningún derecho a la justicia de Dios. Pero al recibir la gracia de Dios es absuelto. Dios «declara absueltos a los pecadores», dice Pablo. Esto significa lo mismo que «el perdón de los pecados». También la doctrina que decía que el hombre es absuelto sin haberlo merecido, desempeñó un papel importante en la enseñanza de Jesús.

A través de la resurrección de Jesús, Dios ha vencido a la muerte y al mal. Al ser humano se le ha dado una nueva posibilidad, una nueva esperanza. La resurrección de Jesús es lo más importante del cristianismo; por tanto la Semana Santa es la fiesta cumbre del año eclesiástico. Pablo lo dice así: «Y si Cristo no resucitó, vana es nuestra predicación, vana vuestra fe» (1 Corintios 15, 14).

La salvación

La palabra que se usa en el Nuevo Testamento para «ser salvado» es un verbo griego que además significa «redimido», «conservado» o «curado».

Un pensamiento fundamental del cristianismo es que el ser humano no puede salvarse a sí mismo. La salvación es algo que se ofrece gratuitamente mediante la fe en Jesucristo y su expiación. «Pues de gracia habéis sido salvados por la fe, y esto no os viene de vosotros, es don de Dios», dice Pablo en la epístola a los efesios (Efesios 2, 8).

Solo mediante la fe en Jesucristo puede salvarse el ser humano. Esta idea es un tema recurrente en las epístolas de Pablo. También Jesús subraya la importancia de la fe para la salvación. «Tu fe te ha salvado», dijo en varias ocasiones. ¿Pero no es la fe también un logro? No según el Nuevo Testamento. También la fe es un regalo de Dios. Ahora bien, cuando Pablo resalta la importancia de la fe para la salvación, no se refiere a «la ortodoxia». La fe tiene más que ver con el corazón que con la cabeza. Hoy en día muchos traducirían *creer* por «tener una convicción» o «tener algo por verdad». En el contexto cristiano es más correcto hablar de confianza o fidelidad. La palabra latina para «fe» (*fides*) significa precisamente eso.

Salvación ¿de qué?

¿De qué se pretende salvar al ser humano? La Biblia subraya que salvación significa ser liberado del poder que tiene el pecado sobre el ser humano. Al pecado le sigue a menudo el sentimiento de culpa.

En nuestros tiempos es frecuente que tanto el pecado como la culpa se entiendan como algo colectivo más que individual. Pero ese es también un pensamiento bíblico: no solo como individuos somos culpables a los ojos de Dios. También pertenecemos a una estirpe culpable.

Hoy en día muchas personas se preocupan más por el vacío y la falta de sentido de la existencia que por la culpa y el pecado. Palabras como desarraigo, alienación y angustia describen la situación de muchos individuos de nuestra época. La sensación de vacío y falta de sentido está a menudo estrechamente relacionada con la idea de la muerte. La angustia vital es en realidad más bien una expresión de la angustia por la muerte, según muchos psicólogos. En el transcurso de toda la historia del cristianismo la salvación se ha entendido en gran parte como la salvación de la mortalidad.

Salvación ¿para qué?

Otra palabra para salvación es liberación. «Si, pues, el Hijo os librare, seréis verdaderamente libres», dijo Jesús (Juan 8, 36). «Para que gocemos de libertad, Cristo nos ha hecho libres», escribe Pablo en su epístola a los gálatas (Gálatas 5, 1). «¿No soy libre yo?», exclama en otro lugar (1 Corintios 9, 1). Y en la epístola a los romanos (8, 2) escribe que Cristo le ha liberado de la ley del pecado y de la muerte.

Un pensamiento bíblico expresa que la vida en la tierra tiene valor propio. Por lo tanto la muerte es considerada algo negativo en toda la Biblia. Pablo la llama «el último enemigo». Y es la victoria de Jesús sobre la muerte, o su resurrección, la que constituye el verdadero fundamento de la esperanza cristiana en una vida eterna. A esto se refiere Pablo cuando exclama victorioso: «La muerte ha sido sorbida por la victoria. ¿Dónde está, muerte, tu victoria? ¿Dónde está, muerte, tu aguijón?» (1 Corintios 15, 54-55).

La esperanza cristiana

La esperanza cristiana anhela un tiempo en el que todo lo que ahora es imperfecto será sustituido por el dominio total y absoluto del amor de Dios. El cristianismo enseña que ha llegado una buena nueva con la victoria de Jesús sobre las fuerzas destructivas del mal. Sin embargo, aunque Dios ha ganado una victoria decisiva, no es una victoria definitiva. Esta la ganará Jesús cuando vuelva al final de la historia.

De la predicación de Jesús se desprende que apunta hacia algo más allá de una salvación meramente individual. La esperanza cristiana tiene por tanto no solo un lado personal, sino también uno social o colectivo, cuyo objetivo es una nueva comunidad humana, una nueva situación social o un nuevo mundo. La esperanza cristiana tiene además un lado cósmico. Habrá «un nuevo cielo y una nueva tierra».

El Juicio final

¿Quién podrá tomar parte en la salvación cristiana? En el Nuevo Testamento se habla de dos grupos principales de afirmaciones sobre el acceso al reino de Dios.

Por un lado se inculca con gran insistencia que el camino hacia la vida pasa por «una puerta estrecha». Con el fin de poder vivir en el nuevo reino, el ser humano ha de «negarse a sí mismo» y dirigirse a Dios, quien a menudo enfrenta al individuo con una elección que exige voluntad para sacrificar todo aquello que impide una verdadera comunión con Él. No se trata solo de dejar de lado de una vez por todas el egoísmo, sino de elegir una vida de obediencia, humildad y amor. No solo la puerta es estrecha, sino también el camino.

Junto a esas palabras amonestadoras encontramos otras que presentan el reino como un regalo. Algunos de los versículos del Sermón de la Montaña dejan claro que la puerta estrecha también es una puerta abierta. Lo mismo encontramos en las frases que dicen que el reino de Dios pertenece a los niños y a los «que llevan mucha carga», refiriéndose a las personas que tienen la sensación de no dar la talla, y a aquellas que están abiertas a Dios y que reciben el regalo sin reservas y sin pensar en sus propios méritos.

Un par de textos evangélicos señalan, no obstante, un «día del Señor» o «el día del Juicio final» en que todas las personas serán juzgadas según sus actos. Un ejemplo es la gran escena del juicio en el Evangelio según Mateo:

Cuando el Hijo del hombre venga en su gloria y todos los ángeles con él, se sentará sobre su trono de gloria, y se reunirán en su presencia todas las gentes, y separará a unos de otros, como el pastor separa a las ovejas de los cabritos, y pondrá las ovejas a su derecha y los cabritos a su izquierda.

Entonces dirá el Rey a los que están a su derecha: Venid, benditos de mi Padre, tomad posesión del reino preparado para vosotros desde la creación del mundo. Porque tuve hambre y me disteis de comer; tuve sed y me disteis de beber; peregriné y me acogisteis; estaba desnudo y me vestisteis; enfermo y me visitasteis; preso y vinisteis a verme. Y le responderán los justos: Señor, ¿cuándo te vimos hambriento y te alimentamos, sediento y te dimos de beber? ¿Cuándo te vimos peregrino y te acogimos, desnudo y te vestimos? ¿Cuándo te vimos enfermo o en la cárcel y fuimos a verte?

Y el Rey les dirá: En verdad os digo que cuantas veces hicisteis eso a uno de estos mis hermanos menores, a mí me lo hicisteis.

Y dirá a los de la izquierda: Apartaos de mí, malditos, al fuego eterno, preparado para el diablo y para sus ángeles. Porque tuve hambre y no me disteis de comer, tuve sed y no me disteis de beber; fui peregrino y no me alojasteis; estuve desnudo y no me vestisteis; enfermo y en la cárcel y no me visitasteis. Entonces ellos responderán diciendo: Señor, ¿cuándo te vimos hambriento, o sediento, o peregrino, o enfermo, o en prisión y no te socorrimos? Él les contestará diciendo: En verdad os digo que cuando dejasteis de hacer eso con uno de estos pequeñuelos, conmigo no lo hicisteis. E irán al suplicio eterno, y los justos a la vida eterna (Mateo 25, 31-46).

De este texto se desprende claramente que el juicio de Dios es definitivo. Dios condena al ser humano a la salvación o a la perdición eternas. El texto indica además que los actos de los humanos son decisivos. Esta idea la volvemos a encontrar en las epístolas del Nuevo Testamento. «Lo que el hombre sembrare, eso cosechará (…). No nos cansemos de hacer el bien, que a su tiempo cosecharemos, si no desfallecemos» (Gálatas 6, 8-9).

En otras partes se recalca, sin embargo, que el juicio se basará en la postura que haya tomado la persona ante Jesucristo. Como ya hemos visto en lo anterior, también tiene mucha fuerza en la teología cristiana la idea de que el ser humano no puede hacerse merecedor de la salvación mediante las buenas acciones. Por tanto se ha considerado la importancia de las acciones como una expresión de la actitud ante Cristo, y no como logros morales externos. O, como se dice en la epístola de Santiago: «Pues como el cuerpo sin el espíritu es muerto, así también es muerta la fe sin las obras» (Santiago 2, 26).

Toda la predicación del Nuevo Testamento sobre el Juicio final coincide en que el ser humano viva bajo la responsabilidad eterna. El juicio revela la injusticia del hombre y aquello en él que va en contra del amor de Dios. Sobre todo es decisivo en el día del Juicio final el sí o el no a Jesucristo y a la oferta de salvación de Dios.

La doctrina sobre «las últimas cosas» la llamamos «escatología». El Evangelio según Juan es muy especial, en parte por lo que se suele denominar su «escatología actual». Según este evangelio, el

Juicio final tiene lugar aquí y ahora, y la vida eterna se da en este mundo en el encuentro con Jesucristo: «En verdad, en verdad os digo que el que escucha mi palabra y cree en el que me envió, tiene la vida eterna y no es juzgado, porque pasó de la muerte a la vida» (Juan 5, 24).

La perdición

En el transcurso de la historia de la Iglesia, y también entre los cristianos de hoy en día, hay opiniones diversas sobre el Juicio final, la salvación y la perdición. En líneas generales se pueden distinguir tres visiones diferentes:

1. Solo *algunas* personas se salvan, otras van a la perdición eterna (sea esta entendida como tormentos o como la ausencia de Dios).

2. Solo algunas personas se salvan, otras mueren la «segunda muerte», es decir, serán exterminadas para siempre.

3. Todas las personas serán salvadas. En el día del Juicio todos los vivos y los muertos se arrodillarán ante el Señor y Dios será «todo en todos».

Las tres tendencias se apoyan en pasajes de la Biblia.

En este punto conviene mencionar una idea que ha creado mucha disputa y discordia: el infierno. Sobre todo en la Edad Media se elaboraron detalladas descripciones de los métodos de castigo en el infierno, pero el origen de esta idea se encontraba en el viejo Israel. La palabra hebrea empleada en el Nuevo Testamento es *Ghenna* («matanza»), que se refiere al valle Hinnon, un valle al sur de Jerusalén que tenía muy mala fama porque en él se llevaban a cabo actos de idolatría al dios Moloc y además se quemaba la basura, y su aspecto era siniestro y lleno de humo. En la época de Jesús se entendió la Ghenna como un fuego de castigo eterno. Pero por las alusiones del Nuevo Testamento no se desprende si este fuego implica tormentos eternos o exterminación. Además se distingue entre el infierno y el reino de los muertos, Hades (o Sheol), donde las almas viven hasta el Juicio final.

El Espíritu Santo y la Iglesia cristiana

Pero el Abogado, el Espíritu Santo, que el Padre enviará en mi nombre, ese os lo enseñará todo y os traerá a la memoria todo lo que yo os he dicho.

Juan 14, 26

Una de las ideas clave del cristianismo es que Jesús vive y su obra es continuada por el Espíritu Santo.

En el Nuevo Testamento, Jesús siempre es mencionado como una persona diferente al Padre. Varias veces se cuenta por ejemplo que él ora a Dios. También del Espíritu de Dios —o del Espíritu Santo— se habla a veces como si fuera una fuerza personal. Y en un par de ocasiones el Padre, el Hijo y el Espíritu Santo se juntan en una sola fórmula. Pablo termina su segunda epístola a los Corintios de esta manera: «¡La gracia del Señor Jesucristo, y la caridad de Dios y la comunicación del Espíritu Santo sean con todos vosotros!».

¿Significa esto que el cristianismo no es una religión mono-teísta? La Biblia no contiene ninguna doctrina satisfactoria sobre la relación entre el Padre, el Hijo y el Espíritu Santo, pero en los siglos IV y V d. C., se elabora la doctrina cristiana sobre la Trini-dad, según la cual Dios es tres «personas» en un solo ser divino. La palabra «persona» no se entendía como la entendemos hoy en día. *Persona* significa «máscara, personaje teatral» y viene del teatro clásico, en el que un mismo actor usaba máscaras para interpretar diferentes personajes.

El Espíritu Santo es el Espíritu de Dios. En el primer capítulo de la Biblia, el Espíritu de Dios se describe como la fuerza creativa y vivificadora. Pero en el Nuevo Testamento el Espíritu se asocia ya con Jesucristo, y cuando los primeros autores cristianos describen su vida religiosa, utilizan la expresión «una vida en el Espíritu» así como «una vida en Cristo».

En el segundo capítulo de los Hechos de los Apóstoles se describe cómo estos recibieron el Espíritu Santo. Los seguidores de Jesús se habían reunido para celebrar el Pentecostés después de la muerte del maestro, cuando Dios les envió su Espíritu. Este momento se considera el comienzo de la Iglesia cristiana, y las actividades religiosas más importantes de esta Iglesia se describen en el mismo capítulo: «Perseveraban en oír la enseñanza de los apóstoles, y en la unión, en la fracción del pan y en la oración».

He aquí la esencia de la mayor parte de las Iglesias cristianas hoy en día: la predicación de la palabra de Dios, los sacramentos, la oración y la comunidad cristiana.

Los sacramentos

El amor y la presencia de Dios no se manifiestan solo mediante sus palabras, sino también en forma de actos sagrados, sacramentos.

La palabra «sacramento» procede del latín, y no se menciona en la Biblia. Significa «un medio que santifica», es decir, que refuerza los lazos entre Dios y los seres humanos. Es un medio visible empleado por Dios con el fin de ofrecer a los seres humanos una comunión con él.

En un principio la palabra sacramento puede emplearse para una serie de actos que refuerzan la comunicación con Dios. La Iglesia católica cuenta con siete sacramentos, dos de los cuales tienen un significado muy especial y también son aceptados en las Iglesias protestantes. Nos referimos al bautismo y a la eucaristía, ambos utilizados con signos externos y visibles, y ambos instituidos por Jesucristo.

Bautismo

Según Mateo, el bautismo fue ordenado por el propio Jesús en el Día de la Ascensión, en relación con su «mandato misionario».

Desde los inicios del cristianismo, la integración en la comunidad cristiana ocurría mediante el bautismo. El bautismo es un acto de iniciación. Jesús se dejó bautizar por Juan Bautista con el fin de ser iniciado para su tarea. Pero para el cristiano este sacramento es algo más que un billete de entrada a la iglesia. Mediante el bautismo, Dios ofrece a los seres humanos salvación y absolución. El ser humano muere y resucita con Cristo y asume su lugar en la comunidad con Dios. También es habitual en el lenguaje cristiano referirse al bautismo como un «nuevo nacimiento».

El bautismo no puede ser separado de la palabra de Dios. No es un acto mágico que tiene una fuerza intrínseca. «Sin la palabra de Dios, el agua no es más que agua y ningún bautismo», dijo Lutero.

Tampoco puede ser separado de la fe. Este fue el punto de partida del antiguo debate sobre el bautismo de niños o de adultos. Los que apoyan el bautismo de adultos sostienen que la fe presupone una conversión personal, una elección, y que el bautismo es un acto de confesión y obediencia.

Los que apoyan el bautismo de niños sostienen que solo la gracia y el amor de Dios pueden dar la salvación, y que los seres humanos no consiguen nada por su propio esfuerzo. Por tanto el niño puede lo mismo que el adulto ser recibido en el reino de Dios mediante el bautismo. Pero más adelante el bautizado podrá asumir la fe personal.

En las dos formas de bautismo se imparte una enseñanza bautismal. En la Iglesia luterana los padres se comprometen a educar al niño en la fe cristiana. Esta educación también es proporcionada por la Iglesia mediante la instrucción religiosa en la enseñanza obligatoria.

Eucaristía

Eucaristía es una palabra griega que significa «dar gracias», y se refiere a la cena que Jesús compartió con sus discípulos más próximos la noche antes de ser ejecutado.

Los ingredientes básicos de la cena fueron pan y vino, elegidos por Jesús para mostrar el significado de su misión. Se ofreció a sí mismo, en carne y sangre, para que los seres humanos pudieran recibir el perdón por haber roto su relación con Dios.

Y tomó el pan, dio las gracias, lo partió y dándoselo a los discípulos dijo: Tomad y comed, este es mi cuerpo. Y tomando un cáliz y dando las gracias, se lo dio, diciendo: Bebed de él todos, que esta es mi sangre, que será derramada por muchos para remisión de los pecados. Haced esto en mi memoria.

La eucaristía ha sido, aún más que el bautismo, objeto de desacuerdos y discordias, y las distintas Iglesias cristianas han subrayado diferentes aspectos de este sacramento. Vamos a señalar algunos de los motivos de la eucaristía:

El motivo de comunidad. Jesús instituyó una manera de fortalecer la comunidad, tanto con Dios como entre los que toman parte en la cena. La eucaristía se llama en algunas Iglesias comunión. La eucaristía anticipa la realización del reino de Dios.

El motivo de la conmemoración. Proporciona el anclaje histórico y recuerda lo que Dios ha hecho por la humanidad mediante la vida y el ministerio de Jesús.

El motivo de la profesión de la fe. La eucaristía es la profesión de la fe ante Dios y ante los hombres, especialmente en una situación en la que ya no constituye una costumbre social.

El motivo de la fuerza. En la eucaristía Dios perdona los pecados y da nueva fuerza y nueva vida. Jesús se ofrece a sí mismo mediante el pan y el vino.

El motivo del agradecimiento. La eucaristía es un regalo, y el agradecimiento y la alegría caracterizaban la celebración de este sacramento ya en los primeros tiempos del cristianismo.

El motivo del sacrificio. En la Iglesia católica la eucaristía es considerada además una repetición del sacrificio de Jesús en el calvario. Por ello es también llamada «el sacrificio de la misa».

Oración

La relación del Espíritu Santo con los humanos no se limita a la predicación y los sacramentos. El contacto con Dios también se consigue mediante la oración.

Según los evangelios, el propio Jesús oraba, sobre todo en relación con importantes sucesos. Enseñó a orar a sus discípulos, y el Nuevo Testamento está repleto de exhortaciones a la oración. Esta ha ocupado siempre un lugar destacado en la historia de la Iglesia, tanto en los servicios religiosos como en la vida del cristiano.

La oración es el ser humano hablando con Dios. Supone una relación de «yo-tú» o de «nosotros-tú», es decir, una relación personal con Dios. Dios es el excelso creador y juez, pero el ser humano puede llamarle «padre».

¿Sirve de algo orar? Esta es una pregunta que todo cristiano se hará antes o después, cuando no reciba respuesta a su oración.

«Orad y recibiréis», dijo Jesús, que también enseñó a sus discípulos a decir «hágase tu voluntad». En la polaridad entre estas dos frases está el significado cristiano de la oración. Podemos pedirle todo a Dios, pero Dios no se deja coaccionar. La oración no es un conjuro, ni tampoco una fórmula mágica. «El objetivo de la oración no es la concesión de nuestros deseos, sino la realización de la voluntad de Dios» (E. Thestrup Pedersen).

El contenido de la oración

La oración más común expresa un deseo, y es, por tanto, una petición para recibir algo. El padrenuestro es otro ejemplo más de la amplitud de los deseos, desde el concreto «nuestro pan de cada día» hasta «líbranos del mal».

Una intercesión es una oración por el bien de otras personas, más allá de los deseos egoístas. Se reza por la familia, los amigos y los conocidos. Pero también sobrepasa estos límites. Jesús invitó a «rezar por aquellos que os persiguen», y en la cruz rezó: «Padre, perdónalos, pues no saben lo que hacen».

La oración de acción de gracias expresa el agradecimiento por haber sido escuchado por Dios. Un buen ejemplo es la historia narrada por Lucas (17, 11-19) sobre cómo Jesús curó a diez leprosos y solo uno se volvió para dar las gracias.

La oración de acción de gracias también expresa el agradecimiento por algo que uno no ha pedido, por regalos que Dios ha otorgado en su amor por los hombres: salud, amigos, etc. Esta forma de agradecimiento pasa a menudo a la alabanza, que es una de las formas más corrientes de oración en el Nuevo Testamento. El apóstol Pablo inicia muchas de sus epístolas con agradecimientos y alabanzas.

La oración y la alabanza fueron desde los inicios del cristianismo importantes en los servicios religiosos, y hoy en día están incluidas como fórmulas fijas en la liturgia eclesiástica. Por otra parte, también existen las oraciones libres o espontáneas, en las que el individuo emplea sus propias palabras y fórmulas.

Se puede orar en soledad o en compañía de otros durante el servicio religioso. En el Nuevo Testamento se cuenta que los apóstoles oraban juntos (Hechos de los Apóstoles 2, 42). Si Jesús recomendaba la oración en solitario, era sobre todo como una advertencia contra la oración como exhibición de piedad (Mateo 6, 5-6).

El cristianismo no exige ninguna postura física especial para la oración. Se puede uno arrodillar, inclinar la cabeza, entrelazar las manos o levantarlas hacia el cielo. Ningún movimiento expresa más piedad que otro, el propio cristiano elige la postura que le conviene.

La Iglesia y la comunidad cristiana

Poco después de la muerte de Jesús, la gente empezó a reunirse y escuchar las historias sobre su vida y milagros. Se crearon las primeras comunidades cristianas y en el Nuevo Testamento vemos que el amor y la intimidad entre las personas de estos grupos eran extraordinarios.

Esto constituye la semilla de lo que hoy en día se llama Iglesia. No obstante, no existe en el Nuevo Testamento ninguna prescripción de cómo debe construirse la Iglesia, sino solo una noción de la misma.

La Iglesia, lo que pertenece al Señor

Con el fin de poder comprender esta noción de Iglesia, tenemos que retroceder a Jesús y a la visión que tenía de sí mismo. Se identificó con ese rey al que se esperaba, el Mesías. Y un rey ha de tener un pueblo. Con la palabra «Seguidme» creó el fundamento de la Iglesia. De esa manera la Iglesia se convierte en la comunidad de todos los que siguen la llamada.

La palabra griega para iglesia es *kyriaké*, que significa «el que pertenece a *Kyrios* (el Señor)». La palabra que se emplea en el Nuevo Testamento es *ekklesia*, «el pueblo que ha sido convocado (para el servicio divino)», es decir, la comunidad de fieles.

Por lo tanto, los cristianos sostienen que la Iglesia no surgió porque una persona creara una organización, sino porque un espíritu divino empezó a actuar entre los seres humanos. Pentecostés (cuando Jesús, según el Nuevo Testamento, envía a su Espíritu para conducir a los seres humanos a la verdad) es a menudo considerado el cumpleaños de la Iglesia.

Vemos, pues, que la palabra «iglesia» se utiliza tanto para la comunidad con Cristo como para la comunidad entre las personas. Pero también se refiere al edificio en el que esas personas se reúnen para los servicios religiosos.

En una serie de imágenes el Nuevo Testamento explica aspectos importantes de la congregación o del pueblo que pertenece a Cristo, sobre todo mediante comparaciones con una casa, un viñedo o un organismo vivo. La Iglesia se puede entender a la vez como algo visible e invisible. La Iglesia es una comunidad espiritual, la fe de la comunidad cristiana es algo invisible. Al mismo tiempo es un lugar en el que se predica el evangelio y se administran los sacramentos, que son algo visible. La Iglesia no solo consta de sacerdotes y funcionarios eclesiásticos. La Iglesia consta de todos los que creen en Jesucristo.

La difusión del cristianismo

Los primeros cristianos

Según Jesucristo, los doce apóstoles formaron el germen del nuevo reino de Dios que llegaría. Entre ellos Pedro fue la figura principal. Otro personaje importante fue Santiago, hermano de Jesús.

La primera congregación cristiana la constituyeron judíos que cumplían con la ley de Moisés, participaban en los servicios del templo y de la sinagoga y, en suma, vivían como judíos piadosos. Lo que les distinguía de otros judíos era su creencia en que Jesús de Nazaret era el Mesías prometido. Eran considerados una secta judía y se hablaba de ellos como «el partido del nazareno», a diferencia de los fariseos y los saduceos. Al principio no había un abismo entre el cristianismo y el judaísmo. También los «creyentes en Jesús» eran judíos.

La conversión del fariseo Saulo (Pablo) alrededor del año 32 d. C. tuvo una importancia decisiva para la difusión del cristianismo. No es exagerado decir que fue él quien, mediante su actividad de muchos años, convirtió el cristianismo en una religión universal. Realizó su labor en dos planos: en primer lugar viajó por todo el mundo grecorromano proclamando el evangelio de Jesús entre los no judíos. Y en segundo lugar expuso los fundamentos de la teología cristiana en sus muchas epístolas a las nuevas congregaciones. En las epístolas de Pablo, el cristianismo aparece como una religión independiente, y Jesucristo como el salvador de la humanidad.

Un tema importante en la Iglesia cristiana de los primeros tiempos era la relación entre los cristianos judíos y los cristianos gentiles (es decir, aquellos que no eran judíos). ¿Deberían estos, por ejemplo, ser circuncidados antes de convertirse en cristianos? Muchos de los cristianos destacados de Jerusalén de las primeras décadas después de Cristo, entre ellos Santiago, opinaban que sí. Pablo, por su parte, era de otro parecer. Él había viajado entre los «gentiles» y había visto cómo adoptaban la fe en Jesucristo sin tener conocimientos íntimos del judaísmo.

Una Iglesia, muchas comunidades religiosas

Hoy la cristiandad está dividida en muchas comunidades religiosas que difieren en su organización, doctrina, servicios religiosos y actitud ante distintas cuestiones sociales.

Se puede decir que la Iglesia permaneció indivisa hasta 1054, en que se dividió en dos: la católica romana y la ortodoxa.

A principios del siglo XVI surgieron algunas comunidades eclesiásticas opuestas a ciertos aspectos de la doctrina y la práctica de la Iglesia católica. Estas formaron la Iglesia anglicana, la reformada y la luterana.

Desde entonces han surgido nuevas Iglesias, destacando distintos aspectos del evangelio cristiano. Podríamos mencionar la metodista, las comunidades baptistas, las congregaciones de Pentecostés, la Unión de los cuáqueros, los adventistas, etcétera.

La historia de la Iglesia es el relato de cómo se ha difundido el mensaje sobre Jesucristo a través de las vidas y predicaciones de distintos individuos. Por tanto, podemos decir que la historia de la Iglesia es una historia misionera.

Como en la Biblia no existen directrices inequívocas para la organización de la Iglesia, las distintas comunidades eclesiásticas han elegido diferentes formas de organización. Hay Iglesias en las que se da una gran importancia a la institución en sí, y otras que presumen de que lo principal es la comunidad de individuos que comparten sus experiencias religiosas y su opinión sobre las distintas cuestiones éticas y religiosas. Las expresiones como «Iglesia del pueblo», «Iglesia libre» e «Iglesia estatal» muestran la existencia de diferentes formas de organización. Esta variedad de formas se debe en parte a interpretaciones distintas de ciertos pasajes de la Biblia, y en parte a las condiciones culturales y temporales en las que han surgido. Asimismo, en la división de las Iglesias, han intervenido factores etnopsicológicos, sociológicos y geográficos.

Ahora bien, a pesar de todas las diferencias, la mayor parte de las comunidades cristianas tiene un fundamento común: la Biblia. Asimismo, la mayor parte acepta uno o más de uno de los Credos que fueron formulados en los sínodos antiguos: el apostólico, el niceno, el atanasiano.

El mundo cristiano

En parte debido al importante papel que desempeña la misión en el cristianismo, este se ha convertido en la más difundida de todas las religiones. Hoy en día se distinguen tres ramas principales de esta fe, cada una de ellas centrada en diferentes áreas geográficas. Primero, la Iglesia católica romana, que domina en el sur de Europa y América Latina y que además tiene grandes minorías en Estados Unidos y África. Luego la Iglesia ortodoxa, que tiene su punto de gravedad en Grecia y el este de Europa, y por último las Iglesias protestantes, que se localizan sobre todo en el norte de Europa, Estados Unidos y Australia.

Diferentes tipos de comunidades eclesiásticas

Basándonos en la doctrina de cada Iglesia sobre asuntos religiosos fundamentales, podemos dividir las distintas comunidades o confesiones cristianas como sigue:

1. Se puede distinguir entre dos alas: una tradicional y rica en formas, y otra que rechaza (o ha perdido) gran parte de la tradición eclesiástica de la época antigua y medieval: el ala católica y la protestante.

Hecha esta diferenciación, se puede añadir que la Iglesia católica romana se encuentra en un extremo del ala y los baptistas en el otro; y que entre estas dos estarían: el anglicanismo, el luteranismo y el metodismo.

2. Otro tipo de división se basa en el significado del bautismo. Una Iglesia que basa la participación en el bautismo infantil es intrínsicamente abierta e inclusiva, cuyo deseo es llegar a todo el mundo. Tiene sacramentos, clérigos y servicios religiosos caracterizados en mayor o menor medida por la liturgia.

Las Iglesias que rechazan el bautismo infantil son por naturaleza excluyentes, pensadas tan solo para los creyentes. La adhesión es voluntaria, y depende en muchos casos de un acto confesional: bautismo en edad adulta o testimonio personal. Una Iglesia de este tipo no suele tener ni sacramentos ni clero.

3. La tercera categoría se basa en lo que cada comunidad religiosa enfatiza más, tales como la organización (la constitución de la Iglesia), la doctrina, los servicios religiosos. El luteranismo pone el mayor énfasis en la doctrina, la Iglesia católica romana en la constitución de la iglesia, y los servicios litúrgicos constituyen el punto de enfoque en la ortodoxa.

1. Iglesia católica romana

Extensión

La Iglesia católica romana es la mayor de todas las iglesias. Hay alrededor de mil millones de cristianos en el mundo, y más de la mitad pertenecen a la Iglesia católica romana.

Organización

La Iglesia católica es una de las organizaciones más fuertes y más rígidamente construidas del mundo. Está gobernada por leyes minuciosamente elaboradas, y sus dirigentes (el papa, los obispos, los sacerdotes) ejercen una gran autoridad.

Papa

La posición prominente del papa como dirigente de todos los creyentes se basa en el hecho de que es el sucesor del apóstol Pedro.

Las palabras que Jesús dijo a Pedro: «Sobre esta piedra edificaré mi iglesia», están hoy grabadas en oro en la cúpula de la iglesia de San Pedro en Roma.

En 1870 se proclamó como dogma la infalibilidad del papa en cuestiones de fe. En tales casos —de hecho solo ha ocurrido dos veces—, se dice que el papa habla *ex catedra*, es decir, desde su púlpito. Esto no significa que el Papa esté libre de pecado, también él ha de confesarse regularmente. Tampoco puede introducir nuevas doctrinas, pero sí tiene autoridad para decidir si un asunto es conforme con la Biblia y la tradición eclesiástica. Tales decisiones no puede tomarlas él solo, sino junto con los obispos. El papa también es obispo de Roma. En otros tiempos el papa tenía un gran poder laico además del espiritual, y en el transcurso de la historia ha habido muchas y duras discrepancias entre el poder de la Iglesia y el poder del Estado. El papa sigue siendo la cabeza de un pequeño Estado, el del Vaticano, que tiene moneda, administración de correo, policía, emisora de radio y servicio diplomático propios.

Obispos y sacerdotes

De la misma manera que el papa es el sucesor de Pedro, los obispos son los sucesores de los apóstoles. Desde entonces, los nuevos dirigentes de la Iglesia son consagrados mediante la imposición de manos, una tradición que dura hasta hoy (sucesión apostólica).

Una de las funciones más importantes de los obispos es la de ordenar a los sacerdotes en sus diócesis. La tarea principal de los sacerdotes es la de dirigir a su parroquia o comunidad, sobre todo mediante la misa y la administración de los sacramentos. Aunque se ha registrado una creciente participación secular en tiempos más recientes, el sacerdote sigue desempeñando un papel más destacado que en otras Iglesias. Esto se debe sobre todo a la autorización especial para predicar la Palabra y administrar los sacramentos (las manifestaciones visibles de la gracia de Dios) que reciben los sacerdotes cuando son consagrados por el obispo.

Como podemos comprobar, la estricta organización de la Iglesia católica no es una casualidad, porque se considera que esta ha sido instituida por el propio Jesús como una expresión visible del reino de Dios en la tierra. Los sacerdotes están obligados a dedicar su vida a Dios, a la Iglesia y a los seres humanos. Por esta razón no pueden casarse ni fundar una familia.

Las mujeres no están autorizadas a ser sacerdotes en la Iglesia católica. El tema está siendo debatido, sobre todo en Estados Unidos, y se alega que no existe fundamento alguno en la Biblia en contra de mujeres sacerdotes, solo razones culturales y tradicionales.

La Iglesia: una, santa, católica y apostólica

Los católicos aprenden que la Iglesia tiene cuatro características que también estuvieron presentes en sus primeros tiempos:

Es única: fieles a las palabras de Jesús sobre la unidad, los apóstoles se encargaron de que todos los cristianos aprendieran la misma fe y la misma manera de vivir una vida cristiana. La expresión «Iglesia única» señala además que solo existe una única y verdadera Iglesia.

Es santa: el catecismo católico lo explica de esta manera: «La Iglesia católica es santa, porque ha recibido de Dios una doctrina santa y medios (sacramentos) para conducir a los seres humanos hacia la santidad».

Es católica: lo que significa que es universal, de alcance mundial, para todos los seres humanos. Los primeros cristianos siguieron la llamada de Jesús de llevar el evangelio a todos los pueblos, y la Iglesia sigue su actividad misionera por todo el planeta.

Es apostólica: de acuerdo con la sucesión apostólica, es guiada por personas que son los sucesores de los apóstoles, siguiendo fielmente su enseñanza.

Fundamentos: Biblia y tradición

Huelga decir que la Iglesia católica construye en gran medida su vida y su doctrina sobre la Biblia. Pero la Biblia se considera vinculada a la tradición, que consta de las doctrinas y costumbres heredadas de la Iglesia del tiempo de los apóstoles. La tradición no es, claro está, una transferencia mecánica de la herencia oral de los apóstoles, sino una constante evolución de las posibilidades que se encuentran en el evangelio. Con la ayuda del Espíritu Santo, la Iglesia será capaz de comprender y explicar el mensaje de Dios con más claridad aún. Sea cual sea el significado de la tradición, entre los católicos existe la creencia de que solo la Iglesia, no el individuo creyente, puede definir su contenido.

Sobre esta base se pueden entender las palabras del catecismo católico: «La transmisión viva, llevada a cabo en el Espíritu Santo, es llamada la Tradición en cuanto distinta a la Sagrada Escritura, aunque estrechamente ligada a ella. Por ella, la Iglesia con su enseñanza, su vida, su culto, conserva y transmite a todas las edades lo que es y lo que cree».

Doctrina de la Iglesia: salvación y sacramentos

La Iglesia católica comparte una serie de doctrinas con otras Iglesias cristianas. Entre las escrituras fundamentales están sobre todo la Biblia y los tres antiguos credos.

Analizaremos dos aspectos, la salvación y los sacramentos, sobre los que la opinión católica difiere de otras.

La salvación

El punto de partida es el concepto católico del ser humano: el hombre fue creado a semejanza de Dios y por tanto tiene un alma inmortal, además de libre albedrío. Pero los humanos abusaron del libre albedrío, desobedeciendo a Dios, lo que los condujo por el sendero equivocado, alejándolos de Dios y de Su voluntad. Esta caída del estado de gracia ha perseguido desde entonces a la humanidad en forma de pecado original. El libre albedrío se ha reducido, pero todavía existe. Después de la caída, los humanos han conservado la capacidad de realizar buenas acciones, las cuales constituyen un requisito para lograr la salvación. Pero el ser humano es incapaz de salvarse a sí mismo.

El ser humano solo puede salvarse por medio de Cristo, por medio de su vida de obediencia a Dios, por medio de su sacrificio expiatorio en la cruz y su resurrección.

Pero Dios no impone la salvación al ser humano. Este ha de querer recibirla mediante su fe en la palabra de Dios, tal y cómo es predicada en la iglesia. La salvación se percibe como una colaboración entre Dios y el ser humano. Tanto la fe como la acción requieren la gracia de Dios. Los sacramentos transmiten esta gracia, y con ellos los católicos consiguen fuerza para vivir conforme a la voluntad de Dios. Pero la salvación final solo se consigue después de la muerte. Esta vida no es más que una preparación para ella.

Los siete sacramentos

Los sacramentos son señales visibles que emplea Dios para conceder su gracia a los seres humanos. Normalmente, los sacramentos son administrados por un obispo o un sacerdote. Deben ser recibidos «merecidamente» (excepto el bautismo infantil), es decir, en la fe y con la voluntad de amar a Dios y al prójimo. La Iglesia católica tiene siete sacramentos.

Bautismo. La Iglesia católica practica el bautismo infantil. El bautismo es el sacramento fundamental, por medio del cual el niño es incluido en la Iglesia y recibe la gracia santificante.

Confirmación. Este sacramento suele ser administrado alrededor de los doce años, tras una exhaustiva enseñanza de las doctrinas de la Iglesia. La confirmación es administrada por un obispo, preferentemente en la época cercana a Pentecostés. Su punto culminante es la unción con aceite.

Eucaristía. La eucaristía forma parte de la ceremonia de la misa y consta de pan y vino, aunque por razones prácticas fue común durante mucho tiempo que la congregación solo recibiera el pan consagrado, o la hostia. Hoy es cada vez más corriente repartir también el vino. Cuando el sacerdote lee las palabras inaugurales de la primera eucaristía, lo hace en el nombre de Jesús, como si el propio Jesús estuviera presente. La Iglesia católica sostiene que el pan y el vino se transforman en el cuerpo y la sangre de Jesucristo, y que él, por tanto, está realmente presente durante la eucaristía. El aspecto, el olor y el sabor del pan y el vino permanecen inalterados, pero lo que se llama —con una palabra filosófica— «la sustancia» cambia. Esta doctrina se conoce como la transustanciación. La ceremonia de la eucaristía ofrece a los creyentes participar en el sacrificio de Jesús en el Gólgota. La eucaristía es una ceremonia en la que Cristo se ofrece como sacrificio expiatorio a Dios. Por ello la eucaristía también se denomina *el sacrificio de la misa*. Los que participan en la ceremonia de la eucaristía reciben la absolución como resultado de la muerte sacrificial de Jesús.

Otro término empleado para la eucaristía es el de *comunión*, que expresa un importante aspecto del sacramento: la unión entre los miembros de la congregación unidos en una comida común.

Normalmente, después de la eucaristía suele quedar algo del pan consagrado. Este se guarda en un armario especial denominado «tabernáculo», en el que arde una luz roja. Los creyentes se arrodillan y lo veneran como el Cristo vivo en forma de pan. Una vez al año, en la fiesta de Corpus Christi, el sagrario es sacado solemnemente en procesión.

Penitencia. El sacramento de la penitencia consiste en la confesión, la absolución y los actos de expiación.

En el confesionario los fieles confiesan sus pecados a un sacerdote, que les concede la absolución. Esto no significa que sea el sacerdote el que los perdona. Él simplemente transmite el perdón de Dios al arrepentido. El sacramento de la penitencia supone arrepentimiento y un firme propósito de no reincidir en el pecado.

El sacerdote impone actos de penitencia, que en otros tiempos podían ser muy severos. Hoy en día suelen consistir en rezar alguna oración, ayunar o dar limosnas.

Unción de enfermos. El sacerdote unge al enfermo la frente y las manos, diciendo: «Por esta santa unción y por su bondadosa misericordia, te ayude el Señor con la gracia del Espíritu Santo. Para que, libre de tus pecados, te conceda la salvación y te conforte en tu enfermedad».

La unción pretende ofrecer al enfermo fuerza espiritual y consuelo. La unción solo se administra a los enfermos graves. En otros tiempos se llamaba «extremaunción» porque se administraba sobre todo a los moribundos.

Orden sacerdotal. Es decir, la ordenación para el estado clerical. La ordenación la realiza un obispo mediante oración e imposición de manos. Concede el derecho a administrar los sacramentos de la Iglesia. Según la doctrina de la Iglesia católica, el sacerdocio fue instituido por el hecho de que Jesús inaugurara la eucaristía.

Matrimonio. Lo crucial en este sacramento no es la bendición del sacerdote, sino la promesa que los novios se hacen en presencia del sacerdote y los testigos. Los católicos consideran el matrimonio como algo indisoluble, y no se autoriza el divorcio. Pero si no se cumplen las condiciones impuestas por la Iglesia para un verdadero matrimonio, este puede ser declarado nulo.

Una encíclica papal de 1968 desaconsejaba el uso de anticonceptivos artificiales, pero esta consideración no ha tenido una aceptación generalizada dentro de la Iglesia católica. El uso de anticonceptivos suele ir unido al contexto cultural.

Los sacramentales son los medios que tiene la Iglesia para pedir la bendición de Dios para aquellos que los reciben o emplean. Son símbolos, ceremonias, bendiciones y objetos consagrados que deben despertar la devoción en los creyentes; por ejemplo, la bendición de un enfermo o de un niño; rosarios, crucifijos y medallas; agua (agua bendita), ceniza (el Miércoles de Ceniza), hoja de palma (el Domingo de Ramos), velas (el 2 de febrero), fuego (el Sábado Santo).

Al contrario que los sacramentos, los sacramentales no fueron instituidos por Jesús, sino por la Iglesia, y su efecto no es producido por una fuerza divina inherente, sino por nuestras oraciones y las de la Iglesia.

El servicio religioso

Los servicios religiosos desempeñan un papel esencial en la Iglesia católica. Según el catecismo católico, el creyente debe acudir a misa cada domingo. Además de la misa también existen otras clases de servicios, como por ejemplo las horas canónigas, así llamadas porque desde los tiempos antiguos este servicio se celebraba a determinadas horas del día. Es una ceremonia que se practica sobre todo en los conventos. Suelen rezarse como una oración antifonal (en forma de preguntas y respuestas), a veces entre el sacerdote y la congregación, pero más a menudo entre sacerdotes, monjas, monjes, etc., y constan en su mayor parte de los salmos de David, himnos y lecturas de la Biblia.

La misa «solemne» suele celebrarse los domingos por la mañana y empieza con la entrada en procesión del sacerdote y los monaguillos. Las partes de la misa son esencialmente las mismas que en el servicio religioso luterano, es decir, la confesión de los pecados, Gloria («Gloria a Dios en las alturas»), el sermón, el Credo y, el punto culminante, la eucaristía. La atención de la congregación se centra en el sacerdote y sus actos junto al altar, pero esto no significa que los congregados estén pasivos. Toman parte activa en los cantos, se arrodillan y se santiguan, viviendo intensamente los actos simbólicos que se dirigen a los cinco sentidos: el agua bendita, el incienso, el beso de la paz, los colores litúrgicos y el canto.

Características especiales:
el pueblo de Dios, María y los santos

Los católicos creen que «el pueblo de Dios», la gran comunidad de todos los creyentes, no solo incluye a los vivos, sino también a los muertos, es decir, a aquellos que están sufriendo en el purgatorio y a los bienaventurados que están en el cielo.

La doctrina que enseña que los muertos tienen que ser purificados en el purgatorio antes de poder ser salvados tiene sus raíces en los primeros tiempos de la Iglesia.

Basándose en ciertos pasajes bíblicos, la Iglesia dice que aquellas almas destinadas a la salvación, pero que no estaban completamente puras cuando abandonaron la tierra, han de pasar por un fuego purificante.

El fuego no debe entenderse literalmente, sino más bien como una purificación espiritual. Los creyentes en la tierra pueden acortar el tiempo en el purgatorio de los muertos realizando sufragios por ellos. En un día determinado del año eclesiástico, el Día de Todos los Santos, se conmemora a los muertos.

Los creyentes dirigen sus oraciones no solo a Jesucristo, sino también a María y a los santos, porque ellos fueron especialmente cercanos a Jesucristo. Esto explica en parte el importantísimo papel que han desempeñado María y los santos en la Iglesia católica. Los creyentes los honran y los veneran, y ruegan su intercesión, pero no los adoran.

Por todas partes, en los países católicos, se encuentran imágenes y estatuas de María y el Niño Jesús: en las iglesias, en las fachadas de las casas, a lo largo de las carreteras. La oración más común, aparte del padrenuestro, es el avemaría:

Dios te salve, María. Llena eres de gracia.
El Señor es contigo.
Bendita tú eres entre todas las mujeres,
Y bendito es el fruto de tu vientre, Jesús.
Santa María, madre de Dios,
Ruega por nosotros pecadores, ahora y en la hora de nuestra muerte.
Amén.

En tiempos recientes, el lugar de María en la Iglesia se ha definido con más precisión. En el transcurso de los últimos ciento cincuenta años, el papa ha declarado que ella está libre del pecado original y que ascendió en cuerpo y alma al cielo. Esta doctrina se basa en una antiquísima tradición cristiana.

Los santos son seres humanos que han dedicado su vida a honrar a Dios de un modo excepcional, por ejemplo, sufriendo la muerte del martirio o haciendo milagros. Hasta el año 1172 los obispos podían decidir si una persona podía ser canonizada, pero desde entonces únicamente puede decidirlo el papa. La canonización solo tiene lugar tras una larga y exhaustiva investigación de la vida de la persona en cuestión. Las iglesias y las capillas tienen nombres de santos; desde la Edad Media varios oficios tienen su santo patrón, y los días del año reciben sus nombres de ellos.

Conventos y órdenes

El sistema monástico se desarrolló en los primeros tiempos de la Iglesia sobre la base de la vida ermitaña. Existen innumerables órdenes de monjes y monjas con reglas algo diferentes entre ellas. Algunas son introspectivas y ponen gran énfasis en la oración y la meditación, otras se centran en la predicación y participación en el debate público, otras en las misiones, y otras se dedican sobre todo a las obras sociales. Común a todas son tres exigencias básicas que sus miembros han de cumplir durante toda su vida: pobreza, celibato y obediencia a la dirección de la orden.

Renovación católica:
el Concilio Vaticano II

Desde la década de 1960, la Iglesia católica ha pasado por una gran renovación, en parte inspirada por el papa Juan XXIII cuando convocó en 1962 una nueva reunión, o concilio, en el Vaticano.

Una de las decisiones cruciales tomadas en dicho concilio fue que las misas ya no se dirían en latín, sino en la lengua propia de cada país: italiano, griego, alemán, noruego, español, etcétera.

También se decidió apelar a los creyentes a que leyeran la Biblia, preferentemente en una traducción moderna, y se pusieron en marcha grupos de Estudios Bíblicos. Desde la Reforma, la Iglesia católica no había animado a los legos a leer la Biblia, porque se temía que su lectura pudiera conducir a herejías.

La relación con otras Iglesias también se ha visto alterada en las últimas décadas. La Iglesia católica ya no rechaza cualquier contacto con otras y participa en muchos contextos ecuménicos. No es miembro del Consejo Mundial de Iglesias, pero envía sus observadores a las reuniones. Además, ha iniciado una serie de diálogos con otras comunidades religiosas sobre cuestiones humanas comunes, tales como el matrimonio, la emigración y la relación entre países pobres y ricos.

2. Iglesia ortodoxa

Extensión

La Iglesia ortodoxa también se conoce como Iglesia oriental, ya que tiene su sede en Oriente Próximo, al contrario que la Iglesia occidental, que tiene la suya en Roma. Desde Jerusalén y Estambul (Constantinopla), la Iglesia ortodoxa se extendió a Bulgaria, Rumania, Grecia y Rusia, donde hoy en día se encuentra su centro de gravedad. Hay además cinco millones de ortodoxos en Estados Unidos, como resultado de la emigración desde Europa Oriental a causa de las circunstancias políticas. Es difícil calcular cuánta gente pertenece hoy a la Iglesia ortodoxa, pero se estima que unos 150 millones.

Organización

Las diferencias y desacuerdos con la Iglesia occidental y latinoparlante surgieron muy pronto, y las Iglesias orientales se negaron a reconocer la supremacía del Papa. La ruptura definitiva con Roma acaeció en 1054. Las Iglesias ortodoxas no tienen un líder o una dirección común, sino que son independientes y autónomas. Cada una de ellas es dirigida por un patriarca, como por ejemplo los de Jerusalén, Constantinopla y Moscú.

En Grecia, donde casi la totalidad de la población pertenece a la Iglesia ortodoxa, se ha convertido en Iglesia oficial del Estado. En Finlandia, donde hay unos 75.000 cristianos ortodoxos, también es Iglesia oficial del Estado, junto con la luterana.

En Rusia, la Iglesia ortodoxa estuvo estrechamente ligada al régimen zarista y fue por tanto objeto de muchas y graves persecuciones después de la Revolución de 1917.

El clero está dividido en los siguientes grados, de arriba abajo: patriarca, metropolitano, arzobispo, obispo, sacerdote y diácono. Se exige el celibato a los obispos, pero no a los sacerdotes. No obstante, el matrimonio tiene que haberse contraído antes de la ordenación. La Iglesia ortodoxa tiene conventos y monjes, pero no se trata de órdenes separadas e independientes, como en la Iglesia católica. Cada convento tiene su propia organización y está sometido a la jurisdicción del obispo local.

Fundamentos: Biblia y tradición

El fundamento de la doctrina ortodoxa es la tradición, tal y cómo se expresa en la Biblia, y los pronunciamientos de los siete primeros concilios (325-789). El más importante es el Credo niceno, que se considera la máxima expresión de la fe ortodoxa.

Ahora bien, la tradición para los ortodoxos no es solo una serie de dogmas, sino, con sus propias palabras, «la viva corriente que recorre la historia y el presente, siempre pulsante e innovadora».

Doctrina: la salvación

La Iglesia ortodoxa se denomina en muchas ocasiones la Iglesia de la resurrección, por el énfasis que pone en la resurrección de Cristo. Lo esencial de esta doctrina es que Jesucristo, a la vez plenamente hombre y plenamente Dios, ha traído la salvación mediante su victoria sobre la muerte. Gracias a esta victoria ha hecho inmortal a la humanidad. Muy importante es que los seres humanos están destinados a ser divinos, a llenarse de Dios.

Empezó cuando Cristo descendió a la tierra y «se convirtió en hombre para que nosotros podamos volvernos divinos» (Atanasio, aprox. año 300).

Los sacramentos

Hay siete sacramentos, pero todo lo que hace la Iglesia se considera sacramental. Es habitual el bautismo infantil, seguido inmediatamente por la crisma (confirmación), razón por la cual también los niños participan en la eucaristía. Es creencia ortodoxa que el pan y el vino se convierten en el cuerpo y la sangre de Cristo mediante el Espíritu Santo.

El Juicio final

En lo que se refiere al Juicio final, se suele distinguir entre los salvados y los condenados. Pero muchos ortodoxos se han retractado de la doctrina de la perdición eterna, basándose en la doctrina del padre de la Iglesia, Orígenes, sobre «la redención de todas las cosas» (apocatástasis), es decir, que al final todos los seres humanos serán salvados, incluso Satanás y sus ángeles. Esta doctrina fue denunciada en un concilio en el año 553, pero ha vuelto a aparecer con varios teólogos ortodoxos actuales, que no han sido señalados como herejes por su Iglesia.

El servicio religioso

Con el fin de entender el servicio religioso ortodoxo, primero hay que familiarizarse con el propio edificio eclesiástico, que está construido según el modelo del templo de Salomón en Jerusalén. Se entra primero en el vestíbulo, donde se encuentra la pila bautismal, un símbolo de que el bautismo es la entrada a la Iglesia.

Más allá está la nave donde la congregación permanece de pie durante el servicio. Oculto detrás de un panel está el santuario, lo que en el templo del Antiguo Testamento se llamaba «lo Santo de los Santos». En él solo entra el sacerdote, pero la congregación puede seguir el servicio cuando las puertas están abiertas.

Este panel se llama iconasta (pared o panel de imágenes) por estar cubierto con las típicas pinturas ortodoxas, los iconos. Son imágenes de Cristo, María, los apóstoles y los santos. Para un ortodoxo creyente, Dios se revela mediante los iconos, que también se tienen en las casas. Las imágenes se emplean para la meditación.

El servicio religioso ortodoxo impresiona a muchos por su belleza. Se celebran procesiones con velas e incienso, se encienden y se apagan las luces, el creyente se arrodilla y besa los iconos. La mayor parte de los cantos son entonados por un coro en la lengua vernácula al estilo antiguo, sin instrumentos.

Y sin embargo, lo más importante no son las ceremonias externas, sino el contenido que simbolizan. La misa es una repetición simbólica de toda la historia de la salvación, desde la creación obrada por Dios, pasando por el nacimiento y muerte de Cristo, hasta la resurrección.

El día eclesiástico comienza a las seis de la tarde con el ciclo, que consta de: misa de la tarde, misa de la mañana y liturgia (misa mayor). La Creación se simboliza al comienzo de la misa de la tarde con la entrada del sacerdote en la nave, que se ilumina del todo, y se cantan extractos de los salmos de David. Luego el sacerdote se retira al santuario, cerrando la puerta tras él, y las luces se apagan, simbolizando la caída del hombre y la puerta cerrada al Paraíso.

Más tarde, cuando el sacerdote y su ayudante atraviesan de nuevo la iglesia con velas e incienso al principio de la liturgia, se quiere simbolizar el nacimiento de Cristo y cómo Él ilumina el camino del hombre.

La culminación de la liturgia es la eucaristía. Primero se consagran el pan y el vino en el santuario, y el sacerdote y el diácono reciben el sacramento en el altar. Luego se abre la puerta doble en medio del iconasta, llamada Puerta Real. La congregación avanza y se queda de pie para recibir el cuerpo y la sangre de Cristo.

Debido a su gran énfasis en la resurrección de Cristo, el servicio más importante de la Iglesia ortodoxa es el que se celebra en la noche del Domingo de Pascua.

La decisiva importancia de la misa está relacionada con la comprensión de la fe, una comprensión extraída ante todo del Evangelio según Juan. La fe no surge por especulación o mediante el estudio, sino con la inmersión del creyente en el gran misterio del cristianismo. Y esta compenetración ocurre sobre todo en la misa ortodoxa.

La Reforma protestante

En el siglo XVI tuvo lugar una gran revolución eclesiástica en Europa Occidental, que trajo consigo enormes cambios en esta zona en la que el dominio de la Iglesia católica había sido absoluto durante toda la Edad Media. Esta revolución se debió tanto a causas políticas como religiosas. Muchos reyes estaban descontentos con el gran poder terrenal del papa, y cierto número de teólogos criticaban la doctrina de la Iglesia, las condiciones de la fe y la organización de las congregaciones. Estas diferencias de ideas y motivos dieron lugar a la aparición de nuevas comunidades religiosas.

En Inglaterra, el rey Enrique VIII (1491-1547) rompió con el Papa porque este no le concedió permiso para divorciarse. Se nombró a sí mismo cabeza de la Iglesia. No fue una ruptura doctrinal, pero la Iglesia de Inglaterra (The Church of England) adoptaría con el tiempo varias ideas de la Reforma. Hoy en día el anglicanismo abarca a creyentes con una noción casi católica del servicio divino, y a otros mucho más influenciados por el puritanismo y movimientos evangelistas más recientes.

Sobre todo fue el monje agustino alemán Martín Lutero el causante del conflicto teológico, con su gran énfasis en la fe y la palabra (la Biblia). Varios príncipes alemanes que estaban descontentos con el poder del papa apoyaron a Lutero y convirtieron a la Iglesia de sus principados en Iglesia del Estado, para la que regía el precepto de que la religión del príncipe era la religión de los súbditos.

Los reformadores Ulrico Zwinglio (1484-1531) y Juan Calvino (1509-1564) representaron un cisma mucho más radical con el catolicismo. Atribuían una importancia mucho menor al bautismo y a la eucaristía que los católicos y los luteranos, y mucho mayor a la organización de la Iglesia. Querían seguir lo que en su opinión eran los preceptos del Nuevo Testamento. La congregación es dirigida y administrada por delegados elegidos democráticamente que, junto con los pastores, conforman la Asamblea General, o Presbiterio; por eso esta Iglesia reformada se llama presbiteriana.

Esta Iglesia reformada sería la principal Iglesia protestante en los países en que los príncipes no introdujeron el cristianismo como religión del Estado, es decir, en los Países Bajos, Suiza y Escocia, entre otros.

3. Iglesia luterana

Extensión

El fundador de la iglesia luterana, Martín Lutero (1483-1546), era alemán, y en la Alemania actual la Iglesia luterana es la más importante, aparte de la católica. No obstante, solo los países escandinavos tienen una población casi exclusivamente luterana. Con la emigración a América del Norte en el siglo XIX, los escandinavos y los alemanes llevaron consigo su fe, y en Estados Unidos los luteranos constituyen, con sus seis millones de adeptos, la cuarta comunidad religiosa del país. También la actividad misionera de los luteranos en el transcurso de ciento cincuenta años ha creado muchas iglesias misioneras por el mundo. La más grande de ellas es la iglesia Batak, en Indonesia. En Noruega hay dos Iglesias luteranas: la Iglesia Estatal Noruega y la Iglesia Luterana Evangélica Libre.

Organización

«La Iglesia es la sociedad de los santos, en la que el evangelio se predica fielmente y en la que los sacramentos se administran correctamente».

Esta definición luterana de la Iglesia concede más importancia a la tarea de la iglesia que a la organización en sí.

La Iglesia de Cristo es invisible, y puede por tanto constar de personas de diferentes comunidades religiosas. No es determinante la unión de personas con opiniones iguales, sino el que el propio Cristo hable y actúe en su palabra y en los sacramentos que Él mismo ha instituido. Por esa razón la misa constituye el punto central de la Iglesia.

Un pastor luterano no tiene la misma posición especial respecto a otros cristianos que tiene el sacerdote católico. Lutero distinguía entre el sacerdocio general y el ministerio eclesiástico especial.

El sacerdocio general significa que cualquier cristiano mediante el bautismo y la fe puede ser su propio sacerdote; sin necesidad de ningún intermediario para dirigirse a Dios con sus oraciones.

El ministerio clerical es algo muy distinto. Ha sido instituido por Dios para que se predique el evangelio y se administren los sacramentos. El ministro no recibe ninguna habilidad o calidad especial en la ordenación. Es un cristiano cualquiera que ocupa una posición especial en la congregación.

Mujeres pastores

El sacerdocio en las Iglesias protestantes ha estado reservado a los hombres hasta bien entrado el siglo XX. Algunas Iglesias luteranas alemanas han contado con mujeres ayudantes del pastor desde los años 1920. En Suecia se eliminó el último impedimento constitucional para el sacerdocio de las mujeres en 1945, en Dinamarca en 1947, y en Noruega ya en 1938, no sin una cláusula adicional que decía que no se debía emplear a una mujer si la congregación, por razones de principio, estaba en contra. Esta cláusula se derogó en 1956.

Las mujeres en la parroquia

Las mujeres siempre han desempeñado un papel esencial en la vida de la Iglesia oficial y en muchas organizaciones de voluntarios, pero hasta ahora se trataba de un papel subordinado. Los puestos importantes los han ocupado los hombres, y en ciertas organizaciones siguen siendo solo hombres los dirigentes, o los predicadores. Esto hay que verlo en relación con el sistema patriarcal, que ha caracterizado la Iglesia hasta nuestros días. El apóstol Pablo se cita a menudo en relación con la subordinación de la mujer al hombre (Efesios 5, 22-24; Colosenses 3, 18).

Iglesia del Estado

Las Iglesias luteranas fueron instituciones estatales desde el principio. El soberano era también la cabeza de la Iglesia, y nombraba a altos funcionarios para administrarla. Las características principales de este sistema se han conservado hasta nuestros días en ciertas Iglesias, por ejemplo en Noruega. En Alemania, sin embargo, la Iglesia y el Estado fueron separados en 1919. En Estados Unidos las Iglesias luteranas fueron independientes desde el principio, igual que todas las demás comunidades religiosas. En Noruega es el rey, es decir, en la práctica el Gobierno, el que ostenta la autoridad suprema de la Iglesia y el que nombra a los pastores y obispos. En tiempos más recientes el Consejo Episcopal, los capítulos diocesanos y el sínodo han ido ganando una mayor autonomía, sobre todo en asuntos prácticos. El derecho a nombrar a los pastores, por ejemplo, se va ya a ceder a la Iglesia.

Fundamentos: únicamente la Biblia

Mientras los fundamentos de la Iglesia católica son la Biblia y la tradición, el principio luterano es que únicamente la Biblia sea la autoridad. Lutero se rebeló contra una serie de circunstancias de la Iglesia católica, porque su conciencia le obligó a ello. Pero, para él, esta conciencia estaba guiada por la palabra de Dios, es decir, por la Biblia.

El propio Lutero sabía que no bastaba con remitir a la Biblia, porque la gente la interpreta de diferentes modos. Él opinaba que era muy importante que se estudiara a fondo en las lenguas originales, es decir, en griego y hebreo, y este principio sigue vigente en la formación de los sacerdotes luteranos.

Mediante este estudio bíblico se encontrará lo esencial y más importante del cristianismo: la salvación a través de la fe en Cristo. El resto del contenido de la Biblia habrá de evaluarse bajo este principio guía. Por tanto, no basta con fundamentar un dogma o una tradición eclesiástica haciendo referencia a un par de textos bíblicos, ya que estos han de armonizar con el principio central. Esto significa que no todas las partes de la Biblia son igual de importantes.

Los dirigentes de la Iglesia luterana intentaron formular las doctrinas más importantes basándose en este principio clave. Así surgió una serie de confesiones que resumen la doctrina luterana. La más importante es sin duda la Confesión de Augsburgo (la Augustana).

Doctrina: la salvación, únicamente mediante la fe

El artículo más importante de la Augustana dice lo siguiente: «Nuestras iglesias también enseñan que los hombres no pueden justificarse ante Dios por su propia fuerza, méritos u obras, sino que son libremente justificados por el amor de Dios por medio de la fe».

Esto resume el principio luterano clave referente a la salvación, o justificación, solo mediante la fe.

El hombre es pecaminoso y no puede librarse del pecado por su propio esfuerzo. Aunque un individuo pueda hacer buenas obras y seguir las prescripciones de la Iglesia, esto no le hace merecedor de la salvación.

Debido a sus pecados, el hombre merece ser castigado, pero Dios perdona el castigo, Dios absuelve al hombre y esto es lo que quiere decir justificar. Y sucede porque Jesús asume los pecados de todos los hombres y sufre en su lugar.

He aquí la oferta de salvación de Dios, una oferta que el hombre puede aceptar a través de la fe. Pero tampoco la fe es un logro, no basta con aceptar sin más un conjunto de doctrinas, hay que creer en la gracia de Dios, en la misericordia de Dios.

Los sacramentos

Según el luteranismo, un sacramento es «un acto sagrado instituido por Dios y por el que Dios, con una señal visible, concede una gracia invisible». La yuxtaposición de «palabra y sacramento» es habitual en la predicación luterana, y subraya la importancia de las dos cosas tanto para la Iglesia como para el individuo. La Iglesia luterana tiene dos sacramentos: el bautismo y la eucaristía.

El bautismo. Introduce al ser humano en la comunidad de Dios, convirtiéndolo en «un hijo de Dios». Al contrario de otros reformadores, Lutero mantuvo el bautismo infantil porque el bautismo subraya que es Dios el que regala algo al hombre, sin que este lo merezca. «El que creyere y fuere bautizado se salvará» (Marcos 16, 16).

Por esta razón la Iglesia se ha esforzado por educar al bautizado en el cristianismo (escuela de domingo, enseñanza de la religión en el colegio, preparación para la confirmación).

La eucaristía. La visión que tiene la Iglesia luterana de la eucaristía se encuentra a medio camino entre la de los católicos y la de otros protestantes. No está de acuerdo con los católicos en que el pan y el vino se conviertan en el cuerpo y la sangre de Jesucristo, pero tampoco da la razón a los que solo ven el pan y el vino como símbolos. Lutero dice que el cuerpo y la sangre de Cristo en verdad están presentes, pero a la vez los elementos de la eucaristía también son pan y vino.

Lo crucial para Lutero es que Dios concede la absolución de los pecados en la eucaristía, como se subraya en sus palabras iniciales.

La vida: regalo y obligación

Para Lutero, la vida es un regalo de Dios. Los goces del mundo pertenecen a lo creado por ese mismo Dios, que mediante su acto de salvación muestra su amor por los seres humanos. Por esa razón Lutero rechazó la idea de una vida ascética. Lo que debe caracterizar al cristiano son la gratitud por la vida y la alegría de vivir. En particular, una característica esencial del luteranismo es su alta valoración del matrimonio y del hogar.

Pero la vida también es una obligación. Sobre este punto elaboró Lutero su doctrina de la ética vocacional. «Vocación» equivalía para

él a posición social y trabajo. Cuando un individuo cumple con-
cienzudamente con su vocación terrenal, utilizando los dones que
ha recibido, sirve a Dios. La Iglesia ha emulado a Lutero al predicar,
por ejemplo, que una vocación cívica es un acto de devoción.

El servicio religioso

La palabra es esencial en un servicio religioso luterano, y siempre
lo ha sido. El sermón desempeña un papel esencial, ya que ha de
revelar la palabra de Dios ante la congregación. El canto de himnos
en la lengua vernácula (no en latín) siempre ha sido importante,
y el propio Lutero escribió y tradujo muchos de ellos. También la
propia misa se ha celebrado en la lengua vernácula desde los tiempos de Lutero. Por otra parte, los luteranos han conservado muchos
más elementos de la vieja misa católica que el resto de protestantes.
La ornamentación de las iglesias es casi la misma que la de las iglesias católicas, excepto en lo que se refiere a las imágenes de María
y los santos; el año eclesiástico está organizado de igual modo, y la
misa sigue el mismo modelo.

Movimientos cristianos más recientes

Las principales comunidades protestantes que surgieron de la Reforma fueron la Iglesia luterana y la Iglesia reformada. Pero ya en
el siglo XVI existía un ala aún más radical que deseaba crear sus
propias congregaciones «puras».

Bautismo infantil frente a bautismo de adultos

El rasgo más destacado de estas congregaciones radicales era el
rechazo a aceptar el bautismo infantil, reconociendo únicamente
el de adultos, es decir, de los creyentes conscientes de serlo. La

admisión en la comunidad se realizaba por medio del bautismo, y como muchos de ellos ya habían sido bautizados de pequeños, sus adversarios los llamaban «los rebautizados» (anabaptistas). Este movimiento se inició en Suiza, Alemania y los Países Bajos, pero fue en gran parte erradicado debido a la persecución a la que fue sometido por parte de las autoridades católicas y luteranas. A pesar de ello en los Países Bajos sobrevivió un pequeño grupo, y fue allí donde exiliados ingleses reformados, con John Smith a la cabeza, se encontraron con las nuevas ideas y crearon la nueva congregación baptista en 1609.

En el siglo XVII se produjo la irrupción de una serie de movimientos que cristalizaron en nuevas comunidades religiosas con muchos rasgos en común. Tanto los baptistas, como los adventistas y pentecostalistas rechazan el bautismo infantil y practican el de adultos, que se realiza mediante inmersión total. Los metodistas practican el bautismo infantil, pero no consideran a los niños miembros plenos de la congregación antes de que confirmen su voto bautismal ya de adultos, declarándose conformes con la doctrina de la Iglesia.

Avivamiento y conversión

«Avivamiento» (*revival*, en inglés; revivalismo) y «conversión personal» son dos expresiones clave en estas comunidades religiosas de tiempos recientes. Los servicios religiosos, o reuniones, se caracterizan por una libertad mayor, es decir, no tienen las liturgias fijas de las Iglesias católica y luterana, por ejemplo. No obstante, cuentan con elementos regulares tales como canto, lecturas bíblicas, oración libre, sermón y testimonios personales de la fe. También están simplificados la decoración del templo y el traje del pastor, sobre todo en las Iglesias pentecostalistas, en las que la decoración a menudo se limita a un crucifijo y un pasaje de la Biblia escrito en la pared. Los dirigentes de la congregación no llevan ninguna vestimenta especial.

También su organización es en general menos rígida, en muchos casos las congregaciones son completamente independientes las unas de las otras.

Piedad y moderación

Otro rasgo común de la mayor parte de estos movimientos es la herencia puritana del calvinismo. Se da mucha importancia a una vida formal, piadosa y moderada; se rechazan el lujo externo y la diversión. No obstante, desde el final de la Segunda Guerra Mundial, la nueva sociedad del bienestar ha traído grandes cambios.

En algunas de estas comunidades religiosas, en particular en el metodismo y el Ejército de Salvación, la moderación se combina con constantes obras sociales a favor de los grupos más desfavorecidos de la sociedad.

Factores como el avivamiento y la conversión personal no son exclusivos de las comunidades religiosas más recientes. Estos elementos también han penetrado en los movimientos laicos y en las organizaciones misioneras de la Iglesia luterana.

A continuación presentamos primero una lista con información esencial sobre las distintas comunidades religiosas, y luego estudiaremos ciertos rasgos especiales de cada una de ellas:

4. Iglesia metodista

El principio fundamental del metodismo es que Cristo murió por todos los seres humanos, y que la oferta de salvación de Dios es aplicable a todo el que quiera recibirla. Una expresión muy recurrente en los sermones e himnos metodistas es «la gracia libre».

El metodismo hace especial hincapié en la conciencia de la salvación, es decir, que ser salvado puede vivirse como una experiencia espiritual. Esto ocurre a menudo mediante una repentina conversión, un avivamiento.

También la santificación desempeña un importante papel en el metodismo. El bautismo y la conversión conducen al renacimiento y la transformación de la naturaleza humana.

El objetivo del ser humano es ser perfecto, es decir, crecer en amor y santidad hasta llegar a amar a Dios y al prójimo como a uno mismo. Esto no significa que los metodistas crean que el hombre puede llegar a estar libre de pecado, pero se puede llegar a no pecar conscientemente.

El metodismo tiene un carácter puritano, y exige a sus adeptos que vivan una vida disciplinada, sin placeres mundanos. A esto se añade una extensa labor social desde sus orígenes, dirigida a la clase obrera inglesa pobre. Orfanatos, residencias de ancianos y asistencia a alcohólicos formaron parte de esta labor, y así ha sido desde entonces, también en las misiones metodistas en otras partes del mundo.

5. Iglesia baptista

La Biblia, y en especial el Nuevo Testamento, constituye el fundamento de la doctrina y de la práctica de los baptistas. Tanto en lo que se refiere al bautismo como a la autonomía de la congregación, los baptistas se remiten a ejemplos del Nuevo Testamento. Formularon una serie de declaraciones de fe, pero no son vinculantes para la comunidad religiosa en general, solo expresiones de lo que enseñan los baptistas en un determinado momento y lugar.

El núcleo de los baptistas es la congregación, y en consecuencia también el bautismo ocupa un lugar destacado. La promesa del bautismo es una relación personal con Cristo, como resultado de una conversión. «El que creyere y fuere bautizado se salvará» (Marcos 16, 16).

Como un niño no puede tener una fe consciente, el bautismo infantil es imposible. En lugar de ser bautizados, los niños son bendecidos siguiendo el ejemplo de Jesús bendecía a los niños.

El bautismo tiene lugar cuando el candidato ha confesado la fe cristiana, y es consumado mediante la inmersión (la palabra «bautismo» significaba originalmente «mojar»).

Los baptistas reconocen dos sacramentos, al igual que otras comunidades religiosas protestantes, y su visión de la eucaristía se acerca mucho a la calvinista, es decir, que Jesús está presente en espíritu.

6. Otras iglesias reformadas

Iglesia pentecostal

Los pentecostalistas comparten con otros cristianos evangelistas la fe en las verdades fundamentales cristianas tal y como son expresadas en el Credo apostólico, y subrayan que es posible para cualquier persona que busca a Cristo en la fe, vivir la abundancia y el poder espiritual de la salvación de un modo completamente individual. El camino hacia la salvación sobre el que basan su doctrina lo formuló Pedro el día de Pentecostés: «Arrepentíos y bautizaos en el nombre de Jesucristo para remisión de vuestros pecados, y recibiréis el don del Espíritu Santo».

La primera fase de este camino hacia la salvación es la conversión. La segunda es el bautismo del creyente. Su interpretación del bautismo es baptista, es decir, que el bautismo se realiza mediante inmersión total, y que el bautismo infantil es imposible. La tercera fase —y esta es la que realmente caracteriza a los baptistas— es el bautismo espiritual, es decir, la vivencia de la profusión y el poder del Espíritu Santo tal como lo experimentaron los discípulos el Día de Pentecostés (Hechos de los Apóstoles, 2). Los que han sido bautizados espiritualmente suelen tener uno o más de esos dones del cielo (carismas) que recibieron los primeros cristianos, como por ejemplo el de hablar otras lenguas y el de su interpretación, el don de profecía, el don de ayudar y el don de curar a enfermos. La fe de los pentecostalistas en la curación por medio de la fe, no significa, sin embargo, que rechacen tratamientos o cuidados médicos.

Ejército de Salvación

El Ejército de Salvación está organizado según un patrón militar, con oficiales y soldados, y la obediencia a los superiores constituye un elemento muy importante. Los oficiales son empleados fijos y a tiempo completo. Se permite el matrimonio, con la condición de que ambos cónyuges sean oficiales. Los soldados rasos son gente que tiene su trabajo fuera de la organización y que colabora con el Ejército de Salvación en su tiempo libre, por ejemplo vendiendo la revista El grito de guerra. Puede ocurrir que soldados rasos experimentados sean empleados a tiempo completo, obteniendo el rango de sargento o capitán en reserva.

Las mujeres están plenamente equiparadas a los hombres en todos los puestos. El Ejército de Salvación no está registrado como una comunidad religiosa aparte en todos los países, pero en la práctica funciona como tal. No obstante, no se espera de un soldado del Ejército de Salvación que renuncie a su propia comunidad religiosa.

La labor social forma parte de su actividad evangélica, y el Ejército de Salvación tiene un gran número de instituciones para huérfanos y alcohólicos, visita a los presos en las cárceles y ayuda a los que salen en libertad. También lleva a cabo una extensa actividad entregando comida y ropa a los pobres. Sobre todo por esta labor el Ejército de Salvación es conocido y admirado en muchos círculos. En sus reuniones es normal el «avivamiento» y no están sometidas a procedimientos o contenidos fijos. Junto a la lectura de la Biblia, el testimonio personal de lo que Dios ha hecho por cada uno desempeña un gran papel. Las canciones y la música también son importantes, y muchas melodías tienen un tono y un ritmo que rebosan alegría. Un rasgo especial del lugar de adoración, «el Templo», es el banco de penitencia, al que los creyentes se acercan para entregarse a Dios y maifestar su conversión. También es corriente acudir al banco de penitencia para rezar en busca de la fuerza y la gracia que permita llevar una vida más santa y más útil, o para rezar por otros.

Muchas reuniones del Ejército de Salvación tienen lugar al aire libre, en plazas públicas y esquinas de las calles. El objetivo es llevar el mensaje a la gente donde esta se encuentre.

Cuáqueros

Los cuáqueros opinan que las formalidades externas o la aceptación de determinadas doctrinas no son una condición para experimentar la comunión con Dios. Cualquier persona que desee escuchar sinceramente la voz de Dios en su interior, podrá encontrarse con Él como una realidad viva y descubrir un sentido más profundo de su propia vida. Por esta razón los cuáqueros suelen hablar de «lo que hay de Dios en todos los seres humanos» y de «la luz interior».

El servicio religioso consiste en una hora de tranquila devoción, durante la que alguien suele sentirse llamado a pronunciar unas palabras, recordar un texto bíblico, rezar una oración, o compartir sus experiencias religiosas con los demás creyentes presentes.

Los cuáqueros opinan que el amor es el principio más profundo de la vida y que es relevante en cualquier situación. Esta actitud fundamental es acompañada por un sentimiento de responsabilidad por el bienestar físico y espiritual de los demás y ha cristalizado en distintas formas de ayuda y en labores a favor de reformas sociales y comprensión internacional. Los cuáqueros desempeñaron un papel importante en la lucha por la abolición de la esclavitud de los negros en Estados Unidos en el siglo XIX, y en la obtención de mejoras del sistema carcelario. En el siglo XX realizaron grandes obras humanitarias durante las dos guerras mundiales, una prestación por la que la comunidad cuáquera fue galardonada en 1947 con el Premio Nobel de la Paz. Los cuáqueros son pacifistas declarados.

Iglesia adventista del Séptimo Día

Los adventistas celebran su culto el sábado como día sagrado, en lugar del domingo, remitiéndose tanto al Antiguo Testamento como a la práctica de Jesús y los primeros cristianos, que guardaban el Sabbat.

Una característica del adventismo es la gran importancia que da al «don de la profecía». Los adventistas sostienen que ciertas personas han recibido el don de prever el futuro. Señalan ejemplos de la Biblia, pero también mencionan personajes más recientes, como la norteamericana Ellen G. White (1827-1915). Los escritos de esta mujer —cincuenta y tres libros en total— han tenido una gran difusión y le han procurado una considerable autoridad dentro del movimiento. El camino a Cristo ha sido traducido a setenta y ocho lenguas y vendido más de cinco millones de ejemplares. Pero lo esencial es la Biblia y lo que tiene que decir sobre el futuro a aquellos que sean capaces de interpretarla correctamente. Los escritos de los adventistas se ocupan por tanto en gran medida de presentar las «pruebas» de que muchas de las profecías de la Biblia ya se han cumplido, y de que nuestra época está claramente descrita en las Escrituras. Vivimos en «la última época» antes de la venida del Señor, del Reino Milenario y el Juicio final. El nombre de la comunidad se refiere a la fe en que Jesucristo venga de nuevo a la tierra (adventus en latín significa «venida»). Aunque esta fe la comparten con otras comunidades cristianas, hay dos factores que caracterizan sus expectativas de la venida: creen que Jesucristo vendrá pronto y que ellos mismos pueden contribuir a acelerar este gran acontecimiento.

En su visión de la moralidad tienen mucho en común con otras comunidades cristianas, pero se diferencian en todo lo referente a la salud. No solo repudian el alcohol y el tabaco, también están en contra del café, el té y otras bebidas que contienen sustancias insalubres. También siguen determinadas reglas para los alimentos, tomadas del Antiguo Testamento. La comida vegetariana se considera la ideal. En su opinión, estas reglas han sido dadas por Dios.

	ORÍGENES	EXTENSIÓN
Metodistas	El sacerdote anglicano John Wesley (1703-1791) tuvo una revelación espiritual y comenzó un avivamiento pietista. Inicialmente no se trataba de una rebelión doctrinal contra la Iglesia anglicana, sino de grandes desavenencias con los dirigentes de dicha Iglesia, que al final condujeron a la escisión.	Especialmente fuerte en Gran Bretaña y las excolonias inglesas, como Estados Unidos, Canadá y Australia. De los 51 millones de metodistas del mundo, 13 millones viven en Estados Unidos.
Baptistas	Este movimiento viene del ala más radical de la Reforma del siglo XVI, que rechazó el bautismo infantil. Luego ha sido influido por avivamientos más recientes en Inglaterra y Estados Unidos.	Gran extensión, sobre todo a partir del siglo XIX en los Estados Unidos, en gran parte entre la población de raza negra. Aproximadamente el 90 por ciento de los 21 millones de baptistas del mundo viven en Estados Unidos.
Pentecostalistas	Movimiento que apareció por primera vez a principios del siglo XX en Estados Unidos, como un avivamiento dentro de Iglesias baptistas y metodistas.	El movimiento pentecostalista pasó de Estados Unidos a Europa, y su amplia actividad misionera ha creado grandes congregaciones en países como Brasil y Chile.
Ejército de Salvación	Fundado por William y Catherine Booth (1829-1912 y 1829-1890) en los barrios bajos de Londres, en 1878, con el fin de ayudar a los más desfavorecidos de la sociedad con «sopa, jabón y salvación».	Desde sus comienzos en Inglaterra se extendió por el mundo entero, y hoy cuenta con 4 millones de miembros en 90 países.

ORGANIZACIÓN	ESCRITURAS	
Una organización permanente con obispos y pastores, pero basada en principios democráticos. Los Consejos (conferencias) elegidos por la congregación eligen a los obispos, que a su vez nombran a los pastores.	Además de la Biblia hay «escrituras indicativas»: 1. El Credo apostólico. 2. Los 35 artículos sobre religión de Wesley del año 1784, una versión revisada de los 39 artículos anglicanos.	**Metodistas**
Congregaciones independientes, con dirigentes empleados por los miembros de la congregación. Existe una serie de agrupaciones mayores de congregaciones baptistas, pero no tienen ninguna autoridad especial sobre dichas congregaciones.	La Biblia, que en varias congregaciones se interpreta de un modo fundamentalista.	**Baptistas**
Es más un movimiento que una comunidad religiosa. Las congregaciones tienen plena autonomía, pero también hay uniones de congregaciones pentecostalistas.	La Biblia, que normalmente es interpretada de un modo fundamentalista.	**Pentecostalistas**
Está organizado rígidamente sobre un modelo militar, pero no compite con otras comunidades religiosas. Permite a sus miembros seguir en sus respectivas Iglesias.	La Biblia, pero se pone más énfasis en las vivencias y en el cristianismo práctico que en la teología. Ha formulado una especie de credo con sus «Artículos de guerra».	**Ejército de Salvación**

	ORÍGENES	**EXTENSIÓN**
Cuáqueros	George Fox (1624-1691) abogó por un cristianismo espiritual y atacó la superficialidad de las Iglesias organizadas de Inglaterra. Él y sus seguidores se llamaban a sí mismos Los Amigos, pero adquirieron el nombre de cuáqueros porque Fox, durante un interrogatorio, pidió al juez que «temblara» (en inglés, *quake*) ante el Dios vivo.	Las comunidades de cuáqueros fueron perseguidas en Inglaterra, y el movimiento se trasladó a América del Norte, donde William Penn consiguió establecer su propia colonia cuáquera (en lo que luego sería el estado de Pensilvania en Estados Unidos). La mayor parte de los 200.000 cuáqueros del mundo vive en Estados Unidos.
Adventistas	El ex pastor baptista William Millar (1782-1849) lideró un movimiento revivalista en Estados Unidos en las décadas de 1830 y 1840. El nombre de adventistas se refiere a su fe en la inminencia de la vuelta de Jesús a la tierra, vuelta que fue firmemente anunciada en varias ocasiones durante la década de 1840.	Este movimiento se extendió de Estados Unidos a Europa, y tiene ya misioneros en casi todo el mundo. Los adventistas suman un total de unos 5 millones de personas.

ORGANIZACIÓN	ESCRITURAS	
Se distinguen de muchas maneras de todas las demás comunidades religiosas. Tienen una organización, pero no tienen iglesias, pastores ni liturgia.	Ningún credo formulado, pero muchos cuáqueros están de acuerdo con las doctrinas cristianas fundamentales. Los cuáqueros participan en el Consejo Mundial de Iglesias.	**Cuáqueros**
Las congregaciones constituyen la piedra angular de este movimiento. Estas eligen a sus representantes para las conferencias locales, que a su vez eligen delegados para las conferencias regionales, las europeas y la mundial.	La Biblia. El libro de Ellen G. White titulado El camino a Cristo es importante, pero solo como guía.	**Adventistas**

7. Movimiento ecuménico

Cooperación y comunidad
entre los cristianos

En el transcurso de los últimos cien o ciento cincuenta años los cristianos se han preguntado: «¿No representa toda escisión de Iglesias una enorme contradicción con las palabras del propio Jesucristo y con lo que leemos sobre la unidad cristiana en el Nuevo Testamento? ¿No debería esa comunión con Jesucristo manifestarse también en la colaboración y la unidad de los cristianos?». Estos pensamientos crearon un movimiento que se denomina ecuménico («universal»), una palabra que deriva del griego *oikoumene*, que significa «la tierra habitada». Hoy se emplea sobre todo para denominar la labor que se lleva a cabo con el fin de crear comunidad y unidad entre todas las Iglesias, pero también se usa en un sentido más amplio para todos los asuntos y medidas que tienen que ver con la «santa Iglesia universal».

En distintas épocas se han hecho intentos de reunificar las Iglesias disociadas o de establecer contactos entre individuos o grupos cristianos de distintas «ramas». Pero hasta los siglos XIX y XX no se dieron las condiciones para una colaboración de mayor envergadura, sobre todo debido a una serie de circunstancias dentro de las propias Iglesias. Muchos movimientos evangelistas, sobre todo en el siglo XX, han salvado las barreras nacionales y confesionales, contribuyendo a una concentración en torno a lo esencial del cristianismo. La investigación teológica más reciente ha contribuido también a suavizar las diferencias. Esto es aplicable sobre todo a ramas como la que se ocupa de la investigación histórica de la Biblia, o la de la historia de los dogmas.

Pero también las condiciones culturales han reforzado la tendencia colaboradora. El desarrollo tecnológico y económico ha conducido a un internacionalismo que, entre otras cosas, ha dado lugar a un creciente número de congresos y organizaciones internacionales de distintos tipos.

Para muchos cristianos, esta colaboración muestra que a pesar de todo es más lo que une que lo que separa. Aunque no tengan ningún credo en común, ni el mismo servicio religioso, ni la misma constitución, tienen rasgos comunes que claramente los separan de otras religiones y filosofías de la vida. Todos se basan en la Biblia, todos rezan el padrenuestro, y todos consideran obligatorio obrar de acuerdo con la voluntad de Dios. Pero lo decisivo es, al fin y al cabo, la semejanza en la actitud ante Jesucristo. La fuerza unificadora del cristianismo es que todos pertenecen al único y mismo Señor. En realidad la unidad está presente, y siempre ha existido.

Los pioneros

Las primeras semillas del movimiento ecuménico moderno se plantaron en el siglo XIX. Entonces, igual que hoy, se podían distinguir tres clases de contactos:

1. Comunidad entre organizaciones internacionales que se basan en una afiliación personal. Un ejemplo de esto son la YMCA (Young Men Christian Association: Asociación Cristiana de Hombres Jóvenes) y la YWCA (YWomenCA: Asociación Cristiana de Mujeres Jóvenes), que se convirtieron en una asociación mundial ya en 1855. Otro movimiento parecido es el movimiento estudiantil internacional, que se convertiría en una especie de institución educadora para las personas que luego han liderado el movimiento ecuménico de nuestro tiempo.

2. Colaboraciones eclesiásticas oficiales cuya meta es algún tipo de unificación organizativa entre diferentes Iglesias. Puede tratarse de una unificación sobre una base confesional o nacional. Muy conocida para la gente del norte es lo que más adelante sería la Federación Luterana Mundial.

3. Colaboración en tareas comunes de tipo práctico. Pioneras en esta labor fueron las Sociedades Bíblicas de principios del siglo XIX. Una importancia aún mayor tendrían las misiones, que no solo ini-

ciaron su colaboración sobre el terreno, sino también en los países de procedencia de los misioneros, mediante un consejo común de todas las comunidades.

El Consejo Mundial de Iglesias

El Consejo Mundial de Iglesias se fundó en Ámsterdam en 1948. Ciento cuarenta y siete Iglesias de cuarenta y cuatro países participaron en la conferencia, que constituiría la unión eclesiástica más representativa en varios cientos de años. Los debates mantenidos en dicha reunión crearon unos fundamentos que siguen vigentes en esta organización mundial. Toda su existencia y actividad se basa en una cláusula de intenciones que —con una pequeña ampliación tras la reunión de la asamblea en Evanston en 1954— establece: «El Consejo Mundial de Iglesias es una comunidad de Iglesias que reconocen a Jesucristo como Dios y Salvador según el testimonio de las Escrituras, y que por ello buscan juntas cumplir su vocación común, en honor de un solo Dios, Padre, Hijo y Espíritu Santo». El Consejo no pretende ser ninguna «superiglesia», sino que debe «aconsejar y guiar para una labor conjunta en asuntos de interés común», se dice en la Constitución de 1948.

Entre sus miembros encontramos hoy la mayor parte de las comunidades ortodoxas y protestantes del mundo, en total doscientas treinta. Aunque aún hay algunas que se quedan fuera, entre ellas algunas en Estados Unidos, y casi todas las comunidades de Pentecostés, a las que hay que sumar a la Iglesia católica romana, que rechazó la invitación en 1948. Desde entonces la postura de los católicos ha cambiado, sobre todo con el Segundo Concilio Vaticano, que abrió la puerta a una nueva percepción de su relación con otras Iglesias.

El Consejo Mundial de Iglesias tiene un gran aparato organizativo con sede en Ginebra.

8. Comunidades especiales

Finalmente vamos a ver algunas comunidades que se proclaman cristianas, pero que quedan excluidas de todas las demás congregaciones. La mayor parte de las Iglesias cristianas las consideran comunidades religiosas con un elemento cristiano.

Testigos de Jehová

Los testigos de Jehová forman una comunidad religiosa internacional que ya en 1980 tenía 2.200.000 adeptos, organizados en 43.000 congregaciones en 205 países.

Es típico de los testigos de Jehová que todos ellos contribuyan a difundir su fe predicándola de casa en casa y repartiendo biblias, la revista *La atalaya* y literatura bíblica.

No tienen ningún credo, pero basan su doctrina en la Biblia, y ponen mucho énfasis en el nombre de Dios, Jehová (Yahvé), que es el que se usa en el texto original hebreo. El nombre «Testigos de Jehová» está extraído de palabras del profeta Isaías (43, 10). No creen en la Trinidad, sino que sostienen que Jehová, y solo él, es el Dios todopoderoso. Su hijo unigénito es la primera creación celestial de Dios, que se convirtió en Jesucristo, y el Espíritu Santo es la fuerza invisible y activa de Dios. Los testigos de Jehová rechazan la divinidad de Jesús. Subrayan la importancia de difundir la doctrina con el fin de obtener «la gracia de Dios» y ganar la batalla de Armagedón. Los muertos están inconscientes, pero mantienen la esperanza de la resurrección. El mal será aniquilado para siempre.

El tema principal de la evangelización de los testigos de Jehová es el Reino de Dios como única esperanza de la humanidad. Creen que el Reino de Dios consiste en un gobierno celestial compuesto por Cristo y 144.000 elegidos. Estos 144.000 serán elevados a una vida en el cielo. Todos los demás creyentes tendrán una vida eterna en la tierra como súbditos del Reino. Los testigos de Jehová sostienen que tanto las profecías como lo que sucede en el mundo muestran que el Reino de Dios está cerca, que nuestra generación presenciará la aniquilación de Satanás y todos los malvados y que la tierra será convertida en un paraíso, transformada en el hogar eterno de los creyentes.

Los testigos de Jehová se imponen una ética puritana, centrada en la honradez, la pureza, la templanza y la generosidad, y prohíben el tabaco. Pero se distinguen de otros puritanos por su aversión hacia la política y los asuntos sociales, porque están esperando la gran transformación, que perezca todo lo que pertenece a este mundo. Son objetores de conciencia. No tienen mucha fe en que las obras de caridad contribuyan a la salvación. Lo único que les puede salvar es su doctrina, razón por la que todos sus esfuerzos han de estar dirigidos a difundirla. Toda oposición con que se topan no hace sino reforzar su convicción de estar entre los elegidos por Dios.

Iglesia de Jesucristo de los Santos de los Últimos Días (mormones)

El fundador de esta Iglesia fue el norteamericano Joseph Smith (1805-1844). Según él mismo, su búsqueda de la verdadera Iglesia de Jesucristo encontró respuesta en 1820 en una revelación de Dios Padre y Jesucristo, quienes le comunicaron que no debía adherirse a ninguna de las Iglesias existentes. En 1823 se le apareció el ángel Moroni, quien le informó sobre unas tablas de oro enterradas en el suelo. Cuatro años más tarde Smith encontró las tablas, y al lado de estas dos piedras proféticas enmarcadas en plata, mediante las que consiguió interpretar las tablas. Después de trabajar en las traducciones durante algún tiempo, las tablas fueron devueltas al ángel Moroni, y Smith hizo imprimir la traducción en 1830 y la tituló El libro de Mormón. El libro empieza con los testimonios de once personas que han visto las tablas.

El libro de Mormón está subdividido en libros con títulos como «El

Primer Libro de Nefi», «El libro de Enós», etc. Es más o menos la mitad de extenso que el Antiguo Testamento. Habla de los pueblos indígenas de América, y cuenta que Cristo, tras su resurrección, se apareció a un pueblo americano que luego sería exterminado. Sus capítulos están dedicados a profecías y revelaciones, dogmas y exhortaciones, pero también a guerras y acontecimientos históricos.

En 1830 Joseph Smith y sus primeros seguidores fundaron la Iglesia Restaurada de Jesucristo, la cual creció rápidamente en unos pocos años. Debido a un gran número de adversidades y persecuciones, los mormones se fueron desplazando hacia el oeste, y acabaron afincándose junto al Gran Lago Salado, en el actual estado de Utah. Allí fundaron la ciudad de Salt Lake City, y organizaron un gobierno teocrático. Esta comunidad se expandió velozmente, en gran parte gracias a la dedicación y la disciplina de sus gentes. Con el tiempo no les fue posible mantener la región como un Estado puramente mormón. Cuando Utah fue integrado como Estado en los Estados Unidos de América, los mormones se vieron obligados a renunciar a ciertos hábitos, como por ejemplo la poligamia. Esta Iglesia, hacia 1990, tenía unos 4,8 millones de adeptos en todo el mundo.

Para los mormones, las Sagradas Escrituras no se limitan únicamente a los libros de la Biblia. *El libro de Mormón*, *Doctrina y pactos* y *La perla preciosa* también son escrituras sagradas y tienen valor de autoridad. Su visión divina se caracteriza por su tesis de que «El Padre tiene un cuerpo de carne y hueso, tan real como el del hombre».

Jesús es el Salvador que volverá a la tierra para fundar un reino de paz: Sión. Los hombres podrán salvarse por medio de la reconciliación con Cristo y la obediencia a las leyes y prescripciones del evangelio.

El bautismo puede llevarse a cabo por poderes. Un «mormón» vivo puede dejarse rebautizar a favor de un familiar muerto. Esta es la razón de que en varios países los mormones hayan puesto en marcha la microfilmación de libros de parroquias, con el fin de usarlos en sus investigaciones genealógicas.

La comunidad tiene una organización netamente jerárquica. El presidente constituye, con sus asesores, la Primera Presidencia. Debajo de ellos se encuentra el Consejo de los Doce Apóstoles, luego la Presidencia de los Primeros Setenta. A nivel local hay una congregación dirigida por un obispo, que a su vez tiene dos asesores.

Esta Iglesia no tiene ningún miembro remunerado, en el sentido tradicional cristiano, y todos los varones son instruidos en el sacerdocio Melquisedec o en el de Aarón. En este último, un joven de doce años puede ser ordenado como diácono, uno de catorce como profesor y uno de dieciséis como pastor. Es habitual que a los diecinueve años los jóvenes sean ordenados «mayores» para el sacerdocio Melquisedec y enviados fuera como misioneros. Estos están autorizados para predicar, bautizar y administrar la eucaristía. Los mormones practican el «diezmo», es decir, pagan a su Iglesia la décima parte de sus ingresos brutos. Este sistema se considera un principio de fe voluntario. Los hombres jóvenes son instados a servir como misioneros de su fe durante dos años. Las mujeres también desempeñan un importante papel en la Iglesia, tanto como misioneras, como oradoras en los servicios religiosos o como profesoras.

Conocimientos bíblicos

«El libro de los libros»

Es fácil caer en la tentación de caracterizar la Biblia como un *best-seller*. Fue el primer libro que se publicó después de que se inventara la imprenta, y desde entonces ha sido traducido a 270 lenguas; de hecho, partes de la Biblia se pueden encontrar en 1.600 lenguas. Y sigue vendiéndose en tiradas millonarias. Ningún otro libro ha tenido la misma difusión que la Biblia. Y sin embargo, la expresión *best-seller* no es del todo apropiada. Es una palabra asociada a menudo con algo superficial, algo fácil y sencillo, algo efímero. La Biblia no es nada de eso. Tanto cristianos como no cristianos están de acuerdo en que la Biblia es una obra con gran calidad literaria.

Esta enorme colección de libros consta de 66 obras distintas que se han escrito durante más de mil años. En ella hay leyendas e historia, poemas y cuentos, discursos, leyes, tratados, cartas, y, claro está, las cuatro presentaciones de la vida de Jesús. Nos encontramos con un reparto único de personajes, reyes poderosos, mujeres hermosas, políticos cínicos y humildes pastores. Hay alegría y dolor, amor y odio, guerra y paz, fe y duda. Esta riqueza ha contribuido a que artistas plásticos, pensadores y poetas hayan encontrado inspiración en las escrituras bíblicas. La Biblia es uno de los fundamentos sobre los que reposa toda nuestra civilización occidental, en parte precisamente por estos aspectos culturales.

Ahora bien, para muchas personas en el mundo, el aspecto cultural es solo una parte de la Biblia. Para ellas la Biblia es el libro más importante que existe, porque, en su opinión, describe la acción de Dios en la historia.

El Antiguo y el Nuevo Testamento

La Biblia cristiana consta de dos partes, el Antiguo y el Nuevo Testamento. La palabra «testamento» viene del latín y significa «pacto». El Antiguo Testamento describe el pacto que selló Dios con el pueblo de Israel, y contiene las mismas escrituras que la Biblia judía. El Nuevo Testamento habla del pacto que Dios hizo con la humanidad a través de Jesús. Contiene historias sobre la vida y la muerte de Jesús, la historia de la temprana Iglesia cristiana, así como cartas de consejos sobre el significado de la fe cristiana.

El Antiguo Testamento era la Biblia de Jesús

Como judío, Jesús se crio con la Biblia hebrea, de la que se leían pasajes en las sinagogas y en el Templo. Jesús aprendió de estos textos los elementos principales de la fe y la moral judías. También entró en contacto con interpretaciones eruditas de las leyes y escrituras. El Nuevo Testamento describe como él mismo iba a la sinagoga y leía textos hebreos. Sus opiniones eran a menudo totalmente opuestas a las de otros sabios, sobre todo los fariseos, pero nunca estuvo en desacuerdo con la Biblia. Todo lo contrario, pues dijo: «No creáis que he venido a abolir la Ley y a los profetas; no vine a abolir, sino a completar». A la luz de esta frase tenemos que interpretar expresiones como «Habéis aprendido…, pero yo os digo…». Su interpretación era diferente, no así su fe en la Ley.

Jesús se refiere a menudo a las escrituras antiguas. Recurre a citas en discusiones con sus oponentes, y cuando es tentado por el diablo. En la hora de su muerte en la cruz busca refugio en palabras del libro de los Salmos: «Dios, Dios, ¿por qué me has abandonado?».

Este empleo de la Biblia por parte de Jesús muestra su importancia a la hora de comprender el cristianismo y sus fundamentos.

Interpretación cristiana del Antiguo Testamento

La Iglesia cristiana divide el Antiguo Testamento en treinta y nueve libros separados, en lugar de los veinticuatro del judaísmo. Este es un arreglo puramente práctico, que en parte se debe al criterio judío de englobar los escritos de los doce profetas «menores» en un solo libro. Los treinta y nueve libros están divididos en cuatro tipos: los cinco libros de Moisés (el Pentateuco), libros históricos, proféticos y poéticos. (En cuanto al contenido de estos libros, véase el capítulo «Judaísmo»).

Tanto para los cristianos como para los judíos, uno de los temas principales de estas obras es la relación entre Dios y el ser humano desde los primeros tiempos. Esta está descrita de un modo explícito, o de forma tácita; la Biblia entera trata con el Dios de la historia. Pero para los cristianos esto solo supone la primera parte de la historia. La llegada de Jesús trae consigo algo nuevo, y se empieza a mirar el Antiguo Testamento a la luz del Nuevo.

Esto se nota de un modo especial en el caso de los profetas que predicaban la salvación. Sus palabras de promesa y consuelo proclaman que Dios enviará a un rey o un príncipe de la paz de la casa de David. Los capítulos 7, 9 y 11 del profeta Isaías son buenos ejemplos de esto: «Porque nos ha nacido un niño, nos ha sido dado un hijo, que tiene sobre sus hombros la soberanía, y que se llamará maravilloso consejero, Dios fuerte, Padre sempiterno, Príncipe de la Paz» (Isaías 9, 6).

Esto forma parte de la base de la expectación mesiánica de los judíos, mientras que los cristianos lo ven como un presagio del nacimiento de Cristo.

Los evangelios

Los cuatro evangelios del Nuevo Testamento contienen las narraciones sobre la vida de Jesús. La palabra «evangelio» significa «buena nueva». En el lenguaje cotidiano se suele usar la palabra «evangelios» (en plural) para referirse a los cuatro. Es más correcto hablar del Evangelio según Mateo, que del Evangelio de Mateo.

Evangelio según Marcos

El Evangelio según Marcos es el más antiguo y el más breve de los cuatro, y lleva su nombre por Marcos, que, según la tradición, fue el intérprete de Pedro, y redactó el evangelio conforme a las narraciones de este. Contiene pocos discursos de Jesús y mucho más sobre sus actos. El estilo es sencillo, y el texto contiene muchas palabras y expresiones coloquiales. Marcos quería ante todo demostrar que Jesús era el Mesías prometido y el Hijo de Dios. Aquí Jesús se asocia al «siervo sufriente» descrito en el Deuteroisaías (o Segundo Isaías). El evangelio narra muchos milagros y poderosos actos llevados a cabo por Jesús, que predicó su doctrina con «poder y autoridad». Está escrito para gentiles y para cristianos convertidos del paganismo. Los investigadores opinan que se escribió en Roma justo antes del saqueo de Jerusalén en el año 70.

Evangelio según Mateo

Este evangelio lleva su nombre por uno de los apóstoles, el publicano Mateo, también conocido bajo el nombre de Leví. La autoría es, no obstante, algo dudosa, lo mismo que ocurre con los cuatro evangelios. El Evangelio según Mateo describe a Jesús como el gran maestro, que enseña y predica sobre el reino celestial, la voluntad de Dios y la nueva justicia, que supera la de los fariseos y los escribas. También se subraya que Jesús cumple las profecías del Antiguo Testamento. Con la genealogía de Jesucristo, hijo de David e hijo de Abraham, como introducción, el evangelista pretende demostrar que Jesús era el esperado Mesías de la estirpe de David. Una y otra vez se dice: «Así se cumplió lo que expresó el profeta Isaías», «Así se cumplió lo que expresó el profeta Jeremías», y frases parecidas. El Evangelio según Mateo también se refiere al nuevo pacto entre Dios y la humanidad, un pacto que sustituye al antiguo entre Dios e Israel. Todo esto —y muchos otros aspectos de este evangelio— muestra que fue escrito para personas que conocían el Antiguo Testamento, es decir, para judíos. Fue escrito entre los años 80 y 100.

Evangelio según Lucas

El Evangelio según Lucas debe su nombre a un médico que fue uno de los colaboradores de Pablo, y a quien se menciona repetidas veces en las epístolas de este. El mismo autor escribió también los Hechos de los Apóstoles. Este evangelio tiene un carácter más universal que el de Mateo. Aquí Jesús es descrito como el salvador del mundo entero, y su genealogía se remonta hasta el mismísimo Adán, padre de toda la humanidad. Está escrito por un no judío para los cristianos gentiles. Otra característica del Evangelio según Lucas es que subraya con más fuerza aún que los demás evangelistas el amor de Jesús por los pecadores y publicanos, y por los débiles y pobres de la sociedad. Esta perspectiva se acentúa en varias parábolas típicas de este evangelio (El buen samaritano, El hijo pródigo, El hombre rico y Lázaro). Fue escrito alrededor del año 80.

Evangelio según Juan

Mientras los otros tres evangelios muestran un gran parecido entre ellos, el Evangelio según Juan ocupa un lugar especial. Una diferencia estriba en el tiempo y el lugar en los que Jesús desarrolla su actividad. Los otros evangelios resaltan su obra en Galilea, mientras que Juan se centra en la vida de Jesús en Jerusalén, Judea y Samaria. Según los otros tres evangelistas, la actividad pública de Jesús no duró más que un año. Juan, sin embargo, la alarga a un período de tres años.

Las diferencias de estilo y contenido son también considerables. En los demás evangelios Jesús suele hablar con imágenes y parábolas sencillas; el Evangelio según Juan, en cambio, tiene largos discursos de un contenido complicado. Asimismo, hay muchos enunciados que destacan la divinidad de Jesús y su unidad con Dios: «Yo y el Padre somos uno», «Yo estoy en el Padre y el Padre está en mí». También son típicas de Juan las muchas frases en primera persona atribuidas a Jesús: «Yo soy el pan de vida», «Yo soy el camino, la verdad y la vida».

Todo el evangelio está impregnado del juego de contrastes, como la luz y la oscuridad, la verdad y la mentira, la vida y la muerte. Este tipo de dualismo religioso tenía sus equivalentes tanto dentro como fuera del ámbito judío en la época de los evangelistas.

Según la tradición, el apóstol Juan fue realmente el autor del evangelio. Es la última de las escrituras evangélicas y data de finales del siglo I.

¿Cómo nacieron los evangelios?

Los evangelios son únicos en la literatura mundial. A diferencia del resto de los libros del Nuevo Testamento, se trata aquí de un género literario sumamente singular. Nacieron en un periodo de entre cuarenta y sesenta años después de la muerte de Jesucristo, y casi con toda seguridad estaban basados exclusivamente en relatos orales de personas que habían presenciado la actividad de Jesús.

Durante las primeras décadas después de su muerte, tuvo que circular una extensa colección de historias sobre la vida y los discursos de Jesús, y sobre las muchas conversaciones que mantuvo con la gente con la que se encontraba. Cada uno de los autores de los evangelios eligió —basándose en las fuentes a las que tuvo acceso— lo que consideraba más importante. Aunque resulta difícil constatar cuáles fueron las tradiciones que cada uno de los evangelistas excluyó, queda muy clara su intención al plasmar por escrito los relatos de la vida de Jesús. Querían instar a los seres humanos a creer en Jesucristo como hijo de Dios y salvador de la humanidad. Pretendían evangelizar. Aparte de esta intención misionera, también es posible que los evangelios fueran escritos para ser empleados en los servicios divinos o para la enseñanza interna de las congregaciones.

El problema sinóptico

Como ya se ha mencionado, los tres primeros evangelistas (Marcos, Mateo y Lucas) tienen una serie de rasgos comunes que no se encuentran en el Evangelio según Juan. Estos rasgos son tan notables que casi todos los investigadores modernos de la Biblia suponen que tiene que haber una línea de conexión entre los tres.

Debido a su gran parecido, se les suele llamar *Evangelios sinópticos*. La palabra «sinóptico» significa opinión común, o breve resumen. Hablamos de una sinopsis cuando colocamos los tres evangelios en columnas paralelas.

La mayor parte de los investigadores coincide en que la explicación más probable de las similitudes entre los Evangelios sinópticos es esta: tanto Mateo como Lucas tuvieron que usar el Evangelio según Marcos como fuente de los suyos propios. También tendrían otra fuente en común, la que llamamos *fuente del discurso*, porque sobre todo contendría los discursos de Jesús. Es altamente probable que esta fuente haya existido en forma escrita, pero que luego se haya perdido. Además, Mateo y Lucas tienen material que muestra el empleo de otras fuentes.

Esta teoría del origen de los Evangelios sinópticos suele llamarse *hipótesis de las dos fuentes*.

Aunque los cuatro evangelios varíen en forma y contenido, todos tratan de la fe en que con Jesús se ha dado un giro decisivo en el drama mundial. Con Jesús, Dios ha creado nuevas condiciones para su reino. Ha instituido un nuevo pacto (o un nuevo «testamento») con los seres humanos. Y, de una manera radical, los seres humanos han recibido nuevas posibilidades.

Hechos de los Apóstoles

Este libro, que comparte autor con el Evangelio según Lucas, vio la luz del día algo más tarde que este evangelio, y puede considerarse su continuación (véase Hechos 1, 1).

El libro empieza con la descripción de la ascensión de Cristo (con la que finaliza también el Evangelio según Lucas), la elección de un nuevo apóstol en sustitución de Judas, y el milagro de Pentecostés, cuando los apóstoles se llenan del Espíritu Santo. También habla de la difusión del cristianismo en los primeros tiempos, y sobre todo de Pablo y sus viajes de misión. Recibimos mucha información interesante sobre la situación de los primeros tiempos de la Iglesia. Y los muchos discursos que aquí se reproducen nos permiten conocer la evangelización de los apóstoles y de los primeros cristianos.

Las epístolas

Como género literario, las epístolas del Nuevo Testamento se encuentran a medio camino entre cartas privadas y las llamadas «cartas artísticas» o epístolas. Por «carta artística» se entiende una carta que no está pensada únicamente para el supuesto destinatario, sino que tiene una forma más general o de tratado.

En cuanto a las epístolas de Pablo, se trata de cartas reales escritas a determinadas congregaciones o personas, en muchas ocasiones también por un determinado motivo. No obstante, por su contenido se entiende que no son el resultado de una idea repentina de su autor. Revelan una postura consciente y se caracterizan por unas formulaciones bien elaboradas. Es por tanto poco probable que se hayan escrito pensando únicamente en la congregación de Roma, Corinto, etc.

Trece de las veintiuna epístolas del Nuevo Testamento llevan el nombre de Pablo. Fueron escritas entre los años 50 y 60, es decir, solo 20 o 30 años después de la muerte de Jesús. Son por lo tanto los textos más antiguos del Nuevo Testamento.

Pablo aparece como el personaje más importante de los primeros tiempos de la Iglesia. Por medio de sus epístolas mantiene el contacto con las congregaciones fundadas por él mismo, responde a preguntas que le han planteado y sigue enseñando a los nuevos cristianos. Así consigue presentar los rasgos esenciales del mensaje cristiano. Interpreta y saca consecuencias de la vida, muerte y resurrección de Cristo, formulando sus pensamientos en el lenguaje religioso de su época. Sus epístolas se ganaron el respeto general como fundamento doctrinal de esta Iglesia joven, poniendo las bases de todo el cristianismo posterior.

La primera epístola a la congregación de la ciudad comercial y marítima de Corinto (en Peloponeso) da la impresión de tratarse de las respuestas a una serie de informes sobre la situación de la congregación. Una gran parte trata de degeneraciones morales. Aunque Pablo se ocupa de la situación concreta de una determinada congregación, elabora un principio, una idea universal que la eleva por encima de lo local y lo temporal. En esta carta trata en gran medida de la ética cristiana, destacando sobre todo el amor como la pauta principal de la vida.

En la Carta a los romanos, Pablo presenta la oferta de salvación de Dios por medio de Cristo a una Iglesia cristiana no fundada por él. Aparentemente tiene planes de extender su actividad misionera hacia el oeste, y la carta pretende servir de punto de partida para una continuada expansión del cristianismo. En esta carta Pablo ofrece una exposición casi total de la fe cristiana. Subraya que el ser humano solo se puede salvar por medio de la gracia de Dios.

La revelación de Juan (o Apocalipsis)

Al final del Nuevo Testamento está la Revelación de Juan, la cual, al igual que el libro de Daniel, es un apocalipsis, un género literario no del todo desconocido en aquella época. La Revelación de Juan nos ofrece una visión futurista del fin del mundo y de la vuelta de Jesús.

El libro está compuesto por una serie de visiones que evocan imágenes de la fase final. En dos puntos difiere por completo de la literatura apocalíptica judía de la misma época. En primer lugar porque se trata de un libro cristiano, en el que Cristo intervendrá y vencerá al mal. En segundo lugar, lo característico de la Revelación de Juan es que el fin del mundo ya ha comenzado. No es algo de un lejano futuro. Tras la labor de salvación de Jesús, la batalla decisiva entre el bien y el mal es ya un hecho.

La Revelación de Juan es por tanto algo más que una escritura profética. El libro fue escrito durante las grandes persecuciones de cristianos en el reinado del emperador Domiciano (81-96) y describe la situación de los cristianos de la época, que vivían bajo la constante amenaza del martirio. Es por ello sobre todo un escrito de consuelo, dirigido a los muchos cristianos que vivieron en esos «tiempos de tribulaciones». El Estado romano es descrito como «la bestia», «la gran prostituta» o «el dragón». Pero al final el Cordero, es decir, Cristo, vencerá a las fuerzas del mal. El libro acaba con una visión de un «nuevo cielo y una nueva tierra».

Con sus imágenes tan ligadas a la época en que se escribió, la Revelación de Juan ha sido objeto de una gran variedad de interpretaciones a lo largo de la historia. No hay otro libro en la Biblia del que se haya abusado tanto. Pero con esa fe tan expresa en que Dios lleva su obra a una victoria final sobre el mal, constituye no obstante un final natural del drama del mundo recogido en la Biblia.

Los estudios bíblicos y actitudes ante la Biblia

Se han hecho estudios e investigaciones sobre la Biblia y ofrecido interpretaciones de las escrituras bíblicas durante más de dos mil años. La tarea principal de los escribas era la de entender y explicar la Ley y los profetas a las generaciones futuras. Muy pronto, la Iglesia cristiana tuvo que decidir qué escrituras tendrían que ser consideradas autoridad y cuáles no serían incluidas en su canon. Para ello establecieron los tres criterios siguientes: la escritura tenía que haber sido elaborada por un apóstol o por uno de los discípulos más cercanos al apóstol. Su contenido tenía que estar completamente conforme con la proclamación de Jesús como Hijo de Dios, y finalmente, tenía que haber sido empleada por la mayor parte de las primeras Iglesias. Antes de tomar una decisión, habría que realizar exhaustivos estudios.

La investigación y la interpretación de la Biblia —basadas en la versión en latín— tuvieron gran importancia durante toda la Edad Media. Se logró un importante avance en el Renacimiento, cuando los humanistas, fieles a su deseo de regresar a las fuentes, comenzaron a estudiar la Biblia en sus lenguas originales, es decir, hebreo y griego. Esto significó mucho para Martín Lutero y otros reformistas, ya que opinaban que la Biblia era el único fundamento de la Iglesia. Pero los estudios de Lutero también condujeron a la crítica de ciertas escrituras. Él opinaba, por ejemplo, que la epístola de Juan no debería haber sido incluida en el canon. Para entender esto, es necesario conocer la visión de Lutero sobre la Biblia, es decir, su opinión general sobre ella. Lutero se opuso a la línea oficial de la Iglesia católica romana, según la cual los doctores de la Iglesia —principalmente el Papa— interpretaban la Biblia correctamente, obligando con ello a todos los creyentes. Lutero opinaba que cualquier persona debería ser capaz de leer directamente la Biblia, y que eso en sí sería su autoridad. Pero la Biblia no es autoridad en todos los campos, solo cuando testifica sobre Cristo.

Una nueva fase de investigación bíblica se inició en los siglos XVIII y XIX, cuando muchos empezaron a mirar la Biblia como un libro escrito por personas, igual que cualquier otro. Se señalaron sus muchas contradicciones, por ejemplo todas sus inconsistencias y sus dos historias sobre la creación. Esto supuso el inicio de una investigación histórica crítica de la Biblia que, mediante el uso de métodos científicos estándar, procura conseguir el mayor conocimiento posible de la misma. Esta labor incluye estudios de griego y hebreo, de caligrafías antiguas, fuentes literarias y hallazgos arqueológicos, con el fin de intentar revelar el ambiente cultural en el que las escrituras fueran creadas. Todo contribuye, incluso las interpretaciones del contenido de los textos.

Este tipo de investigación bíblica es rechazada por completo por los fundamentalistas, que consideran la Biblia plena y completamente la palabra de Dios y por ello perfecta, incluso en lo que se refiere a la información factual sobre el mundo y su historia. Dios ha dictado su contenido a unos autores mortales, palabra por palabra, por medio del Espíritu Santo. El fundamentalismo se enfrenta de esa manera con las ciencias naturales en lo que se refiere a la teoría de la evolución, por ejemplo.

Hoy en día, muchos cristianos aceptarían la investigación histórica crítica sin tener la necesidad de reconocer que la Biblia es algo únicamente hecho por seres humanos. Creen que una actitud científica moderna puede combinarse con la convicción de que la Biblia representa una revelación divina.

Segunda parte

Concepciones
no religiosas de la vida

Tener una concepción de la vida no siempre equivale a pertenecer a una religión. En esta parte vamos a presentar tres tendencias filosóficas diferentes, todas ellas construidas sobre una base no religiosa.

El humanismo es una corriente ideológica que desde hace varios siglos ha desempeñado un importantísimo papel en la vida espiritual europea. Muchas personas hoy en día afirman tener un punto de vista humanista ante la vida. El humanismo es un ejemplo de una postura ante la vida relacionada con la filosofía.

El materialismo es una corriente ideológica aliada con la ciencia. Igual que ocurre con el humanismo, el materialismo tiene sus raíces en la filosofía antigua.

El marxismo se incluye aquí para demostrar cómo una concepción de la vida puede surgir de una teoría política. Como tal, el marxismo ocupa un lugar especial entre las ideologías políticas. Mientras que el conservadurismo y el liberalismo basan en gran parte sus conceptos morales en elementos del humanismo y el cristianismo, el marxismo tiene su propia visión de la ética y de la moral. Al contrario de otras ideologías políticas, el marxismo se convierte en muchos casos en una ideología con una visión global de la existencia. Gran parte de la humanidad declarará tener una concepción marxista de la vida.

En muchos aspectos estas corrientes filosóficas difieren mucho entre ellas en lo que respecta a su punto de partida, lo que puede dificultar un intento de compararlas. A grandes rasgos se puede decir que el punto de partida del humanismo es el individuo, el del materialismo la perspectiva científica del mundo y el del materialismo la sociedad.

Esto significa que las tres «concepciones de la vida» no tienen por qué excluirse entre sí. Muchas personas han elegido elementos de varias de estas corrientes.

La comprensión de la realidad, concepción del ser humano y de los valores éticos

Como ya hemos podido comprobar, la base de cualquier concepción de la vida reside en un repertorio de preguntas existenciales, que se pueden reunir en tres grupos:

¿Cómo surgió el mundo? ¿Cuáles son las fuerzas que dirigen el curso de los acontecimientos mundiales? ¿Existe Dios?

Las respuestas a estas preguntas constituyen nuestra comprensión de la realidad.

Nosotros mismos formamos parte de esta realidad. ¿Pero cómo surgimos nosotros? ¿El ser humano es realmente algo más que un animal superior? ¿Es bueno o malo? ¿Qué es lo que da sentido a su vida? ¿Qué nos pasará al morir? Poco a poco nos vamos formando una concepción del hombre.

No hemos elegido nacer. Pero dentro de ciertos límites elegimos cómo queremos vivir. ¿Qué es lo más valioso en la vida? ¿El dinero, la amistad, las vivencias de la naturaleza, la libertad? ¿Qué es lo que queremos preservar? ¿Por qué estamos dispuestos a luchar? ¿Qué está bien y qué está mal? Todo el mundo tiene unos valores o una ética.

A continuación, después de una breve introducción y una síntesis histórica, presentaremos la comprensión de la realidad, la visión del mundo y de los valores de estas tendencias filosóficas.

Humanismo

«Humanismo» es un término que engloba pensamientos y actitudes de muchas filosofías y pensadores diferentes.

La palabra «humanismo» viene de la palabra latina *humanus*. Muy brevemente podríamos decir que un humanista es alguien que sitúa a la persona, su vida y sus valores en el centro de su visión del mundo. El humanismo da gran importancia a la libertad, la razón y las posibilidades y derechos del individuo.

Como todas las demás corrientes con una concepción de la vida, el humanismo tiene profundas raíces históricas. Algunas épocas han estado más marcadas por el pensamiento humanista que otras, en particular la Antigüedad, el Renacimiento y la Ilustración.

Contexto histórico

Humanismo en la Antigüedad

Muchos de los ideales del humanismo nacieron en el mundo grecolatino de la Antigüedad, en la misma época en que los filósofos formulaban conceptos sobre el mundo y percepciones sobre la humanidad que, por primera vez, no estaban basados en la religión.

Sócrates

En el año 399 a. C., un hombre estaba sentado en Atenas en el banquillo de los acusados. Se le acusaba de proferir ofensas a los dioses del Estado y de corromper a la juventud. Por una estrecha mayoría, el jurado lo encontró culpable. Cuando el hombre, en lugar de suplicar clemencia, aseguró al jurado que había actuado por el bien del Estado, siguiendo los dictados de su conciencia, fue condenado a muerte. Poco tiempo después ingirió una taza de veneno en presencia de sus amigos más íntimos. Cayó al suelo y murió.

El nombre de ese hombre era Sócrates (470-399 a. C.). Él fue, tal vez, el individuo que mayor influencia tuvo sobre el desarrollo de la filosofía humanista.

Sócrates dio la espalda a todo lo que consideraba especulaciones filosóficas vacías, y desarrolló sus propias ideas sobre los problemas humanos. Se ha dicho de él que «recogió la filosofía del cielo para ponerla en la tierra, le dio un hogar en las ciudades y la llevó hasta las casas, obligando a la gente a pensar en la vida y la moral, en el mal y el bien». Su objetivo era estudiar al hombre con el fin de descubrir la manera más correcta de vivir.

Sócrates era un racionalista, es decir, tenía una profunda fe en la razón del ser humano. Suya era la idea de que el conocimiento correcto produce la acción correcta. El que sabe lo que es bueno, también será bueno. Y solo el que es bueno puede ser un hombre feliz. Mantuvo que cuando actuamos mal es porque no sabemos lo que es el bien. Por tanto es importante aumentar nuestros conocimientos.

Sócrates creía que llevaba en su interior un dios, un dios que le indicaba lo que era bueno y lo que era malo. Lo realmente importante para conocer lo que es bueno y lo que es malo es nuestra convicción interior, no obedecer a reglas y mandamientos heredados. Con su inquebrantable voluntad de enfrentarse a la muerte por lo que él creía correcto, también demostró que para él la verdad era más importante que su propia vida. «Obedeceré más a los dioses que a vosotros», dijo a sus jueces.

Guiado por la razón, Sócrates también subrayó los límites de lo que puede comprender un ser humano: la verdadera sabiduría tiene que ser consciente de lo que uno no sabe.

Los estoicos representan otra importante contribución a la historia del humanismo. El estoicismo fue una escuela filosófica fundada en Atenas alrededor de 300 a. C., pero sobre todo tendría importancia para la cultura romana de entre 150 a. C. y 200 d. C. aproximadamente.

Los estoicos pensaban que el fundamento para decidir entre el bien y el mal se encontraba en la naturaleza. Todo el mundo comparte el mismo conocimiento universal, dicen, de manera que tiene que haber una justicia universal, el llamado derecho o ley natural. Puesto que el derecho natural se basa en la razón humana desde tiempos inmemoriales, no se altera con el tiempo ni con el lugar, y es aplicable a todos los seres humanos, incluso a los esclavos.

Los estoicos eran cosmopolitas, señalaron los intereses comunes de la humanidad, se interesaron por la vida social, y muchos de ellos fueron activos hombres de Estado. Contribuyeron a la promoción de la cultura y la filosofía griegas en Roma y fueron los que acuñaron la palabra *humanitas*, que significa «humanidad, humanismo», es decir, relativo al hombre. También la palabra «conciencia» era frecuentemente empleada por los estoicos.

Varios de los ideales y consignas del humanismo nacieron con los estoicos, por ejemplo «El hombre es inviolable para el hombre».

Los humanistas en la Antigüedad...

—se centraron en los seres humanos, alejándose de la especulación filosófica sobre el origen del mundo y los elementos de que está formado,
—señalaron la razón del hombre como la base de toda percepción,
—creyeron que había un derecho natural aplicable a todos los seres humanos.

Humanismo renacentista

El humanismo de nuestros días se deriva sobre todo del humanismo renacentista. Desde mediados del siglo XIV, el arte y la cultura, las ciencias y el pensamiento tomaron una nueva dirección en Europa.

Este movimiento se inició en las ciudades del centro de Italia, pero se expandió hacia el norte en el transcurso de los siguientes siglos.

Leonardo da Vinci

En 1469 el joven Leonardo, de diecisiete años, viajó del pequeño pueblo de Vinci a Florencia, la sede del Renacimiento, en pleno corazón de Italia. Con gran fervor e impaciencia se lanzó hacia todos los campos del arte, la cultura y las ciencias. Tenía pasión por estudiar la naturaleza y todos los procesos naturales, desde el movimiento del agua al sistema circulatorio humano, desde el feto en el seno de su madre, hasta las fibras y los pétalos de las plantas.

No contento con limitarse a contemplar los procesos naturales, realizó una serie de experimentos científicos e intentó convertirse en inventor. De hecho, Leonardo da Vinci (1452-1519) llevó a cabo muchos descubrimientos e inventos de una importancia duradera. Había que estudiarlo todo con los cinco sentidos, había que probarlo todo con la experiencia, cada idea tenía que plasmarse en el tablero de dibujo. Era como si el mundo acabara de ser creado.

A Leonardo le interesaba sobre todo estudiar al hombre, el misterio más grande de la naturaleza. Sus muchos estudios, esbozos y pinturas revelan un profundo amor por la forma humana. Leonardo vivió en una época en la que, después de mil años de pudor, volvía a ser normal pintar figuras desnudas. Esto era una expresión del nuevo enfoque de lo humano: el hombre ahora era considerado por sí mismo como un ser independiente. Ya no era percibido dentro de otro contexto. El hombre se atrevía a ser él mismo, sin nada de lo que avergonzarse.

Leonardo no solo estaba fascinado por el hombre como especie, sino también como individuo. Sus dibujos y pinturas retratan seres humanos llenos de carácter y personalidad. Su cuadro más famoso es *La Gioconda* (o *Mona Lisa*). Desde que se pintó, su enigmática expresión ha suscitado grandes discusiones, lo que dice bastante del tino psicológico del maestro.

La versatilidad de Leonardo, sus profundos estudios naturales, su compromiso con la ciencia y la tecnología, y, no menos importante, su profundo afecto por los humanos, y por su naturaleza, eran características propias del hombre del Renacimiento. En Leonardo da Vinci, el Renacimiento se encarna por completo.

Ideas del humanismo en el Renacimiento

Lo que renació en esta época fue el humanismo de la Antigüedad. Durante la Edad Media la filosofía y la moral cristianas habían dominado totalmente. Pero los humanistas del Renacimiento, que consideraban la Edad Media como una época oscura y bárbara entre dos épocas doradas, recogieron las culturas precristianas de Grecia y Roma.

El nuevo lema era «volver a las fuentes», es decir, al arte y la cultura de la Antigüedad. Uno de sus objetivos era de tipo pedagógico. El estudio de las disciplinas humanistas (*humaniora*) proporcionaba una «formación clásica», desarrollando «lo humano» (*humanitas*). «Los caballos nacen», se decía, «pero los seres humanos no nacen, se hacen».

Los humanistas del Renacimiento no veían ninguna contradicción entre la cultura clásica y el cristianismo. De hecho, el Nuevo Testamento estaba escrito en griego. Aunque en el humanismo posterior el cristianismo no tuvo tanta relevancia como durante el periodo renacentista, fue sumamente influenciado por él. El humanismo renacentista significó el inicio del proceso de secularización (descristianización) que ha caracterizado a Europa durante los últimos siglos.

El Renacimiento significó un redescubrimiento del valor del ser humano. Nació una nueva fe en el ser humano, a partir de entonces considerado algo grande y maravilloso. «¡Conócete a ti mismo, estirpe divina en forma humana!», exclamó una de las figuras más destacadas del Renacimiento.

Los humanistas de esa época se sentían a gusto en la existencia y disfrutaban de lleno con los placeres de aquí y ahora. Una de las características de esa nueva postura ante la vida era el optimismo. Cuando el hombre tenía la oportunidad de desarrollarse libremente, sus posibilidades eran ilimitadas.

También la naturaleza y los fenómenos naturales eran considerados algo positivo, lo que a su vez abrió las puertas a un estudio renovado del mundo. Los humanistas se libraron de las viejas autoridades y empezaron a contemplar el mundo con sus propios ojos. Así se creó un fundamento totalmente nuevo para las ciencias. Se inició el método empírico. Toda investigación tiene que basarse en la observación, la experiencia y los experimentos.

El humanismo renacentista trajo consigo...

—una nueva visión del ser humano,
—un nuevo ambiente vital,
—una nueva visión de la naturaleza,
—un nuevo método científico,
—un nuevo concepto del mundo.

La Ilustración

En el siglo XVIII se escribió un nuevo capítulo del humanismo. Llegó la Ilustración, un movimiento humanista que se inició en Inglaterra, pero que se expandió rápidamente a Francia, donde vivió un gran florecimiento. La Ilustración significó el triunfo de muchas ideas del Renacimiento, a la vez que aportó nuevas contribuciones a su filosofía.

El humanismo de la Ilustración francesa está íntimamente ligado a Voltaire (1694-1778). Su padre intentó obligarle a estudiar derecho, pero el hijo estaba seguro de su vocación: «Solo quiero ser una cosa, ¡escritor!».

La obra literaria de Voltaire tendría grandes consecuencias. Con veintitrés años fue encarcelado por escribir versos satíricos contra las autoridades. Tras una nueva estancia en la cárcel fue puesto en libertad a cambio de abandonar el país. Se marchó a Inglaterra, país que le impresionó profundamente por su libertad de expresión, tolerancia religiosa y una filosofía y una ciencia dominadas por el empirismo.

Durante toda su vida Voltaire estuvo huyendo de la censura. Protagonizó hasta el final una gran lucha contra el fanatismo, la intolerancia y el abuso de poder, y en particular contra el dominio de la Iglesia y el dogmatismo ciego.

Luchó contra la represión religiosa, aunque él mismo no era ateo. Creía que detrás de ese mundo ordenado descrito por Newton tenía que haber un creador racional. Pero no sabemos nada de este creador, puesto que no se ha revelado ante el mundo de un modo natural, tal y como describen los cristianos, judíos y musulmanes. Dios solo se ha dado a conocer a los seres humanos a través de la naturaleza y las leyes naturales. Esta idea, que tuvo mucho apoyo en la Ilustración, se suele denominar deísmo. Voltaire creía en la existencia de un dios, pero opinaba que los dogmas y los conceptos divinos eran inventos de los humanos. La ceguera y la ignorancia hacen que los humanos se persigan y se maten en nombre de la religión. Igual de estúpido resulta creer que podamos influir en Dios y el curso del mundo mediante oraciones. El mundo se rige por leyes inalterables.

Voltaire tenía una gran fe en el triunfo de la Ilustración y la razón. Lo que hacía falta era transmitir las nuevas ideas y el nuevo concepto del mundo a la gente en general. De todos los escritores de la Ilustración él fue el más grande. Con un lenguaje accesible logró difundir los conocimientos de su época.

Al igual que los humanistas de la Antigüedad, los filósofos de la Ilustración tenían una inquebrantable fe en la razón humana. La Ilustración también se conoce como racionalismo, cuyo objetivo era sentar las bases para una moral, una religión y una política acordes con la razón eterna del hombre.

La nueva fe en la razón creó la propia idea de la Ilustración. Habría que ilustrar a la gente de a pie, lo que sería la condición para una sociedad mejor. La pobreza y la represión se debían a la ignorancia y la superstición, decían los filósofos de la Ilustración. La pedagogía se convirtió por tanto en uno de sus principales objetivos. Tanto la educación infantil como la del pueblo en general adquirieron gran protagonismo. En cuanto se difundieran la razón y el conocimiento, la humanidad progresaría adecuadamente. Era solo cuestión de tiempo que la ignorancia y la falta de razón tuvieran que ceder ante una humanidad ilustrada.

La obra individual más importante de la Ilustración fue, por supuesto, una enciclopedia, la gran enciclopedia francesa (es decir, «el círculo del conocimiento humano»), que se publicó en 28 tomos entre 1751 y 1772, con aportaciones de todos los grandes filósofos de la Ilustración. «Aquí se encuentra todo», se decía, «desde la manera de fabricar una aguja hasta cómo se forja un cañón».

Los filósofos de la Ilustración fueron agitadores que luchaban por la inviolabilidad del individuo y los «derechos naturales de los ciudadanos». Eso implicaba, ante todo, libertad de pensamiento. Tanto en lo que respectaba a la religión como a la moral y la política, habría que asegurar el derecho del individuo a expresar sus opiniones. Ideas cruciales eran la tolerancia, el amor y la filantropía.

El principio de la inviolabilidad del individuo se formuló en *La Declaración de los Derechos del Hombre y del Ciudadano*, que fue aprobada por la Asamblea Nacional francesa en 1789. Dicha declaración constituyó la base de la Constitución noruega de 1814 y de la elaboración de la Declaración de los Derechos Humanos de las Naciones Unidas en 1948.

–se rebelaron contra las viejas autoridades, tales como la Iglesia y la nobleza,
–deseaban que la razón prevaleciera en todas las esferas de la vida,
–trabajaron a favor de la educación de las masas,
–creyeron en el progreso cultural y tecnológico,
–querían liberar la religión de todo fanatismo y dogmatismo,
–lucharon a favor de la inviolabilidad del individuo, y por la libertad de expresión, la justicia, la filantropía y la tolerancia.

Humanismo cristiano y humanismo profano

La gran mayoría de los humanistas del Renacimiento eran cristianos por convicción. También muchos de los humanistas de la Ilustración se consideraban cristianos. Opinaban que el humanismo era el cristianismo correctamente interpretado. Este concepto de cristianismo humanista lo encontramos todavía en las distintas comunidades cristianas.

El punto de partida del humanismo cristiano es que el hombre ha sido creado a imagen de Dios. De la creación, el ser humano es la parte «más parecida a Dios», lo que explica su dignidad y su inviolabilidad. Y también ha de implicar la capacidad humana de hacer el bien, pues el hombre no está totalmente corrompido después del pecado original.

Muchos de los ideales humanistas están recogidos en la Biblia. Por ejemplo, la idea de que todos los seres humanos tienen el mismo valor. «Aquí no hay judío o griego, esclavo u hombre libre, hombre o mujer», dice Pablo. «Sois todos uno en Cristo» (Gálatas 3, 28; Romanos 10, 12). El Nuevo Testamento subraya la unidad de la humanidad, y asegura que cada individuo es una criatura única de la mano creadora de Dios. También la caridad y la misericordia son ideales humanistas que ocupan un lugar central en el cristianismo.

En el transcurso de la historia los humanistas cristianos han criticado el abuso de poder de la Iglesia y la intolerancia religiosa, a la vez que han subrayado la necesidad religiosa del ser humano. La razón, así como la capacidad de percepción religiosa del hombre lo convierten en algo más que un animal.

Es sobre todo en este último punto en el que el humanismo cristiano se distingue de lo que llamamos humanismo profano. Profano significa «fuera de lo sagrado», y humanismo profano significa un humanismo carente de un fundamento religioso. Ya en el Renacimiento se registraron varias tendencias de humanismo profano. Pero hasta el siglo XIX, este no llegó a romper claramente con la tradición humanista cristiana. Una de las principales causas de esto fueron los nuevos descubrimientos científicos, sobre todo la teoría del naturalista británico Charles Darwin (1809-1882) sobre los orígenes del hombre (la teoría de la evolución).

A partir de entonces la palabra «humanismo» se referiría a una concepción de la vida que rechazaba toda forma de religión. Desde el Renacimiento la capacidad del ser humano de pensar libremente había sido una de las piedras angulares del humanismo. Desde entonces los humanistas se convirtieron en librepensadores, es decir, que pensaban libremente en relación con la Iglesia y el cristianismo. La razón y la ciencia se presentaron como lo opuesto al cristianismo, y el ateísmo o el agnosticismo se convirtieron en un rasgo importante del humanismo.

A continuación vamos a estudiar más de cerca lo que caracteriza la percepción humanista de la vida, y con ello nos referimos al humanismo profano.

Rasgos fundamentales del humanismo

La comprensión de la realidad

El humanismo se caracteriza por una profunda fe en la razón humana. Pero la razón es solo una de las herramientas que empleamos para comprender el mundo. También hemos de usar nuestra capacidad de cosechar experiencias. Todas nuestras opiniones tienen que basarse en nuestra experiencia. Son nuestra razón y nuestra experiencia las que constituyen la base de nuestro conocimiento del mundo.

El ser humano no puede, ni basándose en la razón, ni en las experiencias, decir que existe un dios. Pero tampoco se puede decir con seguridad absoluta que no exista ninguno. Un humanista suele por tanto definirse como agnóstico.

Los humanistas reconocen que las facultades del ser humano son limitadas. Hay preguntas a las que no sabemos contestar. Hay enigmas que no sabemos solucionar. Y sin embargo es humano formarse ideas sobre lo desconocido. Lo que no debemos hacer es convertir esas ideas en principios religiosos absolutos, que es precisamente lo que hacen las religiones, dicen los humanistas. En la práctica, los humanistas adoptan por tanto una postura atea. Viven como si no existiera ningún dios. No aceptan ninguna realidad sobrenatural, porque carecen de fundamento para creer en alguna. Existe una sola realidad que es relevante para la vida de los seres humanos, sostienen los humanistas.

Como los humanistas no cuentan con ningún destino o voluntad divina que dirija la vida de los hombres, subrayan que el ser humano tiene que fiarse de sí mismo. El hombre es su propio señor, y tiene que fiarse de sí mismo y de sus posibilidades.

El concepto «ser humano»

La visión que tiene el humanismo de los seres humanos es positiva y optimista. El ser humano tiene gran valor y muchas posibilidades. Y es bueno por naturaleza.

Los humanistas señalan a menudo al hombre como un ser espiritual, con facultades y posibilidades que superan a las de todos los demás seres, y también una libertad muy distinta. Posee la facultad de crear algo mediante el trabajo y la actividad artística.

El ser humano constituye también una parte de la naturaleza y como tal está ligado a sus leyes. El alma humana está totalmente relacionada con las funciones del cerebro. El humanismo rechaza por ello que el hombre tenga un alma inmortal. El hombre no tiene ninguna consciencia después de la muerte.

Cada ser humano es, según los humanistas, un ser único. Pero, aunque somos distintos, todos los seres humanos somos igual de valiosos. La tolerancia mutua ante las cualidades que distinguen a los unos de los otros es uno de los ideales principales del humanismo.

También es muy importante el que ningún ser humano sea usado como medio para algún otro fin, sea por «necesidad histórica», medios políticos superiores u otra cosa parecida. Una persona puede a menudo encontrar sentido en lo de «sacrificarse» por una causa, pero jamás debe ser convertido involuntariamente en víctima por los fines de otros. Cualquier persona es un fin en sí misma. Jamás ha de ser tratada como un mero número en la masa.

El objetivo debe ser que todo el mundo pueda realizarse personalmente y desarrollar sus aptitudes. Para el humanismo, la felicidad y la autorrealización del individuo son por tanto de gran importancia.

Con su énfasis en la singularidad de cada uno, los humanistas tienen una visión individualista del ser humano. Pero este no vive solo para sí y lo suyo. Los humanistas suelen identificarse con la humanidad en general y tienen una visión optimista de la evolución de la humanidad. En el transcurso de unos miles de años hemos evolucionado desde la Edad de Piedra hasta la era atómica. Y la humanidad continúa dicha evolución, tanto en lo tecnológico como en lo humano, es decir, en cuidar los unos de los otros.

Ética

Los humanistas opinan que el ser humano gracias a su razón conoce la diferencia entre el bien y el mal. No necesita ningún mensaje o reglas impuestas desde fuera. Sobre una base puramente racional sabe establecer ciertos valores y normas fundamentales. Es esto lo que se quiere dar a entender con la denominación ética humanista.

El principio ético más importante de los humanistas es la regla de oro que dice que debes hacer a los demás lo que quieres que los demás te hagan a ti. Esta regla se conoce bien del Antiguo Testamento, pero muchos humanistas señalan además que ideas parecidas se han formulado también en otras culturas. Prefieren por tanto denominar dicha regla como «principio de reciprocidad», debido a que este principio se puede establecer sobre una base humana.

Otros principios importantes de los humanistas son el respeto por la dignidad humana y la inviolabilidad del ser humano. Los derechos humanos ocupan por lo tanto un lugar principal en la ética humanista. Como prójimo, estoy obligado a luchar por la libertad, la igualdad y la justicia entre los hombres, tanto en mi propio país como en el mundo entero.

Con su énfasis en la vida en la tierra, en el aquí y ahora, los humanistas también luchan por un mayor bienestar material. Ahora bien, este objetivo tiene que sopesarse constantemente con los valores vitales y la calidad de vida en un sentido amplio. El fin en sí no es un aumento ciego de la eficiencia, ni un materialismo ávido de placeres. En este sentido el humanismo se opone al materialismo y al desarrollo tecnológico unidimensional, sea bajo el auspicio socialista o capitalista.

Materialismo

Filosofía y ciencia

Hoy la ciencia puede responder a una serie de preguntas que antes quedaban a merced de la imaginación humana. Las ciencias naturales modernas han venido proporcionado una explicación cada vez más exhaustiva sobre el origen del universo y de la vida en la tierra. Esto ha llevado a que hoy en día mucha gente tenga una concepción científica de la vida. Se les suele llamar materialistas o naturalistas.

Pero ¿puede realmente la ciencia contestar a todas las preguntas? «Sí», responde el materialista. Muchas preguntas que hoy no se pueden contestar lo serán cuando las ciencias hayan desarrollado nuevos métodos y herramientas.

¿Qué es el materialismo?

Imagínate que toda la realidad constara exclusivamente de materia. Lo único que existe son los átomos y las partículas elementales. El mundo es una cosa o la suma de un enorme número de minúsculos «ladrillos». Todos los cambios en el universo y en la tierra se deben a los movimientos de estos ladrillos. Dios no existe. No hay ningún poder o fuerza espiritual. La conciencia humana es un producto exclusivamente de su cerebro, que a su vez no es más que una máquina extremadamente complicada. Esta es una visión materialista del mundo.

Cuando hablamos del materialismo como filosofía, en realidad nos referimos a dos cosas. Hay que distinguir entre materialismo filosófico y materialismo ético:

1. El materialismo filosófico se refiere a la convicción de que todos los fenómenos del mundo se deben a circunstancias físicas. No hay ninguna fuerza espiritual que actúe independientemente de las leyes de la física. La realidad consta únicamente de materia, o con otra palabra, de naturaleza.

2. El materialismo ético se refiere a una visión de la vida o una actitud ante la vida que resalta los bienes materiales y los placeres físicos.

Contexto histórico

El atomismo de la Antigüedad

A los primeros filósofos griegos (hacia 580 a. C.) se les suele llamar filósofos de la naturaleza, porque estudiaban la naturaleza (en griego, *physis*). Su objetivo era conseguir conocer los secretos de la naturaleza sin tener que recurrir a explicaciones míticas o religiosas. Pretendían encontrar una explicación natural al enigma del mundo. Con ello dieron el impulso a todas las ciencias naturales del futuro.

La idea era que detrás de todos los fenómenos tenía que haber una sustancia originaria de la que provenía todo y a la que todo volvía. Pensaban que de la misma manera que el agua podía convertirse en hielo o vapor para luego volver a su estado original, tendría que haber una sustancia originaria detrás de todo cambio.

Uno de estos filósofos de la naturaleza fue Demócrito (aprox. 460-370 a. C.), que formuló una explicación materialista coherente del mundo: lo único que existe son los átomos y el espacio vacío. Los átomos son indivisibles (la palabra griega *atomos* significa «indivisible»). Si los átomos no hubieran sido indivisibles, no habrían podido servir de «ladrillos» para todo lo que nos rodea. Entonces todo habría sido como una sopa muy líquida. Además los átomos tienen que ser eternos y no creados, porque nada puede surgir de la nada. Y nada que existe puede convertirse en nada.

Demócrito se imaginaba además que los átomos tenían que estar conectados entre sí para formar cuerpos compuestos. Todo surge y se deshace al mezclarse y volver a separarse los átomos. Porque los átomos están en continuo movimiento, lo que hace que choquen constantemente y con ello cambien de dirección y velocidad. No hay nada más que les afecte. Por tanto todo ocurre mecánicamente (de la palabra griega *mekhane*, «máquina»). Detrás de los cambios no hay ninguna razón o fuerza. El mundo funciona como una gran máquina.

La teoría de los átomos también explica nuestras percepciones sensitivas. Cuando percibimos algo, se debe a los movimientos de los átomos a través del espacio. Si por ejemplo veo la luna, es porque el «átomo de la luna» alcanza mi ojo.

Pero ¿y la consciencia? ¿No puede también constar de átomos, es decir, de partículas materiales? Pues sí, los atomistas se imaginaban que el alma constaba de unos especiales «átomos del alma» redondos y planos. Eso significaba que el ser humano no podía tener un alma inmortal, por su parte una idea bastante extendida en la Antigüedad. Cuando una persona muere, los átomos del alma se dispersan por todas partes para luego ser componentes de la formación de una nueva alma.

El materialismo ético de Epicuro

El filósofo Epicuro (341-270 a. C.) se adhirió al atomismo de Demócrito creando a la vez la base de un materialismo ético. Epicuro y sus alumnos se reunían en un jardín, razón por la que se les llamaba «los filósofos del jardín». Se dice que sobre la entrada del jardín colgaba una inscripción con las palabras: «Forastero, aquí te sentirás a gusto. Aquí el placer es el primer bien».

La ética y el arte de vivir de los epicúreos consistían en lograr el máximo placer posible y evitar toda clase de desagrado. No obstante, Epicuro señaló que de vez en cuando tenemos que aceptar el desagrado a corto plazo con el fin de lograr un placer mayor y más duradero a largo plazo. Al contrario que los animales, el ser humano tiene la posibilidad de planificar su vida. Epicuro enseñó que «el placer» no tiene por qué referirse al placer sensual. También hay que tener en cuenta valores como el arte y la amistad, por ejemplo. Otros requisitos para el placer vital eran otros tantos ideales griegos: la prudencia, la moderación y la ecuanimidad.

Epicuro creía que para vivir felizmente era importante vencer el miedo a la muerte. En este contexto se acogió a la teoría de Demócrito sobre los «átomos del alma». Se limitó a decir: «La muerte no nos afecta. Pues mientras existimos la muerte no está presente, y cuando lo está, nosotros ya no estamos allí».

El materialismo mecanicista de los siglos XVII y XVIII

El materialismo de tiempos más recientes apareció con el nuevo concepto del mundo: la Tierra era uno de los muchos planetas que giraban alrededor del sol. Isaac Newton (1643-1727) señaló que en todo el universo rigen las mismas leyes del movimiento. Todos los cambios en la naturaleza, tanto en la tierra como en el espacio, se deben a la ley de la gravedad y a las leyes del movimiento de los cuerpos. Todo está sujeto a las mismas constantes inquebrantables o a la misma mecánica. En la teoría es por tanto posible calcular cualquier cambio en la naturaleza con precisión matemática. Podríamos decir que la física de Newton puso las piezas finales en lo que llamaríamos materialismo mecánico o concepción mecánica del mundo.

El materialismo mecánico influyó también en la concepción del género humano. En el siglo XVIII se publicó en Francia un libro con el elocuente título de L'homme machine (El hombre, una máquina). De la misma manera que la pierna tiene músculos con los que andar, el cerebro tiene músculos con los que pensar. Materialistas alemanes formularon ideas semejantes: los procesos de pensar son al cerebro lo que la orina es a los riñones y la bilis al hígado.

El naturalismo en el siglo XIX

En el siglo XIX el materialismo mecánico fue gradualmente eclipsado por una visión más orgánica de los procesos de la naturaleza. Palabras como «naturaleza», «evolución» y «crecimiento» cobraron protagonismo. Pero también este «naturalismo» ha dejado sus huellas en la filosofía del materialismo de nuestros días.

En la esfera de la biología, Charles Darwin (1809-1882) proporcionó una explicación totalmente naturalista de la evolución de la vida en la Tierra. Según su teoría, animales y plantas habían evolucionado gradualmente en una eterna lucha por la supervivencia, en la que sobrevivían los más fuertes y los mejor equipados. Darwin llamó a este proceso «la selección natural».

Los llamados «darwinistas sociales» quisieron transferir el principio de la selección natural a la sociedad. La ley de la naturaleza sobre el derecho del más fuerte también debe regir entre las personas, decían. Una idea emparentada la encontramos en Friedrich Nietzsche (1844-1900), que opinaba que el cristianismo era «la religión de los débiles». Los fuertes deberían poderse desarrollar al máximo, decía. «El superhombre» no debe dejarse oprimir por la «mentalidad de esclavo» de los débiles. «Dios está muerto», declaró Nietzsche, y cuando Dios está muerto todo está permitido. Ninguna norma ética debe obstaculizar la autorrealización del individuo. Esta visión moral suele denominarse nihilismo (del latín *nihil*, «nada»).

A partir de principios del siglo XX, las ideas naturalistas también prevalecieron dentro de la psicología. Sigmund Freud (1856-1939) se creía capaz de demostrar que la vida mental del ser humano está dominada por el principio sexual. Si la vida sexual del individuo —o sus «instintos naturales»— queda insatisfecha, puede, en casos extremos, dar lugar a trastornos psíquicos.

Rasgos fundamentales del materialismo

Comprensión de la realidad

Los materialistas modernos consideran que tienen una visión totalmente científica de la realidad. La explicación del mundo ha de basarse exclusivamente en él mismo, y no en ideas humanas. Tanto la fe en los dioses como en las ideas humanas son rechazadas.

El mundo es exactamente como lo percibimos. Si el ser humano tiene una percepción más compleja del mundo que los animales, se debe solamente a que el ser humano tiene un sistema nervioso y un aparato sensorial más desarrollados. El hombre adquiere sus conocimientos del mundo únicamente a través de la experiencia y la observación sensorial. Con esto vemos que el materialismo es altamente empírico. Rechaza la fe del racionalismo en que la razón humana en sí puede ser una fuente de conocimiento. La tarea de la razón se limita a ordenar nuestras experiencias.

Es típico de los seres humanos formarse ideas sobre lo desconocido, por ejemplo sobre un dios. Pero esa clase de ideas no viene de la experiencia y por tanto tiene que ser rechazada. No hay ningún dios. El universo funciona por sí mismo. Vemos, pues, que el materialismo tiene una visión atea de la realidad.

En concordancia con la astronomía moderna, los materialistas creen que el universo se originó hace unos quince mil millones de años. Toda la materia estaba entonces concentrada en una gran masa maciza que explosionó debido a su enorme densidad. Las galaxias, las estrellas y los planetas son el resultado de esta explosión.

Nuestro planeta se originó hace unos cuatro mil seiscientos millones de años. La vida empezó en el mar, cuando unos átomos formaron complicadas moléculas capaces de autorreproducirse. Luego la vida en la Tierra ha ido evolucionando en formas cada vez más complejas.

Los materialistas piensan que es improbable que nuestro planeta sea algo único en este inmenso universo. Tal vez el universo esté hirviendo de vida, y tal vez haya seres inteligentes también en otros planetas, y no se descarta que en el futuro podamos ponernos en contacto con ellos. Pero por ahora nuestro planeta sigue siendo el único ejemplo conocido de que la materia cósmica haya adquirido vida y conciencia.

Muchos cristianos y muchos humanistas comparten esta visión científica del universo. Lo característico de los materialistas es que opinan que nuestra visión moderna del universo excluye toda explicación religiosa. No solo apoyan la descripción que proporciona la ciencia del mundo y del universo, sino que mantienen que esto es todo lo que se puede decir.

También los científicos cristianos suelen basar su investigación en un llamado «ateísmo metódico», lo que significa que investigan el mundo como si no existiera ningún dios. Un materialista filosófico va más allá, pues excluye la existencia de un dios ya desde el punto de partida. Es lo que llamamos «ateísmo teórico».

La concepción del hombre

El materialismo no acepta ninguna diferencia básica entre el ser humano y otros organismos vivos. Las leyes químicas que apuntalan todas las formas de vida son las mismas que rigen para la naturaleza sin vida.

Por esta razón muchos materialistas rechazan la idea de la libertad del ser humano. En la naturaleza no hay libertad, dicen. Todo sigue leyes inquebrantables. Esto es aplicable también a la consciencia humana.

En el siglo XVIII se solía comparar al ser humano con una máquina o un autómata complicado. Hoy en día lo más adecuado sería compararlo con un ordenador. El cerebro humano, que está compuesto por diez millones de células, funciona como un ordenador inmensamente complejo, constituyendo la materia más complicada de nuestro planeta. Ahora bien, todos los procesos del cerebro siguen exactamente las mismas leyes bioquímicas que rigen para el resto de la naturaleza. La consciencia es controlada —desde el principio hasta el final— por la física molecular, lo que descarta la posibilidad de que el ser humano tenga consciencia después de muerto.

Ética

Una visión materialista del mundo va a menudo acompañada de un conjunto de valores materialistas. Pero no tiene por qué ser así. Es posible combinar la visión materialista de la realidad con un estilo de vida sencillo. Un materialista filosófico no es necesariamente un vividor, sino que puede tener como interés principal los conocimientos científicos.

No tiene por qué haber una contradicción entre una visión materialista y la caridad o el respeto por los valores humanos. Pero el respeto por la inviolabilidad de la vida puede tener una prioridad menor para un materialista consecuente, quien raramente tendrá nada que objetar en contra del aborto, la eutanasia, los trasplantes o la investigación médica moderna. Los representantes del materialismo abogan por la experimentación con materia genética humana en la lucha contra enfermedades hereditarias.

Los materialistas rechazan la idea del derecho natural. No existen leyes o valores eternos o universales, sino que son creados por la sociedad y varían de una a otra, y de cultura en cultura. Por lo tanto no podemos decidir lo que es moralmente correcto estudiando la naturaleza del hombre o su razón. Esta actitud se suele denominar «relativismo moral».

De acuerdo con esto, la conciencia del ser humano se percibe como un reflejo de las exigencias de la sociedad y del entorno del individuo. La conciencia no dice nada de lo que es bueno o malo, sino de la opinión del entorno sobre lo que es bueno o malo.

Marxismo

El marxismo se construye sobre las ideas del filósofo y político alemán Karl Marx (1818-1883). Marx procedía de una familia alemana judía, pero su padre se había convertido al protestantismo. Estudió en varias universidades alemanas y se doctoró con una tesis sobre los materialistas griegos Demócrito y Epicuro. Publicó con su compatriota Friedrich Engels (1820-1895), director de una fábrica de Manchester, el *Manifiesto comunista* (1848), uno de los escritos políticos más famosos del mundo. Marx también participó en la Primera Internacional de 1864. Desde 1848 y hasta su muerte vivió en Londres, escribiendo sobre temas políticos y económicos.

Contexto histórico

El socialismo antes de Marx

El pensamiento socialista surgió como una respuesta al crecimiento del capitalismo en Europa, que trajo consigo un giro de la sociedad agraria y artesanal hacia una sociedad industrial, con unos cuantos propietarios de fábricas ricos y obreros asalariados cada vez más pobres.

Esta situación dio lugar a que los socialistas cuestionaran el derecho a la propiedad y la distribución de los bienes del mundo. La Revolución francesa de 1789 había introducido la idea de la igualdad política. Los socialistas introdujeron la idea de la igualdad económica.

Los socialistas abogaban por la propiedad común de tierras y fábricas. El núcleo de su pensamiento era la camaradería, en el sentido de que los seres humanos solo podían desarrollar sus habilidades y librarse de la represión del capitalismo formando una comunidad con otros. Así surgió la palabra «socialismo», empleada por primera vez en 1832. *Socius* es una palabra latina que significa «camarada, aliado».

Los primeros socialistas opinaban que era necesario volver a las sencillas comunidades locales, en las que los seres humanos podían vivir en paz, armonía y justicia. Se iniciaron experimentos en varios lugares con talleres, tiendas y viviendas de propiedad común. Aunque supuso el inicio del movimiento cooperativista moderno, su intención de conducir la sociedad hacia el socialismo fracasó.

Karl Marx llamó «utópicos» a estos socialistas. Opinaba que sus ideas sobre cómo conseguir las metas del socialismo eran demasiado optimistas y románticas. Creían que el socialismo vencería en virtud de su contenido razonable, y que la gente lo entendería. Carecían de una teoría política acerca de cómo conseguir el poder necesario para introducir el socialismo. Tampoco tenían ninguna teoría sobre el desarrollo económico de la sociedad. Era justamente una teoría de esta clase la que Marx quería desarrollar, y pretendía hacerlo sobre una base científica.

Visión de Marx sobre el desarrollo de la sociedad

Marx estaba de acuerdo con los socialistas utópicos en que el capitalismo era un sistema económico que explotaba a los obreros, y que era importante adoptar un sistema en el cual «cada uno produce según su capacidad y recibe según su necesidad». Pero Marx consideraba el marxismo solo como una etapa del desarrollo histórico. Para poder entender esto tenemos que fijarnos en uno de los axiomas de Marx, la frase inicial del *Manifiesto comunista*: «La historia de todas las sociedades que han existido hasta ahora es la historia de las luchas de clases».

En su análisis de la historia, Marx estudia el modo en que los hombres producen mercancías y las reparten entre ellos.

En la Edad Media el sistema económico era feudal, lo que implicaba que la nobleza poseía grandes haciendas en las que los campesinos siervos se veían obligados a trabajar. Pero los terratenientes necesitaban más mercancías de las que sus tierras podían producir, de manera que las adquirían a mercaderes y artesanos. A estos hombres se les fue dando un papel cada vez más importante. Muchos de ellos se hicieron cada vez más ricos, y fundaron bancos y fábricas. Así se produjo un choque y con ello una lucha por el poder entre los terratenientes y los burgueses, que finalizó con la toma del poder por la burguesía (revolución burguesa).

El capitalismo sustituyó al feudalismo como sistema económico. Pero conforme el capitalismo evolucionaba, el número de asalariados iba en aumento. La tensión entre la burguesía y la clase obrera desembocó en una nueva lucha de clases, la cual, según Marx, acabaría con la toma del poder por los obreros tras una revolución socialista. La tierra y las fábricas se convertirían en propiedad colectiva. Cuando todo se hubiese colectivizado (comunismo), desaparecería la base para las diferencias y la lucha de clases, y se conseguiría una sociedad sin clases, que es el objetivo último del marxismo. En la fase transitoria sería necesario que los obreros tomaran el poder absoluto sobre el aparato del Estado (dictadura del proletariado), pero en la sociedad sin clases un poder estatal central no sería necesario. El individuo viviría, según Marx, en un estado de paz, libertad y felicidad.

El marxismo después de Marx

Después de la muerte de Marx, los socialistas empezaron a desarrollar las ideas marxistas. El resultado fueron dos tendencias principales dentro del movimiento socialista: la socialdemocracia y el leninismo.

Los socialdemócratas se atienen a la idea de que las condiciones económicas son importantes para el desarrollo de la sociedad, y que ciertas industrias clave deben ser de propiedad colectiva. Opinan que el capitalismo no se debe erradicar mediante una revolución, sino por medios pacíficos. Sostienen que la experiencia muestra que los obreros han ido logrando poder mediante reformas económicas y la participación en el sistema político. Esta visión es la que prevalecerá en los grandes partidos socialdemócratas del oeste de Europa.

El leninismo adquirió una gran importancia histórica, pero se encuentra actualmente en cierta recesión. Su influencia internacional empezó en Rusia con la toma del poder por Lenin (1870-1924) y el Partido Comunista después de la revolución de 1917. Al tiempo que extensas reformas sociales y una reorganización total de la economía, se aplicaron restricciones en cuanto a libertad y derechos humanos. Al cabo de poco tiempo todo atisbo de democracia, tanto dentro como fuera del partido, se había ahogado. Después de Lenin, Stalin (1879-1953) continuó la ampliación del Estado soviético. La Unión Soviética fue una dictadura total, lo mismo que muchos otros países que tuvieron gobiernos comunistas de mayor o menos duración.

Los socialdemócratas no tardaron en criticar la línea de Lenin, también lo hicieron marxistas revolucionarios como la alemana Rosa Luxemburgo (1871-1919), quien ya en 1917 atacó el leninismo y la revolución bolchevique, diciendo que la vida pública declinaría si no había elecciones generales, una prensa libre, libertad de asociación y expresión. Solo unos cuantos dirigentes del partido gobernarían la sociedad. Habría una dictadura, pero no del proletariado, sino más bien como la jacobina durante la Revolución francesa. Rosa Luxemburgo resumió el asunto con las siguientes palabras: «La libertad es siempre y exclusivamente libertad para el que piensa de un modo diferente».

El marxismo no solo ha sido interpretado por socialdemócratas y leninistas. Las teorías de Marx han sido analizadas y desarrolladas por una serie de pensadores políticos a lo largo de todo el siglo XX. Tomando a Marx como punto de partida han criticado la democracia social porque esta nunca se enfrentó verdaderamente al capitalismo, y también la línea del socialismo que escogió la Unión

Soviética, con su represión de los derechos humanos. Han intentado buscar una teoría marxista aplicable a la moderna sociedad capitalista, en la que los obreros de la industria ya no constituyen la clase dominante.

Rasgos fundamentales del marxismo

La comprensión de la realidad

«Lucharemos siempre por una visión científica del mundo. Nuestro programa se basa íntegramente en una visión científica y materialista», escribió Marx a Engels. Los dos subrayaron que no consideraban sus ideas una filosofía sobre la vida en la línea de otras. Lo suyo es una manera científica de describir las condiciones reales. Decían que sus teorías «no se basan en las ideas y principios de uno u otro filántropo».

Marx y Engels compararon sus estudios de las relaciones sociales con los que Charles Darwin había realizado sobre las relaciones en la naturaleza. Engels dijo, en el discurso que pronunció con motivo del funeral de su amigo Marx: «De la misma manera que Darwin descubrió las leyes de la evolución de la naturaleza orgánica, Marx descubrió las leyes de la evolución histórica de la humanidad».

La visión de la historia de los marxistas es materialista, lo que significa que no hay ningún poder divino o espiritual que gobierne la historia. Tampoco los pensamientos o ideas del hombre decidirán en última instancia el rumbo de los acontecimientos. Las ideas y los pensamientos, la moral y la religión, el arte y la filosofía, no surgen de la nada, sino que dependen de las condiciones económicas y sociales de la sociedad. Ellas se levantan como una superestructura sobre los cimientos económicos.

Con los cimientos económicos Marx se refería en primer lugar a la fuerza y a las herramientas laborales, que son los medios esenciales de la producción. En segundo lugar se refería a los dueños de talleres y fábricas, que se quedan con las ganancias.

La era del capitalismo se caracteriza por grandes fábricas llenas de máquinas y obreros. Unos cuantos capitalistas son los propietarios de los medios de producción y se quedan con la ganancia de las mercancías que producen los obreros. Cuando Marx habla de lucha de clases, se refiere a la lucha entre la clase propietaria (la burguesía, la clase capitalista) y los que no son propietarios (la clase obrera).

Marx opinaba que la historia se mueve inexorablemente hacia una meta final: una sociedad sin clases en la que toda la propiedad será colectiva. Esta evolución no ocurriría gradualmente, sino a través de una enorme oposición, ocurriría dialécticamente. Una determinada situación (tesis) provoca la situación contraria (antítesis) y se pasa a una situación completamente nueva (síntesis) con elementos de cada una de sus antecesoras.

La lucha de clases es un ejemplo de evolución dialéctica. La burguesía tiene el poder bajo el capitalismo (tesis), la clase obrera toma el poder mediante una revolución (antítesis), y el resultado es una sociedad sin clases (síntesis). En la sociedad sin clases se acabará con la explotación de los asalariados, pero, según Marx, también se conservarán ciertos valores positivos del período capitalista, tales como la alta tecnología y los derechos políticos.

Actitud ante lo humano

Marx admiraba a Darwin, pero no estaba dispuesto a aplicar las mismas leyes a las personas que a los animales. El que el ser humano tenga el mismo origen que las demás especies no significa que pueda considerarse un animal.

El hombre vive en un estado de antagonismo con la naturaleza. Al contrario que los animales, el ser humano produce su propia existencia. Lo que le diferencia de los animales no es su capacidad de pensar, sino su capacidad de crear. El ser humano trabaja la naturaleza con herramientas hechas por él mismo, y produce lo que necesita para vivir.

El trabajo, la producción material, es básico para cualquier forma de vida humana. Incluso la cultura, la política, la moral y la religión surgen de la producción material, es decir, de la base económica. Esto no hay que interpretarlo de un modo completamente mecánico. Siempre habrá una interacción, de tal manera que los pensamientos y las ideas puedan retornar e influir sobre la organización del trabajo y la producción.

Aparte de creativo, el ser humano también es un ser social. La sociedad es necesaria para el ser humano, es la sociedad la que le permite desarrollar su potencial creador y satisfacer sus necesidades.

Ética

El marxismo sostiene que las condiciones económicas constituyen la base de toda actividad humana. Esto significa que la ética, los principios que rigen la moral correcta en una sociedad, depende también de la situación económica existente. Si cambia el sistema económico, también cambian los principios éticos. Las normas de moral y los conceptos del bien y del mal han cambiado desde la sociedad esclavista hasta la sociedad feudal, y desde la sociedad feudal hasta la época del capitalismo.

Bajo el feudalismo, cuando la nobleza era la clase dominante, había una demanda de fidelidad, porque los señores feudales dependían de la lealtad de sus súbditos. En el capitalismo, la libertad se convirtió en un ideal, especialmente la libertad de los burgueses para dirigir empresas capitalistas sin interferencias por parte de las autoridades estatales.

Lo crucial para Marx es que la ética no es solo un reflejo de un conjunto de determinadas condiciones sociales, sino un medio para que una clase determinada pueda promover sus intereses. La ética sirve a la clase que está en el poder. En otras palabras: es la clase dominante la que decide cuál es la moral correcta. Este punto de vista provocó una protesta de Lenin: «Las acciones que sirven a los intereses de la clase obrera son morales, buenas y correctas».

En otras palabras: el marxismo rechaza el derecho natural. No existe una norma ética que sea natural para todos, lo cual significa que no existe ninguna norma que sea universal. Ahora bien, los marxistas subrayan que lo suyo no es un relativismo moral, no significa que una moral sea tan buena como otra. Opinan que en cualquier situación histórica existen normas de moral correctas, porque sirven a la evolución histórica hacia una sociedad sin clases.

A pesar del hecho de que la teoría marxista dé a veces poca importancia a la ética y a la moral, muchos marxistas han mostrado una fuerte dedicación moral en la política práctica.

Tercera parte

Nuevas religiones
y concepciones de la vida

Secularización y nueva espiritualidad

Con el avance de la industrialización y la ciencia, en los últimos siglos, han ido surgiendo explicaciones nuevas y no religiosas sobre el curso de los acontecimientos universales. Aunque las religiones sobreviven, sectores cada vez mayores de la vida social y cultural se excluyen de su influencia. Los grupos religiosos no solo han perdido poder sobre la vida de la sociedad, sino que las actitudes éticas de muchos grupos religiosos también se han alejado de las cuestiones que tienen que ver con la sociedad. Esta evolución suele caracterizarse como secularización.

La gente ha reaccionado de diversas formas ante esta evolución. Unos mantienen su fe religiosa, pero trazan una línea divisoria entre fe y ciencia. Otros rechazan la religión y se vuelven ateos o agnósticos. Algunos incorporan las ideas científicas a su fe religiosa.

¿Somos menos religiosos ahora que hace cincuenta años? Es difícil saberlo. Durante mucho tiempo hemos creído que en nuestra parte del mundo la religión desempeñaba un papel cada vez menos importante en la vida de la gente. En Noruega, por ejemplo, la religión cristiana ha perdido terreno, si con cristianismo nos referimos a la Iglesia Estatal Noruega. Pero la descristianización ha traído consigo muchos movimientos cristianos nuevos.

La Iglesia oficial ya no solo tiene que combatir la descristianización, sino también una serie de tendencias religiosas ligadas a lo que se podría llamar ocultismo.

Ya es corriente hablar de «neorreligiosidad». En Dinamarca, por ejemplo, ya hay más líderes trabajando a tiempo completo dentro de diversos movimientos religiosos recientes que pastores en la Iglesia oficial danesa.

El término «nueva espiritualidad» es muy amplio, y abarca:

1. Nuevas campañas misioneras de religiones antiguas, como el hinduismo y el budismo.

2. Nuevas sectas cristianas.

3. Nuevas sectas religiosas que toman prestadas ideas de una o varias de las religiones más importantes.

4. Nociones antiguas de lo oculto.

5. Nuevos «conocimientos» que a menudo constituyen una mezcla de ciencia moderna y viejas ideas religiosas.

Además de estas tendencias religiosas más o menos organizadas y permanentes, encontramos una serie de rasgos nuevos en el acercamiento de la gente a la vida en general sin que se trate de una nueva religiosidad.

En esta abundancia de nuevas direcciones religiosas, conviene distinguir entre:

1. Corrientes religiosas nuevas.

2. Corrientes del ocultismo.

3. Movimientos alternativos.

El origen de estos nuevos movimientos se debe en parte a «la revolución juvenil» desarrollada en la década de 1960. En aquella época se fraguó gran parte de las bases para las nuevas asociaciones, así como el interés renovado por el ocultismo y los movimientos llamados alternativos.

Corrientes religiosas nuevas

Sincretismo

Hare Krishna, la Iglesia Unificada del reverendo Moon, los Hijos de Dios, son algunos ejemplos de nuevos movimientos y sectas religiosas internacionales surgidas en el transcurso de las últimas décadas.

Desde un punto de vista histórico, el nacimiento de nuevas religiones no es un fenómeno desconocido. Las religiones universales tradicionales, que ya hemos estudiado en este libro, han vivido muchos cismas a lo largo de los siglos, cismas que en algunos casos han desembocado en la creación de religiones completamente nuevas, y que en otros han dado lugar a nuevas comunidades, sectas o tendencias que han mantenido el contacto con el punto de partida y la tradición.

Un rasgo típico de muchas tendencias nuevas es lo que denominamos *sincretismo*, que significa que una secta o comunidad contiene elementos de varias religiones diferentes. Tampoco esto es algo insólito.

Un buen ejemplo de esta mezcla de religiones lo encontramos en la época de los romanos. Por todo el Imperio romano se fundieron ideas de África, Asia y Europa, creando una serie de nuevos movimientos religiosos, que a su vez tomarían prestados conceptos de las religiones tanto de los egipcios como de los persas, babilonios, judíos o griegos.

En la India una larga serie de líderes religiosos han proclamado durante el último siglo que todas las grandes religiones del mundo son compatibles, y que en el fondo expresan lo mismo. También a esa clase de ideas habría que denominarlas sincréticas.

Rasgos comunes de los nuevos movimientos religiosos

Todas las religiones tienen ciertos rasgos comunes en cuanto a conceptos, percepción, culto y organización. Los nuevos movimientos religiosos tienen también muchas similitudes con las grandes religiones del mundo. ¿Pero hay algo característico de estos nuevos grupos, algo que los diferencie como grupos especiales? Vamos a estudiar algunos elementos que destacan en muchas nuevas religiones y movimientos:

1. Generalmente han sido creados por alguien con una personalidad muy fuerte, que ha tenido una revelación divina y por ello se siente llamado a dirigir su comunidad. Puede ser una «figura mesiánica» a la que la gente se adhiere en situaciones de crisis espiritual, cultural o política. Pero también puede tratarse —como ocurre en muchos movimientos inspirados en el hinduismo— de un «gurú» (maestro religioso) que exige obediencia y devoción sin límites a sus discípulos. El gurú no es necesariamente divino, pero representa lo divino y puede por ello recibir sacrificios de sus adeptos.

2. Las nuevas religiones se proclaman «universales» y se consideran a sí mismas «la religión de las religiones». Muchos dicen que son una síntesis de las grandes religiones del mundo, y que tanto Moisés, como Jesús, Mahoma, Krishna y Buda son sus precursores. La idea es que las viejas religiones han concluido su papel, ya que cada una de ellas solo contiene una parte de la verdad. La nueva religión es la revelación final, la respuesta definitiva, la verdad absoluta. Generalmente las religiones anteriores no son del todo rechazadas. Se consideran como una larga e importante tradición de la que la nueva religión constituye la conclusión o la consumación.

3. La experiencia interior se destaca como algo mucho más importante que los dogmas y las formas exteriores. En estos movimientos se encuentra a menudo un elemento de rebelión contra lo establecido y los líderes religiosos. Rompen con las normas vi-

gentes y la práctica religiosa establecida, y en casos extremos pueden llegar incluso a infringir la ley. Sostienen que la experiencia interior significa una liberación total que conduce a la paz, la armonía y la felicidad. El ser humano se encuentra a sí mismo. Esto es justo lo que necesita el mundo de hoy, es la solución a todos los problemas internos y externos. Algunas asociaciones subrayan frecuentemente que no se trata de una religión, sino de una clase de conocimiento o entendimiento. Se trata sobre todo de lograr la experiencia interior correcta.

4. Los miembros del movimiento suelen mostrar una fe ardiente y una dedicación religiosa que les hace consagrarse por completo a la secta. La conversión conlleva a menudo la ruptura con la familia, que el adepto cambie de domicilio y se vaya a vivir a una comuna, que adopte un nuevo nombre y deje su trabajo o sus estudios.

¿Convicción o lavado de cerebro?

De vez en cuando se forma un gran revuelo mediático en torno a ciertos movimientos neorreligiosos acusados de lavar el cerebro de los miembros de su secta. Estas sectas reclutan a sus miembros sobre todo entre gente joven en busca de identidad.

Un rasgo importante de los nuevos grupos religiosos es la exigencia al nuevo adepto de una entrega total, lo que muchas veces implica la ruptura con toda su vida anterior. Uno «muere» de la vieja vida y «renace» en la secta. No es suficiente simpatizar con la secta. A veces hay que entregar todo lo que uno posee. Muchos se han encontrado despojados de dinero y propiedades tras haber pasado por uno de esos movimientos neorreligiosos.

La secta empieza por plantear las muchas preguntas existenciales que suelen surgir al iniciarse la vida de adulto, haciendo un diagnóstico acertado. Señala que la sociedad moderna sufre de muchos males, que ya no se vive de una manera «auténtica» y «completa», que se tiene una sensación de vacío y de falta de sentido. Muchos adeptos a este tipo de sectas han contado a posteriori que se encontraban destrozados por las drogas o el alcohol cuando fueron reclutados. Les cuentan que hay algo que puede proporcionarles una nueva vida, y ese algo es la secta. Lo único que se les exige es que se entreguen por completo. Cualquier intento de regresar a tu vida anterior podría ser obstaculizado por los «padrinos» de la secta.

En Estados Unidos, sobre todo, se han creado asociaciones de padres que intentan recuperar a sus hijos. Algunos incluso han llegado a secuestrar a sus propios hijos para «desprogramarlos», una especie de lavado de cerebro al revés, con ayuda de ex miembros de la secta. Naturalmente esta clase de acciones plantea una serie de cuestiones éticas y jurídicas. Por otra parte existen muchas «víctimas» de grupos neorreligiosos que han quedado muy agradecidas por haber sido devueltas a su antiguo entorno. Pero una «vuelta» de esa clase es descrita como problemática y requiere mucho tiempo y muchos recursos, incluido tratamiento psicológico o psiquiátrico.

Corrientes del ocultismo

Ocultismo es un concepto casi tan amplio como el de religión. Abarca «ciencias» tales como astrología, espiritualismo, ufología, parapsicología, varias formas de magia y clarividencia, teosofía y antropología.

En las últimas décadas el interés por el ocultismo ha registrado un enorme crecimiento en casi todo el mundo. Este hecho se debe, al menos en parte, a la secularización general. Aunque las tendencias ocultas no siempre han conducido a la creación de nuevas asociaciones religiosas, distintas ideas ocultistas desempeñan ya un papel tan importante en la vida de muchas personas que se incluyen en su filosofía de vida como un elemento esencial.

El ocultismo no es en absoluto un fenómeno nuevo, pues existe una tradición ininterrumpida desde la Antigüedad, pasando por la Edad Media, hasta nuestros días.

1. Astrología

La tradición ocultista más importante en la historia europea es sin duda la astrología. También es la tendencia ocultista más destacada hoy en día.

En Estados Unidos había 10.000 astrólogos trabajando a tiempo completo en 1969 y 175.000 a tiempo parcial. Casi todos los periódicos norteamericanos incluyen una columna de astrología. Y todo indica que el interés por la astrología no hace más que crecer.

La astrología se remonta a Mesopotamia, alrededor de 2.000 años antes de Cristo. Luego se perfeccionó dentro de las culturas babilónica, griega y romana. En tiempos modernos experimentó una edad de oro entre los siglos XIV y XVI.

En pocas palabras, la astrología se sostiene en la fe de que existe una relación entre la ubicación de las estrellas en el firmamento y la vida de cada individuo en la Tierra. Hoy, como en la Edad Media y la Antigüedad, hay muchas personas que creen que su vida y su personalidad —por no decir el entero progreso del mundo— están siendo influidas por la ubicación de las estrellas y los planetas en el firmamento, y que la situación de las estrellas en el momento del nacimiento es especialmente importante.

No todos los que leen las columnas de astrología o se hacen la carta astral (que en realidad significa «vislumbrar el tiempo») creen de verdad en ello. Pero algunos tienen una fe tan firme en «lo que predicen las estrellas», que constituye el verdadero fundamento de su visión de la vida.

Los astrólogos alegan practicar un arte antiquísimo, pero no existe ninguna prueba científica de ello. En este caso, como en otros contextos, hay que distinguir entre fe y ciencia.

2. Espiritismo

El espiritismo es tener fe en la existencia de un mundo de espíritus y en que los seres humanos pueden entrar en contacto con los espíritus de los muertos. Este contacto se logra mediante sesiones mediúmnicas, en las que los llamados médium son intermediarios para transmitir los mensajes de un espíritu y comunicarse con este. También puede hacerse a través de la llamada escritura mediúmnica, en la que el espíritu conduce la mano del médium para que escriba su mensaje, estableciéndose de esta forma comunicación con los seres humanos.

La idea de que los muertos siguen vivos y de que es posible entrar en contacto con ellos es muy antigua, y está sobre todo presente en las llamadas religiones naturales. Tales ideas florecieron en especial después de las guerras, en las que mucha gente perdió a sus seres queridos.

El «renacimiento» espiritista moderno surgió en Estados Unidos a mediados del siglo XIX. Se calcula que hay unos 70 millones de espiritistas más o menos organizados hoy en día.

No existe ningún fundamento científico que apoye las afirmaciones de los espiritistas, y los intentos de control científico de las sesiones mediúmnicas han revelado una gran cantidad de fraudes. Una teoría dice que muchos médium actúan de buena fe, pero que el «espíritu» que habla a través de ellos es en realidad su subconsciente. Así vista, la sesión podría tener más que ver con la hipnosis o con el desdoblamiento de la personalidad.

La rusa Madame [Helena] Blavatsky (1831-1891) fundó la Sociedad Teosófica en Nueva York en 1875. Su teosofía consistía en elementos ocultistas mezclados con creencias hinduistas como el karma y la reencarnación.

En tiempos más recientes, las ideas espiritistas han ganado fuerza mediante el estudio de las llamadas «experiencias de casi muerte». Muchas personas que se han encontrado muy cerca de la muerte sostienen que su alma ha salido del cuerpo (conocidas como «experiencias fuera del cuerpo» o «astrales»), y dicen haber visto su propio cuerpo sobre la mesa del quirófano mientras eran llevados hacia una existencia espiritual antes de ser devueltos a sus cuerpos.

3. Ufología

Una tendencia más moderna dentro del ocultismo es la fe en la existencia de seres inteligentes en otros sistemas solares, y en que estos seres visitan constantemente nuestro planeta en los llamados «platillos volantes» u ovnis (Objetos Voladores No Identificados), una expresión que proviene del lenguaje de los pilotos norteamericanos. Mucha gente dice haber observado ovnis, algunos también dicen haber visto a los seres espaciales, es decir, que han tenido encuentros en tercera fase. Otros sostienen que han tenido contacto con seres extraterrestres a través de sesiones espiritistas. Sobre todo en Estados Unidos esta fe se ha hecho tan fuerte que habría que definirla como un movimiento neorreligioso. También se han creado allí varias «comunidades ovnis». George Adamski (1891-1965) fue un importante profeta que viajó por todo el mundo hablando sobre sus conversaciones con seres procedentes de Venus. Creía que el mundo está a punto de sufrir una guerra atómica a la que sobrevivirán únicamente unos pocos, que a su vez serán llevados a otra estrella en el Universo, en un paralelo moderno del Arca de Noé. Los numerosos libros de Eric von Däniken (1935) se ocupan más del pasado. En su opinión, hay ciertos enigmas históricos que solo pueden explicarse aceptando que el mundo ha sido visitado por una civilización superior venida del espacio.

Ahora bien, muchos astrónomos y físicos opinan que probablemente haya vida en otros planetas del universo, pero esto aún no se ha podido demostrar. Es decir, que no existe un fundamento más convincente para las afirmaciones de los ufólogos que para otras ideas religiosas. De nuevo tenemos que distinguir entre fe y ciencia.

Movimientos alternativos

En el transcurso de las últimas décadas ha surgido una serie de distintas «contraculturas» y «movimientos alternativos» como reacción a la Iglesia, la ciencia y la sociedad establecidas. Algunas de estas tendencias están tan impregnadas de una nueva visión de la vida que deberían ser catalogadas como nuevas tendencias filosóficas.

Estos movimientos alternativos son tan diferentes entre ellos que resulta difícil tratarlos en conjunto. No obstante tienen algunos rasgos en común:

1. Muestran una profunda desconfianza hacia el materialismo, tanto hacia la visión materialista de la vida como la de la ciencia, que ha conducido a la acumulación de armas atómicas, y a una amenaza medioambiental para la vida en la Tierra.

2. Ponen énfasis en los valores espirituales más profundos. Muchos están inspirados en filosofías orientales. Cada vez más gente expresa su fe en el karma y la reencarnación, o en la interacción entre yin y yang, conceptos separados ya de sus religiones originales. Además ha aumentado considerablemente el interés por la meditación y el yoga, también separado de sus orígenes religiosos. Hay astrólogos que opinan que nos estamos moviendo hacia una nueva era (la era de Acuario), que se caracterizará por una orientación más espiritual. Ideas de ese tipo, con raíces religiosas, nos permiten hablar de una nueva «espiritualidad universal».

3. Muchas personas también se dejan inspirar por conocimientos nuevos. Varias de las ciencias antiguas vivieron grandes crisis en el transcurso del siglo XX. La física atómica es un ejemplo de ello, ya que en muchos sentidos rompe con la física clásica. No obstante, la interferencia de este nuevo conocimiento se lleva a

menudo más allá de lo que pueden aceptar los especialistas. El movimiento Nueva Era (o New Age), que surgió en California, cree que toda nuestra manera de pensar científica se encuentra ante un «cambio de paradigmas», es decir, un cambio fundamental en la naturaleza del propio pensamiento científico.

También han surgido intentos de encontrar nuevos canales de pensamiento dentro del sector de la salud y de la medicina. La medicina «académica» alopática ha encontrado una sustituta, para algunos tratamientos, en la homeopatía y la naturopatía. También ha crecido considerablemente el interés por la acupuntura de la medicina tradicional china, la curación por la imposición de manos (como hace el reiki), el análisis del aura o del iris del ojo, etcétera.

4. Común a una parte de los movimientos alternativos es su interés por la parapsicología. Esta se ocupa de los fenómenos sobrenaturales o extrasensoriales, como la telepatía (fenómeno que produce la transmisión de pensamientos entre personas sin que haya comunicación entre ellas), la clarividencia o la telequinesia (fenómeno en el que con energía psíquica puedes desplazar objetos físicos). En varias partes del mundo la parapsicología es hoy una disciplina científica seria, pero también se sabe que existe mucho fraude en este sector. Mucha gente está tan comprometida con la parapsicología en su vida cotidiana que puede resultar decisivo para su visión de la vida en general.

5. Muchos de estos movimientos alternativos piensan que la nueva manera científica de pensar estará caracterizada por el holismo (del griego *holos*, que significa «total» o «entero»). Se señala que el todo es decisivo para las partes en muchos contextos. Cada órgano del cuerpo se ve afectado por el individuo en su totalidad, el individuo forma parte de un sistema ecológico, y nuestro planeta tiene una relación orgánica con el resto del universo. También este pensamiento tiene raíces que se remontan muy atrás en la historia.

6. Los movimientos alternativos no solo se ocupan de cambiar nuestra manera de pensar, sino también de trabajar juntos hacia un nuevo estilo de vida, ya que la civilización occidental está gravemente enferma.

Cuarta parte

Ética

Vida y doctrina

Este libro ha repasado una serie de filosofías de la vida que para muchas personas han sido la respuesta a sus preguntas existenciales. Estas incluyen las grandes religiones, pero también corrientes que no tienen ningún fundamento religioso, tales como el humanismo, el existencialismo, el marxismo y el materialismo. También hemos estudiado el conjunto de valores, o ética, de cada una de estas concepciones de la vida. En esta parte final del libro nos centraremos en algunos conceptos clave.

Aunque los contextos y condiciones religiosas o culturales puedan variar mucho, a menudo nos encontramos ejemplos de concordancia en cuanto a las implicaciones prácticas, tanto para el estilo de vida de cada uno como para la sociedad en general.

Muchas veces ha sido la gente con una sólida fe religiosa u otra fuerte convicción la que ha liderado la lucha por importantes cambios sociales, por ejemplo en cuestiones de desarme, contaminación medioambiental o relaciones entre países ricos y pobres.

No solo importa qué filosofía de vida se elige, sino también si se quiere tener o no una filosofía de vida. Lo contrario de una filosofía de vida es indiferencia y carencia de convicciones. Incluso el presupuesto de un Estado o el programa de un partido político expresan actitudes ante cuestiones existenciales. Sería difícil encontrar un partido político con una visión neutral.

Salvar el planeta en el que vivimos de una catástrofe global no solo es una cuestión racional; para muchos, esta cuestión se ha convertido en uno de los problemas esenciales de la existencia. Con el informe entregado por la Comisión Medioambiental de las Naciones Unidas en 1987 se logró unir a personas con muy diversas visiones de la vida en torno a una resolución conjunta sobre numerosos problemas relacionados con el futuro de la Tierra. Las similitudes éticas de las diferentes filosofías son generalmente más acentuadas que las diferencias.

Hay a menudo un abismo entre la teoría y la práctica de los seres humanos. La historia nos da cuenta de casos de opresión y atrocidades en nombre del cristianismo y del marxismo, por ejemplo. La inquisición religiosa en Europa y las persecuciones de Stalin en la Unión Soviética son dos muestras de ello. Resulta difícil ver la relación entre estas prácticas y las ideas sobre el amor al prójimo y la justicia.

La cuestión de teoría y práctica también se puede ilustrar desde otro ángulo. No basta con tener buenas ideas, hay que ponerlas en práctica. El poeta noruego Nordal Grieg atacó a los bienintencionados humanistas que sentían antipatía por la injusticia, pero que a la vez no luchaban por lo que era justo.

Ética y moral

«¡Esto es inmoral!» es una frase que se oye a menudo. Tal vez la digamos también nosotros. Expresiones como moral cívica, moral comercial, moralidad sexual aparecen a menudo en las conversaciones y en los titulares de los periódicos. O se emplea la palabra «ética». «¿Esto es ético?», nos preguntamos. Hablamos a menudo de ética del trabajo o de ética médica. Y cuando lo hacemos sobre cómo abordan o tratan los periódicos los temas y a las personas, hablamos de ética periodística.

Las palabras «ética» y «moral» se usan a menudo indistintamente. No obstante, tienen significados algo diferentes. La moral tiene que ver con las acciones, es decir, con la conducta de una persona. La ética suele tratar de los valores en los que se basan las acciones.

Podríamos decir que la ética y la moral son como la teoría y la práctica. La ética es la teoría moral, o la filosofía moral.

Todo ser humano tiene una moral, porque todos realizamos actos que pueden ser juzgados éticamente. Pero no todo el mundo tiene una ética ponderada.

El haber meditado sobre cuestiones éticas sirve a menudo de apoyo para la moral.

Ética descriptiva y ética normativa

La ética descriptiva retrata las nociones éticas imperantes en diferentes sociedades y grupos de población, las acciones que son habituales y los argumentos que las sostienen. Utilizando métodos científicos —y los requerimientos de objetividad de la ciencia—, esta ética describe sin tener en cuenta si lo que revela es bueno o malo. La ética descriptiva no se basa, por tanto, en un conjunto de valores o códigos, sino que intenta cartografiarla dentro de la sociedad.

Ejemplos de la ética descriptiva pueden ser las encuestas de opinión hechas a diversos grupos de población sobre cuestiones de defensa, verdad y mentira, moral sexual, aborto, o sobre actitudes ante la evasión de impuestos, robos en tiendas, fraude a la seguridad social, etc. Casi a diario nos enfrentamos con la ética descriptiva en forma de estadísticas y encuestas de opinión.

Un peligro obvio de esta clase de encuestas es que puedan tender a desarrollar una especie de «moral estadística», es decir, la noción de que lo que hace la mayoría debe ser lo correcto. ¡A falta de otras normas nos atendremos a la estadística! Pero la respuesta a lo que está bien y lo que está mal nunca puede ser «lo que es habitual». La ética descriptiva no debe ser normativa. Si resulta que los prejuicios raciales están muy extendidos, esto no los hace éticamente aceptables. Aunque otros intenten dejar de pagar sus impuestos, no se vuelve éticamente defendible para ti hacer lo mismo.

La ética normativa intenta mostrar qué acciones son buenas y cuáles son éticamente inaceptables. Argumenta a favor de ciertos valores o normas. Es, en otras palabras, «normativa». No pretende mostrar cómo es la moral de una persona, sino cómo debe ser.

¿Debemos, por ejemplo, guardar o rechazar las normas predominantes en nuestra sociedad? ¿Sobre qué valores debemos basar nuestras prioridades?

Los diez mandamientos y el «principio de reciprocidad» son ejemplos de la ética normativa.

Conceptos clave de la ética

Valores

Solemos preguntarnos qué queremos conseguir con nuestros actos. ¿Cuáles son los valores que más apreciamos? ¿Qué es lo que más valor tiene para nosotros? ¿Dinero? ¿Coche? ¿Vacaciones? ¿Salud? ¿Libertad? ¿Amistad? ¿Amor?

Algunos valores son sobre todo medios para conseguir otros. El dinero es el ejemplo más obvio. No tiene ningún valor propio, pero puede emplearse para obtener algo. Un buen coche, por ejemplo. Pero ¿ese coche es realmente un valor en sí? ¿No es solo un medio para moverse rápida y cómodamente de un lugar a otro, y, tal vez también, para sentir el placer de la velocidad o para despertar la admiración de amigos y conocidos?

Se cuenta del mítico rey griego Midas que el dios Dionisio le recompensó con la posibilidad de que se cumpliera su deseo más grande. Midas le pidió que todo lo que tocara se convirtiera en oro. Y su deseo se cumplió tan al pie de la letra que todo aquello a lo que se acercaba se convertía efectivamente en oro. Incluso la comida. Entonces el rey Midas tuvo que pedir al dios que retirara el regalo, pues no podía alimentarse de oro.

Casi todo el mundo sería capaz de hacer una larga lista de valores que desea promover mediante sus acciones:

1. Vida, salud.
2. Paz, libertad, verdad, justicia.
3. Conocimiento, experiencia, desarrollo personal.

4. Amistad, camaradería, vida amorosa, vida familiar.
5. Placer sensual, placer estético.

La lista podría hacerse mucho más larga. Pero siempre será una cuestión acerca de qué valores son los que más apreciamos. Muchas veces tenemos que elegir entre dos de ellos.

Damos prioridad a distintos valores muchas veces al día, tal vez sin ser muy conscientes de ello. Una elección que tenemos que hacer a menudo es sobre el uso del dinero. ¿Queremos gastar nuestro dinero en ropa y otras cosas que nos aporten placer y satisfacción? ¿En libros que ayudan a ampliar los conocimientos? ¿En viajes que proporcionan experiencias valiosas? ¿O no debemos gastar todo nuestro dinero en nosotros mismos, sino comprarle un regalo a una tía mayor, por ejemplo? ¿Acaso sería correcto apartar un poco de dinero para ayudar a los pobres del Tercer Mundo?

«Conflicto de intereses» es una expresión que describe muy bien esta disyuntiva. Los diferentes intereses suelen tirar hacia diferentes direcciones, y uno de ellos tiene que ceder. El conflicto de intereses más común surge entre otra gente y nosotros. Constantemente tenemos que confrontar nuestros intereses y nuestros bienes con lo que es bueno para otros. Mi propia felicidad puede ser la desgracia de otros. El preocuparse solo por el bienestar de uno mismo se conoce como *egoísmo ético*.

Conciencia

Conciencia significa nuestra capacidad de reacción ante el bien y el mal. Podríamos decir que la conciencia es el perro guardián de las normas. Si infringimos una de nuestras normas, la conciencia empieza a gruñir. En casos muy serios se nos puede echar encima con todo su peso. O nos puede forzar a retroceder, a obrar de otra manera o a pedir perdón a alguien.

Para muchos, la conciencia es una instancia implacable. No se puede regatear con ella. Podemos engañar al prójimo, pero no a la conciencia. Tal vez podamos escondernos de la policía y del aparato judicial, huir de la censura moral de otros, pero no podemos escondernos de la conciencia. Y tampoco podemos huir de ella, porque forma parte de nosotros mismos. Mucho tiempo después de haber cometido una mala acción, la conciencia nos puede reclamar responsabilidades por lo que hemos hecho, o por lo que hemos dejado de hacer.

Muchos viven la conciencia como una autoridad absoluta. Pero ¿de dónde viene? ¿Todos los seres humanos tienen la misma conciencia? Podemos distinguir, a grandes rasgos, entre dos visiones diferentes de la conciencia.

La conciencia es un control innato del ser humano

Esta visión se conoce desde Sócrates y a través de toda la historia. Ha ocupado un lugar central en la teología cristiana. «Y con esto muestran que los preceptos de la Ley están escritos en sus corazones, siendo testigo su conciencia», dice Pablo en Romanos 2, 15. Se ha dicho que la conciencia es «el oído que escucha la voz de Dios». Incluso sobre una base no religiosa se ha señalado que la conciencia es «natural», es decir, un control universal e innato dentro del ser humano.

La conciencia está condicionada por el ambiente

Esta visión ha predominado sobre todo en la psicología y las ciencias sociales de los últimos tiempos. Desde que somos pequeños se nos exigen ciertas cosas. Debemos comportarnos de acuerdo con ciertos valores y códigos, y tener «mala conciencia» cuando actuamos de una manera diferente a lo que requieren las normas. Las exigencias del entorno de la infancia siguen vivas en cierto modo en la conciencia del adulto. No es, por tanto, un control constante o inalterable inherente a la naturaleza humana, sino algo moldeado por las condiciones externas. La conciencia es un «eco» de los valores y normas imperantes en la sociedad y en el entorno en que nos criamos.

Seguramente las dos visiones son parcialmente correctas. Nacemos con la capacidad de hablar, pero no nacemos con ningún idioma en particular. Es algo que tenemos que aprender. Lo mismo ocurre con la conciencia. Nacemos con la capacidad de vivir como seres responsables, pero lo que esto significa en concreto puede variar de una cultura a otra.

De la misma manera que el idioma es la herramienta con la que podemos comunicarnos con otras personas, la conciencia es la voz que nos avisa cuando nos apartamos del bien. Si no usamos nuestra lengua materna, corremos el riesgo de perderla. Y si actuamos constantemente en contra de nuestra conciencia, esta podrá acabar por borrarse. Decimos de algunas personas que «no tienen conciencia».

Según la visión cristiana, la conciencia humana es un regalo de Dios, pero hacen falta ajustes continuos en relación con la doctrina de Jesucristo y las demandas morales de la Biblia. No es, por tanto, la conciencia la que indica lo que está bien y lo que está mal, sino la herramienta que tienen los seres humanos para avisarles cuando infringen las normas éticas. La conciencia es como un tribunal. Juzga lo que está bien y lo que está mal, pero precisa de una información exterior sobre lo que está mal y lo que está bien. Castiga a los seres humanos cuando estos infringen una norma, pero no determina estas normas en sí.

Derecho positivo y sentimiento de justicia

Toda sociedad se basa en una determinada ética, que se manifiesta mediante un conjunto de leyes, reglas y acuerdos. Todo contrato o convenio contiene algo de la regla de oro. Por eso, infringir la ley o incumplir un acuerdo o un contrato equivale a menudo a violar las reglas morales generalmente aceptadas. La honradez y la reciprocidad no solo son las bases de una buena práctica, sino de la vida social en general.

Y sin embargo el concepto del individuo sobre lo que está bien y lo que está mal no se corresponde siempre con las leyes de su país. Hay que distinguir entre el sentimiento de justicia del individuo y el derecho positivo. Derecho positivo significa la legislación de una sociedad en una época determinada.

Vemos constantemente ejemplos de conflictos entre el sentimiento de justicia de un individuo o un grupo y el derecho positivo. Decimos que el derecho positivo —o la ley— va en contra del sentimiento de justicia. En algunos casos esto puede conducir a la desobediencia civil, lo que significa que una persona o un grupo infringen intencionadamente el derecho positivo.

Ejemplos de conflictos de este tipo los encontramos en casos de objeción de conciencia, eutanasia, violación consciente del voto de silencio o del secreto profesional, huelgas y manifestaciones ilegales y en muchos actos de sabotaje (por ejemplo, contra la construcción de nuevas centrales de energía o la fabricación de armas nucleares). En algunas de estas situaciones los hay que han colocado su propia conciencia y códigos por encima de las leyes de su país. Sobre todo en Estados totalitarios encontramos ejemplos constantes de conflicto entre el derecho positivo y el sentido de justicia de la gente, como sucede en casos de prohibición de la religión, censura política y leyes de estado de excepción («presos de conciencia»).

También hay personas cuya conciencia les hace no aceptar acciones que son absolutamente legales. En muchos países es legal practicar abortos con el fin de poner fin a un embarazo no deseado, pero no siempre el personal médico está dispuesto a realizar esta operación, pues entra en conflicto con su sentimiento de justicia.

Responsabilidad y solidaridad

La base de toda ética es un sentido de responsabilidad. ¿Por quién sentimos responsabilidad? ¿De qué nos sentimos responsables?

Hablamos de responsabilidad individual, es decir, la responsabilidad que tiene cada uno de sí mismo y de su entorno inmediato. Y hablamos también de responsabilidad colectiva, es decir, la responsabilidad de la sociedad sobre asuntos que el individuo no puede solucionar por su cuenta. Ejemplos de responsabilidad colectiva son la protección de la naturaleza y el medio ambiente, la lucha contra la contaminación, el trabajo a favor de la paz, el desarme, y un reparto equitativo de los recursos.

Pero también la responsabilidad colectiva pertenece al individuo. Si las instituciones y organizaciones internacionales no se ocupan de las personas del Tercer Mundo, es mi responsabilidad trabajar para que empiecen a preocuparse. No puedo esconderme detrás de la responsabilidad colectiva de la sociedad, porque yo formo parte de esta sociedad. Por eso tengo la responsabilidad de tomar parte en ella.

También se habla mucho de no asumir responsabilidades, es decir, que nadie asume la responsabilidad de las cosas que ocurren, o de lo que no ocurre. Hoy en día las condiciones de la sociedad, tanto nacional como internacionalmente, son tan complejas que en muchas situaciones puede resultar difícil establecer un claro reparto de responsabilidades.

Corremos el riesgo de que los ordenadores tengan que tomar las decisiones porque los seres humanos no tienen capacidad de captar enormes cantidades de datos lo suficientemente deprisa. ¿Entonces quién será responsable de las decisiones?

En la sociedad agraria y artesanal del pasado las responsabilidades eran mucho más claras y visibles, más transparentes. Si el pan sabía mal, la responsabilidad era del panadero, y si el caballo estaba mal herrado, el culpable era el herrero.

El siguiente ejemplo puede ilustrar lo diferente que es la situación actual: recientemente una empresa internacional promovió una venta masiva de leche maternizada en polvo en el Tercer Mundo. A través de grandes campañas de publicidad se presentaba como algo muy «moderno» y «europeo» no amamantar a los hijos. El resultado de esta campaña fue que murieran muchos más bebés que antes de infecciones e intoxicaciones. Especialmente en países cálidos (con mala higiene) no hay nada mejor que la leche materna. ¿Quién tiene la culpa? ¿El director de la empresa? ¿Los accionistas? ¿Los empleados? ¿Yo soy responsable cuando compro productos de la empresa en cuestión?

La palabra «solidaridad» es un concepto que trata de responsabilidad recíproca. Ser solidario con alguien quiere decir sentir responsabilidad, interdependencia y unidad, y echar una mano a los que tienen problemas. En la práctica esto se llama «trabajo solidario».

La solidaridad es una condición indispensable dentro de la familia. Pero si no somos capaces de sentirnos solidarios con personas fuera de la familia nuclear, nuestros horizontes son demasiado limitados.

Libre albedrío

En este libro hemos mencionado varias veces la capacidad de elegir, y hemos presumido que las personas se encuentran ante alternativas entre las que pueden elegir libremente. Pero ¿tiene el ser humano libre albedrío?

En la historia de la filosofía hay dos puntos de vista extremos sobre esta cuestión: el determinismo y el indeterminismo. Ambas palabras provienen, como podemos ver, del verbo latino *determinare*.

Determinismo quiere decir que todo lo que ocurre está ya determinado por diversas causas. Tanto nuestras actitudes y acciones como nuestras elecciones y nuestra voluntad están determinadas por condiciones externas tales como la herencia de los padres y el ambiente en el que uno crece. Por eso no tenemos libre albedrío. La sensación de elegir libremente es una mera ilusión.

Los indeterministas discrepan. Tenemos libre albedrío, dicen. Somos algo más que unos robots programados. Somos capaces de elegir entre el bien y el mal, entre lo correcto y lo equivocado. Si no tuviéramos libertad, tampoco tendríamos responsabilidad. ¿Pero somos responsables de nuestros actos?

¿Quién tiene razón? No hay duda de que el determinismo ha sido reforzado por los descubrimientos científicos de los últimos ciento cincuenta años. El darwinismo señala la importancia de los factores genéticos y del medio ambiente. El psiquiatra Sigmund Freud (1856-1939) mostró cómo el estado mental del ser humano puede verse afectado por deseos, necesidades y experiencias que han sido reprimidos en el subconsciente. Muchas elecciones que hacemos no son tan libres como pensamos, decía Freud, sino que están influenciadas por las fuerzas de nuestro subconsciente.

El existencialista francés Jean-Paul Sartre (1905-1980) dio la vuelta por completo al determinismo. Nuestras elecciones no están determinadas ni por quiénes somos ni por lo que somos. Nos convertimos en lo que elegimos. Una persona que actúa de un modo vil y mezquino no actúa así porque *es* de naturaleza vil y mezquina. Son sus actos viles y mezquinos los que le convierten en una persona vil y mezquina. Según Sartre, el individuo es totalmente responsable de lo que hace, y también de todo aquello que no hace. ¡Dime qué haces y te diré quién eres!

Ambos puntos de vista tendrán algo de razón. Cuando actuamos, tenemos la sensación de actuar libremente. Pero cuando miramos hacia atrás a nuestros actos, encontramos a menudo razones y motivos de por qué actuamos así. Tal vez podamos señalar circunstancias atenuantes para una persona que ha hecho algo malo. Pero no se puede echar mano de circunstancias atenuantes *en el momento* en el que se hace una elección ética.

¿Qué es malo? ¿Qué es bueno?

Hemos visto cómo elegimos nuestros actos de acuerdo con ciertos valores. Pero la ética no surge preguntando lo que es valioso o bueno. Tenemos que preguntar qué es bueno para quién. Tenemos que preguntar qué es justo.

Pero ¿es posible formular reglas para el bien y el mal? ¿Existen tales reglas aceptables para todo el mundo? Del Nuevo Testamento conocemos dos reglas para actuar bien:

Ama a tu prójimo como a ti mismo. Esta regla se conoce como «el mandamiento de la caridad». Aunque no siempre logramos cumplirlo, la mayoría de las personas opinarían que se *debería* cumplir.

Trata a los demás como quieres que ellos te traten a ti. Esta regla se llama la «Regla de Oro» o el «principio de reciprocidad».

A través de la historia, los filósofos morales han intentado formular otras reglas para una conducta correcta, algunas de las cuales han tenido una amplia aceptación como pautas éticas.

El llamado «utilitarismo», o ética de la felicidad, dice que la acción correcta es la que conduce a una mayor felicidad. Pero por felicidad no solo se debe entender alegría y disfrute, sino también conocimientos y amistad, realización personal, etc. Todo el mundo desea lograr esta clase de felicidad. Por lo tanto la labor de la ética tiene que consistir, con ayuda de la razón, en saber cómo lograrla.

Has de comportarte de tal manera que tus actos conduzcan a la mayor felicidad posible para el mayor número de personas posible.

Los defensores de la ética de la felicidad se preguntan ante todo qué es «bueno» y qué es «malo». La llamada ética del deber se pregunta qué es cierto y qué es erróneo. Su punto de partida es que el ser humano tiene que actuar obedeciendo a una autoridad o control normativo. Esta puede estar en Dios o en el poder estatal, pero también puede estar dentro del propio ser humano. El filósofo alemán Immanuel Kant (1724-1804) opinaba que el deber del ser humano es actuar acorde con una ley moral interior, que existe en todos los seres humanos. Señaló el siguiente requerimiento para una actuación correcta:

> Obra solo según la máxima que al mismo tiempo puedas querer que se convierta en una ley universal.

Es decir: antes de actuar debo estar seguro de que realmente deseo que lo que voy a hacer lo hicieran todas las demás personas en mi misma situación. Para Kant esto no era solo una norma de vida, sino un «imperativo categórico». Era un imperativo, es decir, un mandamiento u obligación que no se puede ni esquivar ni cuestionar. Y era categórico, es decir, tenía validez en todas las situaciones sin excepción. Incluso la mentira más inocente sería de esta manera evitada. Porque no me gusta estar rodeado de gente que miente constantemente, ¿no?

Al contrario que la ética de la felicidad, el «imperativo categórico» de Kant exige acción inmediata sin preguntar si es apropiada o no, o si es adecuada para lograr felicidad o satisfacción. La ley moral tiene así la misma validez absoluta que la ley natural.

Kant también formuló el imperativo categórico de otro modo:

> Obra de tal modo que uses al ser humano como un fin en sí mismo y nunca como un medio.

Hemos señalado aquí algunas normas o reglas de actuación muy generales. Pero de cada una de ellas podemos sacar una serie de normas individuales. La Regla de Oro te dice que no debes robar a los demás, ni intentar pasar antes que alguien que está haciendo cola. El imperativo categórico de Kant significa que uno no debe hacer trampas con la declaración de la renta, ni pasarse un disco en rojo.

Argumentación ética

Un dilema ético significa que uno puede elegir entre dos o más alternativas de acción. Basándose en un conjunto de valores y normas será posible llegar a la alternativa correcta.

Cuando uno se encuentra ante una elección, se puede hacer una lista de pros y contras, lo que quiere decir que basándonos en determinados valores y normas podemos argumentar a favor y en contra de cada una de las alternativas de acción. De esa forma puede resultar más fácil llegar a la buena elección, es decir, la alternativa de acción más acorde con los valores y normas de uno mismo.

Aunque la ética nunca podrá ser una ciencia en línea con la matemática y la física, puede ayudarnos a hacer una elección. No podemos demostrar lo que está bien y lo que está mal, pero podemos concienciarnos de nuestros propios valores y normas, podemos meditar sobre ellos, discutirlos, examinarlos con el fin de comprobar si son contradictorios, para así poder justificar nuestras elecciones éticas mediante la lógica y la razón.

A menudo hay que hacer la elección en el transcurso de unos segundos. No siempre tenemos tiempo para sentarnos con papel y lápiz. Se nos hace una pregunta, y en ese instante tenemos que decidir si vamos a mentir o a contar la verdad. En estos casos puede resultar una gran ventaja tener un conocimiento consciente de los valores y normas que intentamos defender.

Nos encontramos a veces en situaciones en las que tenemos que apoyar con razones lo que hemos hecho o lo que pretendemos hacer. Especialmente en la política y en la vida pública es preciso razonar las elecciones que uno hace basándose en principios éticos generales.

Intención, fines y medios

«La honestidad es la mejor política», se suele decir. Pero muchas personas se han encontrado en situaciones en las que no les parecía bien decir la verdad, en consideración hacia otra persona. Un médico, por ejemplo, ¿debe decir siempre la verdad a un paciente? ¿Debemos decir la verdad sobre un regalo que no nos gusta? Se dice que una «mentira piadosa» es la que se blanquea con otros valores que no son la verdad.

También se dice que «el fin justifica los medios». Claro que surgen situaciones en las que la consideración hacia una persona ha de ceder ante la consideración hacia varias. ¿Debe un tren o un avión esperar a un pasajero retrasado, retrasando entonces a cientos de personas?

En relación con guerras y represiones surgen casos extremos en los que hay que establecer prioridades. ¿Es correcto matar a una persona con el fin de lograr la libertad de una nación? La mayoría de los noruegos contesta que sí, pero algunos discrepan. Sea cual sea la situación, dicen algunos, jamás se justifica matar a alguien.

Toda defensa militar se basa en la posibilidad de que puedan surgir situaciones en las que el fin justifique los medios. Pero toda represión política y militar se basa en el mismo razonamiento. Un modelo ético idéntico era el que estaba detrás de los campos de concentración alemanes y las bombas nucleares sobre Hiroshima (6 de agosto de 1945) y Nagasaki (9 de agosto de 1945), en Japón.

Una variante extrema del principio de que el fin justifica los medios la encontramos en el terrorismo. El fin por el cual luchan los terroristas puede ser justo. Pero los medios son a menudo rechazables. Tiene que haber un límite para los medios que se pueden emplear al servicio del bien. Está claro que el principio de que el fin justifica los medios ha de emplearse con la máxima cautela.

Una tercera frase dice que «la intención es lo que cuenta». Si compramos un regalo de cumpleaños que no gusta, la buena intención tendrá que contar. Pero también existe el peligro de que nos envolvamos tanto en nuestros propios sentimientos que no tengamos en cuenta las consecuencias.

Un bondadoso y rico hombre de negocios regala todo su dinero a buenas causas, sin preocuparse por si el dinero acaba donde verdaderamente hace falta. Su negocio quiebra y gran parte de sus empleados pierden el trabajo.

Otro hombre de negocios hace grandes donaciones a organizaciones de ayuda eficaces, que aseguran que el dinero va donde más falta hace. Pero la motivación de este hombre es la de conseguir buena publicidad. Aspira a ocupar una buena posición en la sociedad, algo que más adelante tendrá efectos positivos para su negocio y para sus empleados.

¿Cómo debemos juzgar las acciones de estos dos hombres?

¿Qué es lo que hace que una acción sea buena?

No siempre resulta fácil evaluar lo que es justo o bueno. ¿Debemos dar más importancia a la intención que hay detrás de una acción, a la acción en sí, o al resultado o consecuencia de ella?

Se puede enfatizar la motivación o la voluntad que se encuentra detrás de una acción. Para que una acción pueda llamarse buena, tiene que realizarse sin pensar en una ganancia propia. Lo que se enfoca es la motivación, el deseo o la intención detrás de una acción.

A veces la atención se centra en la acción en sí. Muchos nos hemos encontrado en una situación pensando: no puedo hacer esto, no puedo participar en esto, aunque el fin de la acción sea bueno y aunque la acción pueda aportar algo positivo.

Otras veces la atención no se fija en la acción o en la persona que la realiza, sino en los resultados concretos de aquella. Esto se llama ética de consecuencias. Hay situaciones en las que puede ser correcto mentir. ¿También puede haber situaciones en las que sería correcto robar? ¿Podría justificarse alguna vez quitarle la vida a alguien?

Lo más corriente es que se evalúen tanto la intención de una acción como la acción en sí y el resultado o las consecuencias de la misma. Pero algunas veces parece que el fin es lo decisivo. Hay ciertas acciones que no consideraríamos jamás, a pesar de las consecuencias positivas que pudieran tener. Y ocurre que la consecuencia de la acción se percibe como decisiva en el momento que podemos decir si hemos actuado correctamente.

Los cuatro puntos principales de la ética

Hemos visto cómo el fundamento de la ética es un sentimiento de responsabilidad, de conciencia y un conjunto de valores y normas. Al fin y al cabo, nuestras deliberaciones éticas tendrán que acabar en una acción práctica. Vamos a resumir los cuatro puntos principales de la ética:

1. *Horizonte.* Nuestro horizonte ético señala hacia fuera y tiene que ver con la responsabilidad. ¿Nuestro sentimiento de responsabilidad llega más allá de nuestro círculo inmediato de familiares y amigos? ¿Cómo de amplio es nuestro horizonte ético? ¿Abarca a los que realmente necesitan nuestro apoyo? ¿O es nuestro horizonte demasiado estrecho?

2. *Corazón.* Por «corazón» nos referimos a la conciencia, la cual señala hacia dentro de nosotros mismos. ¿Qué profundidad tiene nuestra conciencia? No hay ninguna ética sin un buen corazón. Nos podemos endurecer y proteger contra el frío, de la misma manera que podemos endurecer nuestra conciencia.

3. *Cabeza.* No basta con sentir responsabilidad o remordimiento de conciencia. No basta con «ser bueno». Tenemos que usar nuestra cabeza o nuestro cerebro para meditar sobre cuáles van a ser los valores y normas que deseamos usar como fundamento de nuestra conducta. Tenemos que analizar la situación con el fin de aclarar dónde podemos emplear mejor nuestros esfuerzos. No debemos ser débiles y arriesgarnos a que nuestras acciones tengan el efecto opuesto al pretendido. No debemos actuar sin sentido común ni a ciegas. El ser una persona éticamente responsable requiere cierta capacidad de juicio.

4. *Acción.* No basta con tener un horizonte ético, un buen corazón y una cabeza despejada. No podemos llegar a una buena moral

con el pensamiento. Tenemos que actuar. Necesitamos una práctica ética. Nuestras deliberaciones éticas no deben cesar nunca, pero no podemos quedarnos toda la vida sentados sopesando los pros y los contras. Tenemos que elegir constantemente entre distintas alternativas de acción. Siempre estaremos en un cruce de caminos.